이 책을 내면서

처녀작 'JPT 점수를 확 올려주는 5가지 시험요령 & 30가지 급소 포인트'가 출판된지도 어느덧 5년이라는 시간이 흘렀습니다. 그 후로도 많은 교재를 출판했지만, 처녀작이라서 그런지 역시 애착이 가장 많이 가는 책은 급소 포인트인 것 같습니다.

나름 최선을 다해 집필한 책이지만, 지금 돌이켜 보면 부족한 부분이 많이 보이는 것도 사실입니다. 이 세상에 완벽한 사람이 없듯이 완벽한 교재는 있을 수 없다고 생각합니다. 급소 포인트에서 미처 다루지 못하고 부족했던 부분들이 늘 아쉬웠는데 이번 기회에 이런 강의용 교재를 통해 부족했던 부분을 보완해서 출판하게 되어 참으로 가슴이 벅차고 뿌듯합니다.

자세한 것은 목차나 내용을 보시면 잘 아시겠지만, 이 책의 내용은 급소 포인트의 내용과 흡사한 부분이 많습니다. 그리고 원래 강의용으로 기획되어 출판된 교재이기 때문에 설명 부분에서도 다소 미흡한 부분이 보입니다. 하지만 내용적인 면에서 부족했던 부분을 대폭 보강하고, 문제 부분에서도 1800 실전 문제풀이의 문제 및 그 이후에 출제된 기출 문제를 많이 넣음으로서 기존에 출판된 어떤 교재보다도 문제 적중률에 있어서는 최고라고 나름대로 자부합니다.

그리고 교재에 대한 의문점이나 JPT 시험에 관한 전반적인 질문은 메일이 항상 열려 있으니 언제든지 문의해 주시기 바랍니다. 최대한 성실하게 답변 드릴 것을 이 자리를 빌어 약속드립니다.

아래 표현은 여러 번 다른 교재에서도 인용을 했던 표현 중에 하나인데 개인적으로도 좋아하고 마음에 와 닿는 표현이라 다시 한 번 인용합니다.

初心の人、二つの矢を持つ事なかれ。
초심자는 두 개의 화살을 가져서는 안 된다.

화살이 하나가 아니라 두 개 있다는 것은 실패를 해도 또 하나의 화살이 있기 때문에 아무래도 마음이 느슨해지기 마련입니다. 언제나 화살은 하나 뿐이라는 마음가짐으로 매 순간 순간에 최선을 다하시면 여러분들이 원하는 점수에 곧 도달할 수 있으리라 생각합니다.

마지막으로 이 교재가 출판되기까지 많은 도움을 주신 시사일본어사 편집부 여러분들께 감사하다는 말씀을 드리고 싶습니다.

저자 서경원

이 책의 구성 및 특징

1. 독해 만점 저자가 직접 집필한 교재이다.

이 책의 저자는 독해 만점을 몇 번이나 받은 적이 있는 저자로 명실상부한 JPT 전문가입니다. 점수가 모든 것의 판단 기준이 될 수는 없겠지만 독해 만점의 노하우가 고스란히 담긴 책은 학습자에게 올바른 방향을 제시하고 앞으로의 대책을 세우는데 많은 도움이 된다고 생각합니다. 그런 점에서 이 교재는 시중의 어떤 교재보다도 여러분들의 JPT 공부에 도움이 될 것이라고 확신합니다.

2. 강의를 위한 교재로 핵심적인 부분만 담았다.

독학과 실제 강의에서의 공부에는 많은 차이가 있다고 생각합니다. 독학하는 분들 중에는 공부의 정확한 포인트를 잡지 못해 시간만 허비하게 되는 경우가 허다합니다. 하지만 강의라는 것은 핵심적인 내용을 간결하게 학습자에게 전달해야하기 때문에 올바른 학습 방향을 제시하기에는 최적화된 교재가 강의용 교재가 아닐까 생각합니다.

3. 실제 출제 기준에 가장 근접한 교재이다.

다른 시험도 마찬가지겠지만 문제는 양적인 면보다도 질적인 면이 우수해야 좋은 문제라고 할 수 있을 것입니다. 이 책의 문제는 저자가 수십 번의 시험 응시를 통해 축적된 노하우를 한 문제 한 문제에 담은 문제로, 실제 JPT 시험 출제 기준에 가장 근접한 문제라고 할 수 있습니다. 즉, 질적인 면에서는 다른 교재에 절대 뒤떨어지지 않는다고 자부합니다.

4. 풍부한 문제로 어떤 응용 문제에도 대처할 수 있다.

이 교재의 문제는 시험에 나왔던 유형을 하나만 제시하는 것이 아니라 다른 파트에서 어떤 식으로 응용되는지를 다양하게 제시함으로서 하나의 내용에 대해서 완벽하게 이해한 학습자라면 실제 시험에서 어떤 유형으로 응용이 되더라도 충분히 대처할 수 있습니다.

5. 이제 쉬면서도 공부를 하자.

이 책의 매 과 끝 부분에는 일본어와 관련된 표현이나 유행어, 어원 등 가볍게 읽을 수 있는 내용이지만 실제 일본어 학습에도 도움이 되는 내용들이 들어 있습니다. 즉, 쉬는 것도 일본어로 쉬자는 취지의 내용으로 철저하게 학습자들을 위한 교재라는 것을 잘 보여주는 내용입니다.

6. 이해가 안 되었던 문제! 이제는 제대로 알고 넘어가자.

아무리 설명이 잘 되어 있어도 모든 문제를 이해할 수는 없습니다. 그런 분들을 위해서 바로 의문점을 해소시켜 드릴 수 있도록 저자의 메일을 항상 열어 두었습니다. 공부하시다가 의문점이나 기타 JPT에 대해서 궁금했던 점은 언제든지 부담 없이 저자에게 문의해 주시기 바랍니다. 성실하게 답변해 드릴 것을 약속드립니다.

e-mail : agaru1004@hanmail.net

차 례

이 책을 내면서   3
이 책의 구성 및 특징   4
차례   6

제1장   이것도 모르면서 990점을?

1. 점수를 거저 주는 기본 조사 1   10
2. 점수를 거저 주는 기본 조사 2   18
3. 이보다 쉬울 수는 없다! 조수사   26
4. 시소게임에는 경어가 숨어 있다   34
5. 접속 형태를 알면 답이 보여요   43
6. 오는 게 있으면 가는 게 있어야지   51
7. 미워도 다시 한 번! 조사 に   58
8. 누가 い형용사를 어렵다고 말했는가?   64
9. 너 누구니? 나(な)? 형용동사야!   72
10. 현대 일본어에도 고어(古語)는 살아 있다   80

제2장   뭉치면 맞추고 흩어지면 틀린다.

11. 꼬리치는 て   90
12. 발음과 의미가 다른 쌍둥이 동사   97

13. 의미 파악이 힘든 복합동사 104
14. 바늘과 실 관계에 있는 표현 113
15. 조동사는 용법만 익히자 121
16. 만약 일본어에 가정법이 없었더라면 128
17. 나는 문장에서 ばかり가 한 일을 알고 있다 137
18. 나는 문장에서 わけ와 はず가 한 일을 알고 있다 144
19. 나는 문장에서 こと가 한 일을 알고 있다 151
20. 나는 문장에서 もの가 한 일을 알고 있다 159

제3장   외우면 무조건 맞추는 문제

21. 관용구는 이유가 있어 출제된다 168
22. 속담은 이유가 있어 출제된다 175
23. 시험에 자주 출제되는 표현들 182
24. 시험에 자주 출제되는 문법 표현 190
25. 시험에 자주 출제되는 カタカナ 199
26. 부사는 의미와 한자를 동시에 206
27. 한방으로 간단히 끝내는 접속사 213
28. 의미가 많아 본들 답이 뻔한 다의어 220
29. 명사는 이것만 알아 두자 227
30. 결코 어렵지 않은 의성어·의태어 234
31. 독해의 완성 독해문!! 241

　정답 263

제 1 장
이것도 모르면서 990 점을?

1. 점수를 거저 주는 기본 조사 1
2. 점수를 거저 주는 기본 조사 2
3. 이보다 쉬울 수는 없다! 조수사
4. 시소게임에는 경어가 숨어 있다.
5. 접속 형태를 알면 답이 보여요.
6. 오는 게 있으면 가는 게 있어야지
7. 미워도 다시 한 번! 조사 に
8. 누가 い형용사를 어렵다고 말했는가?
9. 너 누구니? 나(な)? 형용동사야!
10. 현대 일본어에도 고어(古語)는 살아 있다.

1 점수를 거저 주는 기본 조사 1

조사는 초보자나 틀리는 문제라고 생각하는가? 조사를 만만하게 보다가는 큰코다친다.

우리들이 일상적으로 사용하는 말에는 조사의 생략이 많다. 하지만 이것을 잘못 사용하면 어색한 문장이 되기 쉽다. 이러한 조사의 정확한 용법에 대한 이해는 JPT 시험에서도 요구하는 문항 중의 하나이므로 정확히 숙지할 필요가 있다. 그런데, 한국인의 경우 이런 조사를 조금 경시하는 경향이 있다. 왜냐하면 일본어가 우리말과 어순이 같고 조사의 기본 의미대로 문장을 만들면 문장의 의미가 대충은 비슷하기 때문에 그런 오류를 범하는 것이다. 다음 예문을 통해 그것을 확인해 보자.

> **예**
> 窓で海が見える。 창문에서 바다가 보인다.

위의 예문에서 틀린 점을 찾지 못했다면 조사에 대한 이해가 아직 부족한 사람이라고 할 수 있다. 우리말의 '~에서'는 보통 「~で」로 번역되는 경우가 많은데, 위의 문장은 '창문으로부터(창문 너머로) 바다가 보인다'라는 경유점을 나타내므로, 올바른 조사는 「で」가 아니라 「から」이다. 이처럼 한국인이 지나치기 쉬운 조사의 쓰임새를 좀 더 공부해 보도록 하자.

> **예**
> あの人が加藤さんです。 저 사람이 가토 씨입니다.
> あの人は加藤さんです。 저 사람은 가토 씨입니다.

일본어를 처음 배울 때 주격으로 사용되는 조사 「が」와 「は」에 대해 배운다. 그런데, 이것이 주격으로 사용된다는 것만 알고 있지 의미상 어떤 차이가 있는지는 의외로 모르는 사람이 많다. 위의 예문에서 두 문장의 차이를 설명할 수 있는가? 만약 없다면 조사를 무시할 자격이 없다. 처음에 나오는 조사 「が」가 사용된 문장은 가토 씨는 이미 알고 있는데 누가 가토 씨인지 묻는 질문에 대한 대답이라고 할 수 있다. 밑에 있는 조사 「は」가 사용된 문장은 '저 사람은 누구인가'라는 질문에 대한 대답으로, 두 문장은 질문에서부터 차이가 난다. 이처럼 같은 주격으로 사용되더라도 의미상의 차이는 분명히 존재하는 것이다. 자! 이제 처음 시작하는 기분으로 출제 빈도가 높은, 꼭 알아야 할 조사에 대해서 공부해 보도록 하자.

점수와 바로 연결되는 조사 1

1 か | 의문이나 불확실함을 나타낸다.

의문조사 「か」는 보통 오문 정정 문제에 자주 나온다. 특히 「なにか(무언가)」와 「なにが(무엇이)」의 확실한 의미 구분이 필요하다. 또 「か」앞에 붙는 「どこ(어디)」, 「いつ(언제)」, 「なぜ(왜)」 등의 의문사에 따라 의미가 달라지므로 기본적으로 의문사의 의미도 파악하고 있어야 한다.

> **예**
> 教室の中に誰かいますか。 교실 안에 누군가 있습니까?
> いつ出発するかわかりません。 언제 출발할지 모르겠습니다.

> **암기** 조사 「か」에는 같은 종류에 속하는 것들 중에서 하나에 해당됨을 나타내는 병립조사적 용법, 의문사 다음에 접속하는 부조사적 용법, 문장의 끝 부분에 오는 종조사적 용법이 있다.
> 今度の旅行に行くかどうか知らせてください。 이번 여행에 가는지 안 가는지 알려 주세요. (병립조사적 용법)
> 箱の中には何かありましたか。 상자 안에는 뭔가 있었나요? (부조사적 용법)
> 紙が詰まった時にはどうすればいいですか。 종이가 걸렸을 때에는 어떻게 하면 되나요? (종조사적 용법)

2 が | 격조사로 사용되며 문장의 주어를 나타낸다. 「できる」, 「聞(き)こえる」, 「わかる」, 「見(み)える」 등의 자동사와 「好(す)きだ」, 「嫌(きら)いだ」, 「上手(じょうず)だ」, 「下手(へた)だ」 등의 형용동사 앞에 사용한다.

접속조사 「が」는 실제 시험에도 출제된 적이 많으므로 반드시 숙지할 필요가 있다. 단순한 암기보다는 「すみませんが〜」처럼 구문으로 외워 두는 것이 좋다.

> **예**
> 今日は朝から雨が降っています。 오늘은 아침부터 비가 내리고 있습니다.
> 私は刺身が嫌いです。 저는 회를 싫어합니다.

> **암기** 접속조사 「が」에는 내용연결, 역접, 완곡의 용법이 있다.
> 山田と申しますが、井上部長いらっしゃいますか。 야마다라고 합니다만, 이노우에 부장님 계십니까? (내용연결)
> 日は沈んだが、まだ明るい。 해는 졌지만, 아직 밝다. (역접)
> 明日は用事があって行けないのですが。 내일은 볼일이 있어서 갈 수 없습니다만. (완곡)

3 は | 주체, 대비, 강조를 나타낸다.

「は」는 주격으로 사용되는 「が」와의 차이만 이해하면 쉽게 풀 수 있다.

> **예**
> あの人は中村です。 저 사람은 나카무라 씨입니다. (주체)
> 果物は好きですが、お菓子は嫌いです。
> 과일은 좋아합니다만, 과자는 싫어합니다. (대비)
> 思ったより高くはなかった。 생각했던 것보다 비싸지는 않았다. (강조)

암기 조사 「は」와 「が」의 차이는 반드시 알아 두자. 자세한 것은 앞장의 예문 참고.

4 から | 사물이 시작되는 순서나 범위(기점) / '~을 통해서, ~으로'(사물의 경유점) / '~으로부터'
(원료나 재료의 화학적인 변화) / 접속조사로 원인·이유를 나타낸다.

경유점을 나타내는 「から」에 특히 주의해야 한다. 한국인은 모어 간섭에 의해 대부분 작문을 할 때, 도입에서 말한 예문처럼 「窓で海が見える(창에서 바다가 보인다)」라고 하기 쉬운데 이것은 틀린 표현이다. 경유점을 나타낼 때는 반드시 조사 「から」를 사용해야 한다. 그리고 접속조사 「から」가 형용동사에 접속할 때에는 「ので」와의 접속 차이를 구분할 수 있어야 한다.

> **예**
> 今日から夏休みに入る。 오늘부터 여름방학에 들어간다. (기점)
> 窓から遠くに山が見える。 창문에서 멀리에 산이 보인다. (겨유점)
> 豆腐は豆から作る。 두부는 콩으로 만든다. (화학적인 변화)
> 明日はせっかくの休みだから、公園でも行こう。
> 내일은 모처럼의 휴일이니까, 공원에라도 가자. ('~이기 때문에'라는 의미의 접속조사)

암기 「から」를 사용한 문법 표현에는 다음과 같은 것들이 있다.

① ~から~まで ~부터 ~까지
家から学校までは近いですか。
집에서 학교까지는 가깝나요?

② ~から~にかけて ~부터 ~에 걸쳐서
大阪では昨夜から今朝にかけて大雨が降ったそうだ。
오사카에서는 어젯밤부터 오늘 아침에 걸쳐 많은 비가 내렸다고 한다.

③ ~からには ~한 이상은
約束<u>したからには</u>、何があっても守らなければならない。
약속한 이상은 무슨 일이 있어도 지켜야만 한다.

④ ~からといって ~라고 해서
先生<u>だからといって</u>、全部知っているとは限らない。
선생님이라고 해서 전부 알고 있는 것은 아니다.

⑤ ~からして ~부터가
田舎は空気<u>からして</u>違う。
시골은 공기부터가 다르다.

⑥ ~からこそ ~이기 때문에
これは韓国人<u>だからこそ</u>、できる方法なのです。
이것은 한국인이기 때문에 할 수 있는 방법입니다.

5 で | 동작이 이루어지는 장소 / 원인 / 수단·방법 / 재료 / '~로(서)'라는 의미로 주어의 상태를 나타냄(한정의 용법)

시험에 자주 나오는 것이 한정을 나타내는 조사「で」의 용법이다. 우리말과는 다소 차이가 있기 때문에 반드시 숙지해 두어야 한다.

예

ここ<u>で</u>たばこを吸ってはいけません。 여기서 담배를 피워서는 안 됩니다. (장소)
中村さんは風邪<u>で</u>学校を休みました。
나카무라 씨는 감기로 학교를 쉬었습니다. (원인)
日本では自車車<u>で</u>通学する学生が多い。
일본에서는 자전거로 통학하는 학생이 많다. (수단·방법)
この建物は屋根の部分が石<u>で</u>できている。
이 건물은 지붕 부분이 돌로 만들어져 있다. (재료)
志願者は全部<u>で</u>10人です。 지원자는 전부해서 10명입니다. (한정)

암기 조사「で」는 용법을 반드시 숙지해 두어야 하며, 최근에는 각 용법의 구별까지 묻고 있으므로 내용으로 용법 구분까지 가능해야 한다.

점수를 마구마구 올려 주는 문제

1. 知らない単語が出たら、すぐ辞書を使って意味を調べておいた方がいい。
   (A) 辞書で
   (B) 辞書だけ
   (C) 辞書ほど
   (D) 辞書ばかり

2. 2時間以上も話したから、水が飲みたくなりました。
   (A) 話して
   (B) 話さずに
   (C) 話してから
   (D) 話さなくて

3. 家を出てバスで駅まで行きました。
   (A) バス以外は駅に行きません。
   (B) バスに乗って駅に行きました。
   (C) 駅に行く時、時々バスに乗ります。
   (D) 駅から出てバスに乗って来ました。

4. 金持ちだからといって、いつも幸せなわけではない。
   (A) 金持ちになると、いつも幸せになる。
   (B) 金持ちは幸せになる可能性が高い。
   (C) いくら金持ちでも幸せではない時がある。
   (D) 金持ちはいつも幸せになるに違いない。

5. 今度の旅行に彼が行くか行かないかはまだわからない。
   (A) そんなに説明したのに、まだわからないのか。
   (B) 来週の出張は鈴木君か山田君が行くだろう。
   (C) あの人はどこかで会ったことがあるような気がする。
   (D) 早く誰かに聞いていたら、道に迷わずに済んだのに。

6. 今度の出張は山田さんが行くことになりました。
   (A) あなたが一番好きなものを取ってください。
   (B) すみませんが、この辺に郵便局はありませんか。
   (C) あまり勝算はありませんが、頑張ってみるつもりです。
   (D) 今日はお先に帰らせていただきたいのですが。

7. 今年の夏は去年ほど暑くはなかった。
   (A) 窓際のいすに座っている人は誰なの。
   (B) そのことは知ってはいるが、まだ何も言えない。
   (C) コーヒーは好きだが、紅茶はあまり好きではない。
   (D) 兄は日本で勉強していて、弟はアメリカで勉強している。

8. 朝から雨が降っているから、遠足は止めましょう。
   (A) この木の枝から和紙ができる。
   (B) 工場の煙突から煙が出ている。
   (C) 表情から考えて、彼は迷っているに違いない。
   (D) この店の物が他の店より安かったから、買うことにした。

9. 風邪で会社を休むことにしました。
   (A) この建物は石でできているから趣があります。
   (B) そこまではバスより電車で行った方が便利です。
   (C) この地域は台風の影響で大きな被害を受けました。
   (D) 一人でこの仕事を全部したとは到底考えられません。

10. 野菜は好きですが、肉もあまり好きではありません。
    　(A)　　　(B)　(C)　　　(D)

11. どんな原因で失敗したのかどうか、まだよくわかりません。
    　　(A)　　(B)　　　　(C)　　(D)

12. 室内へは禁煙だから、たばこを吸ってはいけません。
    　(A)　(B)　　　　　　(C)　(D)

13. 駅から会社<u>までには</u>バスを<u>降りて</u><u>1時間半</u>ぐらい<u>かかります</u>。
    　　　　(A)　　　　　(B)　　　(C)　　　　　(D)

14. 今<u>通って</u>いる会社の給料<u>は</u>高くないです<u>が</u>、一人暮らしする<u>では</u>十分です。
    　(A)　　　　　　　　　(B)　　　　　(C)　　　　　　　　(D)

15. 親は子供が自分<u>に</u>いずれは離れ<u>ていく</u>のだという<u>事実</u>を受け入れなければ<u>ならない</u>。
    　　　　　　　(A)　　　　　　(B)　　　　　　(C)　　　　　　　　　　(D)

16. すみません＿＿＿＿＿、新橋駅はどちらですか。
    (A) に　　　　　　　　　(B) を
    (C) が　　　　　　　　　(D) か

17. 試験の志願者は全部＿＿＿＿＿15人です。
    (A) から　　　　　　　　(B) か
    (C) で　　　　　　　　　(D) は

18. 彼は毎朝車＿＿＿＿＿出勤しています。
    (A) で　　　　　　　　　(B) の
    (C) が　　　　　　　　　(D) か

19. 彼の大学は授業が4時に終わりますが、私の大学＿＿＿＿＿5時に終わります。
    (A) が　　　　　　　　　(B) は
    (C) も　　　　　　　　　(D) で

20. 山田さんは不注意＿＿＿＿＿事故を起こしてしまった。
    (A) か　　　　　　　　　(B) は
    (C) が　　　　　　　　　(D) で

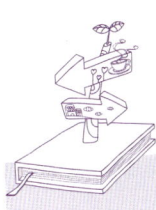

이것만은 확인하고 넘어가자

1. 조사 「か」에는 병립조사적 용법, 부조사적 용법, 종조사적 용법이 있다.
2. 접속조사 「が」에는 내용연결, 역접, 완곡의 용법이 있다.
3. 주격으로 사용되는 조사 「は」와 「が」의 차이는 반드시 기억해 두자. 모르면 다시 처음으로 돌아가서 확인하기 바란다.
4. 조사 「から」에는 기점, 경유점, 원료나 재료의 화학적인 변화, 접속조사로 사용되어 원인이나 이유를 나타내는 용법이 있다.
5. 조사 「で」는 조사 중에서 가장 출제빈도가 높으며, 매년 용법 구분 문제로 출제되고 있다. 용법에는 장소, 원인, 수단이나 방법, 재료, 한정의 용법 등이 있다.

쉬·어·가·기

● ら抜き言葉 | 'ら' 생략말

「これ、食べれますか?」 이 문장은 언뜻 보면 틀린 문장처럼 보이지만, 사실 일상 회화에서 자주 들을 수 있는 말이다. 이것이 「ら抜き言葉」라는 것이다. 「ら抜き言葉」란, 말 그대로 상·하 1단 동사의 가능형에 접속하는 조동사 「られる」에서 「ら」가 생략된 말이다. 일본의 국어학자나 언어학자들은 젊은이들의 이러한 언어 습관에 대해 우려의 목소리를 내고 있다. 하지만 별 소용은 없는 듯…….

조사한 바에 의하면 지금 「ら抜き言葉」는 일본인의 절반 정도가 사용하고 있다고 한다. 언어라는 것이 원래 변하는 것이지만, 머지않아 일본어를 처음 공부할 때 우리들의 머리를 아프게 했던 「られる」도 「れる」로 바뀌는 것은 아닌지 모르겠다.

● ハッピーマンデー(happy monday) | 행복한 월요일

2000년도에 국민의 휴일에 관한 법률(国民の祝日に関する法律)이 개정되었다. 이것은 국경일이 일요일인 경우에 월요일을 쉬게 하는 제도를 말한다. 이 제도는 일본의 관광업계를 중심으로 법률 개정이 추진되어 마침내 시행된 제도이다.

점수를 거저 주는 기본 조사 2

쉽다고 자만하면 틀리기 쉬운 것이 조사 문제이다.
이젠 더 이상 틀리지 말자.

앞 장에서 기본 조사를 조금 살펴 보았다. 그 외의 조사들 중에서도 의미 파악이 힘들고 잘 틀리는 조사가 몇 가지 있다. 우선 다음 예문을 보자.

> 예 鈴木さんはどこの会社で勤めていますか。

언뜻 보기에는 틀린 곳이 없는 문장처럼 보이지만, 이 문장은 분명히 조사를 잘못 사용하고 있다. '~에서 근무하다'라고 할 때「勤(つと)める」라는 동사는 앞에 조사「に」를 수반한다. 아직도 조사가 쉽다고 생각하는가? 그렇다면 다음 예문을 보자.

> 예 今朝に、窓を開けるといい香りがしてきた。

위 문장의 오류를 찾았는가? 찾았다면 중급자 이상일 것이다. 위의 문장은 조사「に」를 잘못 사용하고 있다. 조사「に」는 구체적이고 정확한 시간에만 사용할 수 있으며, 막연한 시간에는 사용할 수 없는 조사이다. 오늘 아침이라면 구체적으로 언제를 말하는가? 이처럼 막연한 시간에는 조사를 사용하지 못함에도 불구하고 대부분의 학습자들의 회화에서 적잖이 들을 수 있는 것이 조사「に」의 오용이다. 이 정도는 맞춘다고 생각하는가? 그렇다면 마지막으로 다음 예문을 보도록 하자.

> 예 報告書は遅くても3時まで提出してください。

위의 문장에서는 어디가 잘못되었을까? 아무리 보아도 틀린 곳이 없는 문장인 듯하지만 이런 문장이 시험에서는 시간을 다 빼앗고 머리를 혼란스럽게 만든다. 하지만 다시 잘 보면 분명히 틀린 곳이 있다. '~까지'라는 표현을 일본어로는 어떻게 표현할까? 초급자도 바로「まで」라고 대답할 수 있을 것이다. 그런데 이「まで」에 조사 하나가 더 붙어 의미를 혼동시킨다. 즉,「までに」가 되면 '늦어도 그 시점까지는'이라는 의미가 되며,「まで」와는 의미면에서 조금 차이가 나는 것이다.

이제는 조사를 만만하게 보지 않을 것이다. 출제자는 점수를 거저 주는데 틀리고만 있을 수는 없다. 다음의 문법 사항을 잘 읽어 보고 문제를 통해 실전 감각을 익히도록 하자.

점수와 바로 연결되는 조사 2

1 ながら | '~하면서'(동시동작) / '~하면서도, ~이면서도'(역접) / '~대로'(상태)를 나타낸다.

시험에서는 동시동작을 나타내는 「ながら」의 용법보다는 역접을 나타내는 「ながら」가 자주 출제된다. 이 역접의 용법은 기타 다른 시험에서도 빈도수가 상당히 높게 출제되고 있기 때문에 숙지해 두기 바란다.

> **예**
> 普通、ご飯を食べながら、テレビを見ます。
> 보통, 밥을 먹으면서 텔레비전을 봅니다. (동시동작)
> 彼は老人ながらすごい力を持っている。
> 그는 노인이지만 굉장한 힘을 가지고 있다. (역접)
> 昔ながらの家には趣がある。 옛날 그대로의 집에는 정취가 있다. (상태)

암기 접속 조사 「ながら」가 '~대로'라는 의미로 상태의 용법을 나타낼 때 이 「ながら」는 「~のまま」로 바꿔서 나타낼 수도 있다.

> あの店ではまだ昔ながらの作り方(=昔のままの作り方)でパンを作っている。
> 저 가게에서는 아직 옛날 그대로의 만드는 법으로 빵을 만들고 있다.

2 まで | 어느 시점까지 어떤 동작이나 상태가 계속되는 것을 나타낸다.

「まで」와 「までに」의 의미상의 차이점을 확실히 구분할 수 있어야 한다.

> **예**
> 学校から家までは遠いようですね。 학교에서 집까지는 먼 것 같군요. (계속)
> 終了レポートは明日までに提出してください。
> 종료 리포트는 내일까지 제출해 주십시오. (최종 기한)

암기 「までに」는 동작의 최종 기한에 중점을 두는 표현으로 '늦어도 ~시점까지'라는 의미를 나타낸다. 계속을 나타내는 「まで」와 정확하게 구분해 두도록 하자.

> 私は7月までこの大学で勉強するつもりだ。 나는 7월까지 이 대학에서 공부할 생각이다. (계속)
> 私のホームページは7月までに接続会員数1万人が目標である。
> 내 홈페이지는 늦어도 7월까지 접속 회원수 만 명이 목표이다. (최종 기한)

3 も | '~도', '~씩이나'라는 강조의 의미로 사용된다.

조사 「も」는 주로 수량이나 숫자를 나타내는 표현과 함께 출제되는 경우가 많다. 의미만 정확히 알고 있으면 크게 어렵지 않은 표현이다.

> **예**
> あなたが行くなら、私も行きます。 당신이 간다면 저도 갑니다.
> お酒に弱いのに、木村さんは今晩、ビールを三本も飲みました。
> 술이 약한데도, 기무라 씨는 오늘 밤에 맥주를 3병이나 마셨습니다.

암기 조사 「も」가 수량을 나타내는 말 뒤에 붙어 강조를 나타내는 용법은 시험에 꾸준히 출제되고 있으므로 의미를 정확히 기억해 두도록 하자.

4 に | 시간이나 때 / 동작이나 태도의 대상 / 주고받는 상대 / 존재 위치 / 동작의 목적(~하러)
'~에서 일하다'는 「~に勤めている / ~で働いている」로 나타내며, 이 때 조사에 주의하자.

최근에 가장 많이 출제되는 조사가 바로 「に」이다. 이 조사는 상당히 쓰임새도 많고 어렵기 때문에 반드시 이해하고 있어야 한다. 주로 동작의 목적을 나타내는 「に」나 구체적인 시간에 「に」를 붙여서 틀린 문장을 찾는 문제가 자주 출제되었으므로 용법을 하나도 빠짐없이 완전히 외우기 바란다.

> **예**
> 今日の会議は8時に始まります。 오늘 회의는 8시에 시작됩니다. (시간이나 때)
> みんなに迷惑をかけてしまい、本当に申し訳ない。
> 모두에게 폐를 끼쳐 버려 정말로 면목이 없다. (동작이나 태도의 대상)
> 先週、母に手紙を送ったが、まだ返事がない。
> 지난 주에 어머니에게 편지를 보냈는데 아직 답변이 없다. (주고받는 상대)
> 駅の前に大きなレストランがある。
> 역 앞에 큰 레스토랑이 있다. (존재 위치)
> 明日は休みなので、映画を見にいくつもりです。
> 내일은 휴일이기 때문에 영화를 보러 갈 생각입니다. (동작의 목적)

암기 조사 「に」는 구체적이고 정확한 시간에만 붙인다. 막연한 시간인 「昨日」「今日」「明日」「今朝」「来年」「毎朝」「毎日」 등의 표현에는 조사 「に」를 붙이지 않는다.

今朝に公園で田中さんに会いました。(→今朝) 오늘 아침 공원에서 다나카 씨를 만났습니다.
私は明日から健康のために毎日に運動をすることにした。(→毎日)
나는 내일부터 건강을 위해서 매일 운동을 하기로 했다.

5 ほど | 비례 / 수량 / 같은 정도 / 정도의 심함 / '정도, 한도, 분수'라는 의미의 명사적 용법

「ほど」는 비교를 나타내는 표현과 「~ば~ほど」의 용법이 간혹 출제된다. 빈도수가 그다지 높지는 않지만 일단 시험에 출제된 적이 있으므로 잘 정리해 두자.

예
歌は練習すればするほど上手になる。
노래는 연습하면 할수록 능숙해진다. (비례)

運動場に子供が10人ほどいる。
운동장에는 아이가 열 명 정도 있다. (수량)

この映画は昨日見た映画ほど面白くない。
이 영화는 어제 본 영화만큼 재미있지 않다. (같은 정도)

彼は驚くほど日本語が上手になっていた。
그는 놀랄 정도로 일본어가 능숙해져 있었다. (정도의 심함)

いくら腹が立ったといえども、悪口にもほどがある。
아무리 화가 났다고는 해도 욕에도 정도가 있다. (명사적 용법)

점수를 마구마구 올려 주는 문제

1. 彼は今度の事件の真相を全部知っていながら、何も言ってくれない。

    (A) 知ったにせよ
    (B) 知っているのに
    (C) 知らなかったものの
    (D) 知るにかかわらず

2. 公園は郵便局ほど近くありません。

    (A) 公園の方が近いです。
    (B) 郵便局の方が近いです。
    (C) 公園と郵便局は同じ距離にあります。
    (D) 公園と郵便局は両方とも遠くありません。

3. ここではまだ昔ながらの作り方でお酒を作っている。

    (A) 私は普通音楽を聞きながら勉強している。
    (B) 残念ながら、今度のパーティーには行けない。
    (C) 彼は生まれながらの優れた才能に恵まれている。
    (D) 鈴木君は学生でありながら、素晴らしい論文を書いた。

4. 家から学校まではどのぐらいかかりますか。

    (A) この遊園地は子供一人までなら無料です。
    (B) 3時まで待っても来なかったら、みんな帰りましょう。
    (C) にわか雨で下着までずぶ濡れになってしまいました。
    (D) わからないところがおありでしたら、ここまでご連絡ください。

5. 昨日は久しぶりにビールを5本も飲んだ。

    (A) 私の家にはテレビが3台もある。
    (B) 冷蔵庫の中には何もなかった。
    (C) 明日のパーティーに君も行くの?
    (D) これは日本語が上手な彼もわからないと思う。

6. 今度の夏休みには海へ泳ぎに行きましょうか。
    (A) お皿の氷は全部解けて水になっていた。
    (B) 私は遅くても10時には寝るようにしている。
    (C) 国の母に手紙を出したが、まだ返事がない。
    (D) 美味しいと評判だから、早速食べに行ってみた。

7. 勉強はすればするほど自分が知らないことが多いことに気付く。
    (A) 彼ほど日本の文学に詳しい人は見たことがない。
    (B) 酒を飲むほど酔いが回ってきてご機嫌になった。
    (C) その老人は人をばかにするのもほどがあるとぷりぷり怒っていた。
    (D) 鈴木君ほどの人なら、いくら難しくてもきっと成功するに違いない。

8. もし 明日に雨が降ったら、遠足は延期になります。
    (A)　　(B)　　 (C)　　　 (D)

9. こういう日には気の合った仲間と旅行を行きたい。
    (A)　　 (B)　　 (C)　　 (D)

10. 鈴木さんはいい会社に働いていたが、すぐ辞めてしまった。
     　　　　 (A)　　 (B)　　 (C)　　 (D)

11. 吉田さんは健康の ために毎日に運動をしています。
     　　　　　　 (A) (B)　　 (C) (D)

12. 親を 死なれてから親のありがたさをわかったとしても、それはもう手遅れだ。
    (A) (B)　　　　　 (C)　　　　　　　　　　　　　　 (D)

13. 市役所に行くには二つ目の角で左を曲がって10分くらい歩いてください。
         (A)　　 (B)　　　　 (C) (D)

14. 前回ここで引っ越した時に8万円も かかったので、今回もたぶんそのくらいはかかると
         (A)　　　　　　　　 (B)　 (C)　　　　　　 (D)
    思う。

15. ご飯を＿＿＿＿ながらテレビを見る習慣はよくないです。
　　(A) 食べ　　　　　　　　(B) 食べる
　　(C) 食べよう　　　　　　(D) 食べた

16. 明日は休日なので、映画を見＿＿＿＿行くつもりです。
　　(A) に　　　　　　　　　(B) ながら
　　(C) ほど　　　　　　　　(D) も

17. 悪いことでもあったのか、田中さんはビールを10本＿＿＿＿飲んだ。
　　(A) に　　　　　　　　　(B) も
　　(C) で　　　　　　　　　(D) から

18. レポートは遅くても今日の午後3時＿＿＿＿提出してください。
　　(A) まで　　　　　　　　(B) までに
　　(C) までで　　　　　　　(D) までを

19. 熱があるから、下がる＿＿＿＿寝た方がいいです。
　　(A) まで　　　　　　　　(B) までに
　　(C) までで　　　　　　　(D) までを

20. 運動はすればする＿＿＿＿上手になります。
　　(A) ほど　　　　　　　　(B) ばかり
　　(C) しか　　　　　　　　(D) のみ

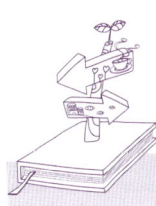

이것만은 확인하고 넘어가자

1. 접속조사 「ながら」에는 '동시동작, 역접, 상태' 등의 용법이 있다.
2. 「まで」는 어느 시점까지 동작이 계속됨을 나타내는 표현이고, 「までに」는 동작의 최종 기한에 중점을 두는 표현으로 '늦어도 어느 시점까지' 라는 의미를 나타낸다.
3. 조사 「も」는 수량을 나타내는 말 뒤에 붙어 강조를 나타낸다. 이 때 해석에 주의하자.
4. 조사 「に」는 구체적이고 정확한 시간에만 사용한다. 막연한 시간을 나타낼 때에는 조사 「に」를 붙이지 않는다는 것을 기억해 두자.
5. 「ほど」는 '~면 ~수록' 이라는 의미의 「~ば~ほど」와 '~만큼 ~(은) 아니다' 라는 의미인 「~ほど~(は)ない」 구문을 암기해 두도록 하자.

쉬.어.가.기

● ネタ | 특종감

田中(たなか)さんは最近(さいきん)、いいネタを見(み)つけたようですね。
다나카 씨는 최근 좋은 기사거리를 발견한 것 같군요.

위의 문장에서 「ネタ」라는 말은 과연 무슨 뜻일까? 이 말의 어원은 「種(たね)」라는 말이다. 즉, '씨, 씨앗' 을 의미하는 「たね」를 뒤집어서 「ネタ」라고 하면, '신문이나 뉴스의 기사거리, 특종감' 이라는 뜻이 된다. 일상 회화에서도 많이 사용되며 일본 연예 잡지에도 자주 나오는 말이다.

● いい男(おとこ) | 잘생긴 남자

일본 잡지를 보면 자주 나오는 말이 「いい男」인데 단순히 '좋은 남자' 라는 뜻일까? 「いい男」라고 하면 '좋은 남자' 라는 뜻도 있지만 대부분의 경우에는 '잘생긴 남자' 를 말한다. 물론 문맥에 따라 의미가 달라지므로 전후 문장을 잘 읽어 봐야 한다. 이 외에 미남을 나타내는 말로는 「かっこいい男」, 「美男子(びだんし)」, 「二枚目(にまいめ)」 등이 있다.
참고로 「二枚目」는 일본의 전통 예술인 「歌舞伎(かぶき)」에서 나온 말인데, 옛날 극장의 간판에 두 번째로 이름이 실린 배우가 미남이었다는 것에서 유래한 말이다. 관용구를 묻는 시험에 자주 나오는 표현이므로 외워두기 바란다.

이보다 쉬울 수는 없다! 조수사

**숫자를 세기 위해서 올바른 단위는 기본!
그 단위를 어떻게 하면 쉽게 외울까?**

최근 한창 금연바람이 불고 있다. 용감한(?) 우리의 김골초는 일주일 동안은 금연에 성공했지만, 결국 도저히 참을 수가 없어 저금통에 있는 동전을 모두 끌어모아 담배를 사러 편의점에 급히 달려간다. 들어가자마자 하는 말.

> **예**
>
> 골초   담배 한 켤레 주세요.
> (점원은 이해를 하지 못한다.)
> 점원   예? 다시 한 번 말씀해 주시겠습니까?
> (너무나 담배가 피우고 싶었던 김골초는 재차 같은 말을 반복한다.)
> 골초   담배 한 켤레 달라구요!!
> 점원   도저히 무슨 말인지 잘…….

왜 이런 일이 생기는 것일까? 그것은 김골초가 숫자를 세는 단위를 잘못 사용했기 때문이다. 우리말과 마찬가지로 일본어에도 무언가를 세는 단위인 조수사라는 것이 있다. 그런데 이것은 물건의 숫자에 따라 발음이 변하는 경우가 많기 때문에 학습자를 힘들게 만든다. 구분도 잘 안 되고 발음도 변하는 이 조수사를 어떻게 하면 한 방에 보내 버릴까? 방법은 간단하다. 30초만 투자해서 다음 페이지의 글을 두 번 정도 읽으면 저절로 외워진다. 참고로 실제 시험에서 발음 문제도 출제된 적이 있으니 발음도 함께 외워두기 바란다.

조수사를 대표하는 5대 조수사

1 枚(まい)

얇은 종이나 손수건을 셀 때는 우리말로 '~매'라고 한다. 일본어는 한자의 발음을 풀어서 생각하면 대충은 맞아들어간다. '매'는 마+이 → 「まい」. 따라서 종이, 손수건 등을 세는 조수사는 일본어로 「枚」이다.

> 예
> 友達の誕生日のプレゼントに、ハンカチを2枚買った。
> 친구의 생일 선물로 손수건을 두 장 샀다.
> 切手を3枚ください。 우표를 세 장 주십시오.

2 台(だい)

남자라면 당구장에 안 가본 사람은 없을 것이다. 그런데 당구장에서는 의외로 많은 일본어를 접할 수 있다. 예를 들어, 당구대를 흔히들 당구다이라고 부른다. 자동차 등과 같이 큰 물체를 셀 때 한 대, 두 대라고 세는 것에서 '대'는 다+이 → 「だい」라고 한다.

> 예
> 学校の前に車が2台止まっています。 학교 앞에 자동차가 2대 멈추어 있습니다.
> 私の家にはテレビが3台もあります。 우리 집에는 텔레비전이 3대나 있습니다.

3 本(ほん)

일본열도는 굵고 짧은가? 가늘고 긴가? 당연히 가늘고 긴데, 이런 일본을 일본어로는 「日本」이라고 한다. 일본처럼 가늘고 긴 우산이나 담배, 연필 등을 세는 조수사가 바로 「本」인 것이다.

> 예
> 冷蔵庫の中にビールが4本あります。 냉장고 안에 맥주가 4병 있습니다.
> 庭に大きな木が3本あります。 정원에 큰 나무가 세 그루 있습니다.

4 冊(さつ)

전국시대 무림을 평정한 권법은 사람을 죽이는 사츠(殺)권이 아니라 책으로 다스리는 사츠(冊)권이었다는 전설이 중국 어딘가에서 전해져 온다. 노트나 책을 세는 단위는 한 권, 두 권, 즉 그 유명한 권법인「冊」권은 책이나 노트를 세는 단위라고 외워 보자.

> **예**
> 私は毎月本を3冊買います。 나는 매달 책을 3권 삽니다.
> 昨日文房具屋でノートを4冊買いました。
> 어제 문방구 가게에서 노트를 4권 샀습니다.

5 足(そく)

구두나 양말은 모두 발과 관련된 물건들인데 '~켤레'라는 의미로 이런 구두나 양말을 셀 때 사용하는 조수사가 바로「足」이다.

> **예**
> 昨日デパートに行って靴を2足買いました。
> 어제 백화점에 가서 구두를 두 켤레 샀습니다
> 友達からかわいい靴下を1足もらいました。
> 친구에게 귀여운 양말을 한 켤레 받았습니다.

암기 기타 조수사

- ～歳 ~살
- ～点 ~점
- ～秒 ~초
- ～度 ~번
- ～倍 ~배
- ～羽 ~마리

주요 조수사의 발음

~枚 (~매, ~장)	~台 (~대)	~本 (~자루, ~병)	~冊 (~권)	~個 (~개)
いちまい 一枚	いちだい 一台	いっぽん 一本	いっさつ 一冊	いっこ 一個
にまい 二枚	にだい 二台	にほん 二本	にさつ 二冊	にこ 二個
さんまい 三枚	さんだい 三台	さんぼん 三本	さんさつ 三冊	さんこ 三個
よんまい 四枚	よんだい 四台	よんほん 四本	よんさつ 四冊	よんこ 四個
ごまい 五枚	ごだい 五台	ごほん 五本	ごさつ 五冊	ごこ 五個
ろくまい 六枚	ろくだい 六台	ろっぽん 六本	ろくさつ 六冊	ろっこ 六個
ななまい 七枚	ななだい 七台	ななほん 七本	ななさつ 七冊	ななこ 七個
はちまい 八枚	はちだい 八台	はっぽん 八本	はっさつ 八冊	はっこ 八個
きゅうまい 九枚	きゅうだい 九台	きゅうほん 九本	きゅうさつ 九冊	きゅうこ 九個
じゅうまい 十枚	じゅうだい 十台	じゅっぽん 十本	じゅっさつ 十冊	じゅっこ 十個
なんまい 何枚	なんだい 何台	なんぼん 何本	なんさつ 何冊	なんこ 何個

~匹 (~마리)	~着 (~벌)	~足 (~켤레)	~軒 (~채)	~分 (~분)
いっぴき 一匹	いっちゃく 一着	いっそく 一足	いっけん 一軒	いっぷん 一分
にひき 二匹	にちゃく 二着	にそく 二足	にけん 二軒	にふん 二分
さんびき 三匹	さんちゃく 三着	さんぞく 三足	さんげん 三軒	さんぷん 三分
よんひき 四匹	よんちゃく 四着	よんそく 四足	よんけん 四軒	よんぷん 四分
ごひき 五匹	ごちゃく 五着	ごそく 五足	ごけん 五軒	ごふん 五分
ろっぴき 六匹	ろくちゃく 六着	ろくそく 六足	ろっけん 六軒	ろっぷん 六分
ななひき 七匹	ななちゃく 七着	ななそく 七足	ななけん 七軒	ななふん 七分
はっぴき 八匹	はっちゃく 八着	はっそく 八足	はっけん 八軒	はっぷん 八分
きゅうひき 九匹	きゅうちゃく 九着	きゅうそく 九足	きゅうけん 九軒	きゅうふん 九分
じゅっぴき 十匹	じゅっちゃく 十着	じゅっそく 十足	じゅっけん 十軒	じゅっぷん 十分
なんびき 何匹	なんちゃく 何着	なんそく 何足	なんけん 何軒	なんぷん 何分

점수를 마구마구 올려 주는 문제

1. A すみませんが、今何時ですか。
   B 四時六分です。
   (A) ろくふん　　　　　　　(B) ろくぶん
   (C) ろっぷん　　　　　　　(D) ろっぶん

2. 机の上にノートが三冊置いてあります。
   (A) さんさつ　　　　　　　(B) さんぼん
   (C) さんまい　　　　　　　(D) さんだい

3. 庭には大きな木が六本植えてありました。
   (A) ろっぽん　　　　　　　(B) ろっぼん
   (C) ろくほん　　　　　　　(D) ろくぼん

4. 彼には夏休みが始まってから一度も電話していない。
   (A) よく　　　　　　　　　(B) たまに
   (C) いきなり　　　　　　　(D) まったく

5. ここにあるノート二冊と切手三冊、全部でいくらですか。
   　　(A)　　　　(B)　　　(C)　　　(D)

6. ふと空を見上げると、鳥が一匹飛んでいるのが見えた。
   　(A)　　(B)　　　　　(C)　　　　　(D)

7. 彼の机の上には鉛筆三本と消ゴム二枚が置いてありました。
   　　　　　(A)　(B)　　　(C)　　　(D)

8. 妻と一緒に久しぶりにデパートに行ってTシャツ二着と靴二足を買いました。
   　　(A)　　　　　　　　　(B)　　　　　　　(C)　　　　(D)

9. 明日はせっかくの休日なので、映画でも一編見て気晴らししたいです。
   　　　(A)　　　　(B)　　　　　　(C)　　　　(D)

10. 家の前に車が_____止めてあります。
    (A) 二台　　　　　　　　(B) 二本
    (C) 二冊　　　　　　　　(D) 二枚

11. 悪いことでもあったのか、彼はビールを_____も飲んだ。
    (A) 三枚　　　　　　　　(B) 三冊
    (C) 三匹　　　　　　　　(D) 三本

12. 昨日たんすの中にあったコート_____をクリーニングに出した。
    (A) 二着　　　　　　　　(B) 二匹
    (C) 二枚　　　　　　　　(D) 二台

13. 鈴木君はその歌手のCDを10_____も買ったそうよ。
    (A) 枚　　　　　　　　(B) 台
    (C) 冊　　　　　　　　(D) 足

14. A このノート5_____でいくらですか。
    B 1000円になります。
    (A) 個　　　　　　　　(B) 冊
    (C) 枚　　　　　　　　(D) 本

15. 牛_____が道端で草を食っていた。
    (A) 2匹　　　　　　　　(B) 2着
    (C) 2羽　　　　　　　　(D) 2頭

16. 昨日、私は誕生日のプレゼントとして友達に革の靴を_____もらいました。
    (A) 1足　　　　　　　　　　(B) 1枚
    (C) 1冊　　　　　　　　　　(D) 1個

17. 私は両親と一緒に住んでいます。上には姉が一人、下に妹が二人います。ですから、私は_____兄弟です。
    (A) 三人　　　　　　　　　　(B) 四人
    (C) 五人　　　　　　　　　　(D) 六人

18. 私は京都に別荘を_____持っている。
    (A) 一冊　　　　　　　　　　(B) 一個
    (C) 一台　　　　　　　　　　(D) 一軒

19. 夕方、空を見上げると、渡り鳥十数_____が飛んでいた。
    (A) 匹　　　　　　　　　　　(B) 頭
    (C) 羽　　　　　　　　　　　(D) 台

20. 彼は至って質素な生活をしているが、実はビルを10_____も持っているそうだ。
    (A) 着　　　　　　　　　　　(B) 軒
    (C) 棟　　　　　　　　　　　(D) 個

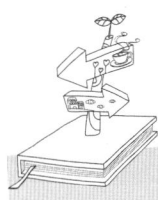

이것만은 확인하고 넘어가자

1. 조수사는 직접 조수사를 묻는 문제도 출제되지만, 발음을 묻는 문제도 간혹 출제되므로 발음까지 암기해 두자.
2. 종이나 손수건, CD 등과 같이 얇고 넓은 물건을 셀 때는 조수사 「枚(まい)(~매)」를 사용한다.
3. 자동차, 세탁기, 텔레비전, 냉장고 등과 같이 큰 물건을 셀 때는 조수사 「台(だい)(~대)」를 사용한다.
4. 우산, 담배, 연필, 병, 나무 등과 같이 가늘고 긴 물건을 셀 때는 조수사 「本(ほん)(~자루, ~병)」을 사용한다.
5. 책이나 노트 등과 같은 물건을 셀 때는 조수사 「冊(さつ)(~권)」를 사용한다.
6. 구두나 양말 등과 같은 물건을 셀 때는 조수사 「足(そく)(~켤레)」를 사용한다.

쉬.어.가.기

● **サービス残業(ざんぎょう)** | 서비스 잔업

昨日(きのう)はサービス残業で一晩中(ひとばんじゅう)仕事(しごと)をやったんだよ。
어제는 서비스 잔업으로 밤새 일을 했었어.

　퇴근 시간이 지나도 퇴근하지 않고 남아서 일을 하는 것을 일본어로는 「残業をする」라고 한다. 그런데 그 중에서도 수당을 전혀 받지 않고 일하는 것을 「サービス残業」라고 한다. 늦게까지 일을 하면서도 수당을 전혀 받지 못하다니……, 왠지 슬픈 현실이다.

● **ヤンキー** | 불량한 사람

なんだ！あのヤンキたらは！ 뭐야! 저 미국인들은!(?)

　「ヤンキー」는 원래 미국인을 나타내는 말이었는데, 지금은 속어로 '불량스러운 학생'이란 뜻으로 쓰인다. '불량배'라는 말은 원래 「不良(ふりょう)」라는 말을 썼는데, 이 말은 현재 거의 사용하지 않는 죽은 말이 되었다. 아마도 머리를 「金髪(きんぱつ)」나 「茶色(ちゃいろ)」로 물들인 것이 서양인의 머리색깔과 비슷하기 때문에 생긴 말이라고 생각된다. 주로 학원물 드라마나 폭력 만화에 자주 나오는 말이다. 절대 미국사람을 뜻하는 말이 아니라는 것을 명심하자.

4 시소게임에는 경어가 숨어 있다

**시소게임을 안다면 경어에 대한 이해는 끝난다.
그 다음은 그냥 외우면 된다.**

우리나라만큼 경어가 잘 발달된 나라도 없을 것이다. 자기보다 나이가 많거나 지위가 높으면 무조건 경어를 사용한다. 그렇다면 일본어의 경우는 어떨까? 일본어의 경어는 우리나라와는 접근방식이 조금 다르다. 나이가 많다고 해서 무조건 높이는 것도 아니고, 자신의 영역을 기준으로 해서 영역 안의 사람들에게는 경어를 사용하지 않는다. 이것이 무슨 말인지 아직 이해가 안 되는 사람은 다음 예문을 보자.

> 예
> 私の両親は今家にいらっしゃいます。

한국어로는 전혀 이상이 없는 문장처럼 보이지만 일본어를 조금만 열심히 공부한 사람이라면 금새 틀린 곳을 찾을 수 있을 것이다. 일본어 경어의 특징 중의 하나는 자신의 가족에게는 경어를 사용하지 않는다는 것이다. 복잡하다고 해서 경어를 무조건 외워서 사용하면 안 된다. 우선은 이해를 하고 있어야 한다. 자, 그럼 다음 예문은 어떻게 해석할까?

> 예
> そこまでは私が案内させていただきます。

위의 예문은 경어의 특수한 용법 중의 하나이다. 즉, 겸양어라는 것인데, 자신을 낮춤으로써 상대방을 높이는 경어의 한 가지 방법이다. 그럼 이 존경을 나타내는 존경어와 자신을 낮추는 겸양어는 무엇이 다를까? 이해가 잘 되지 않는 사람은 시소게임을 떠올려 보자. 두 사람이 시소를 타고 있는데 만약 몸무게가 같다면 당연히 시소는 균형을 유지할 것이다. 그런데, 자신이 몸무게가 더 나간다면 당연히 시소는 자신 쪽으로 기울게 될 것이다. 우선 이것이 겸양어이다. 자신을 낮추면 당연히 상대방은 올라가게 된다. 이 외에 정중하게 말할 때 사용하는 정중어라는 것도 있는데, 이것은 우리가 흔히 사용하는「です」,「ます」형을 말한다. 그럼 구체적으로 경어의 공식 및 대표적인 경어에 대해서 알아보도록 하자.

경어의 일반적인 공식

1 尊敬語(존경어) | 상대 또는 화제에 등장한 사람의 동작 등을 존경하여 나타내는 말.

접두어	お ▶ お体, お名前, お考え, お宅, お客, お休み
	ご ▶ ご恩, ご成功, ご存じ, ご家族, ご案内, ご心配
접미어	さん、さま ▶ 山田さん, 皆さま
	どの ▶ ○○株式会社殿, 部長殿
동사	お + 동사의 ます형 + になる ▶ 書く ⇨ お書きになる
	ご + 한자어 + になる ▶ 乗車する ⇨ ご乗車になる
	お + 동사의 ます형 + ください ▶ 座る ⇨ お座りください
	ご + 한자어 + ください ▶ 利用 ⇨ ご利用ください
	동사의 ない형 + れる・られる ▶ 本を書く ⇨ 本を書かれる

2 謙譲語(겸양어) | 자기의 동작을 낮추어 말함으로써, 간접적으로 상대를 올려주는 어법.

- お + 동사의 ます형 +
  - する ▶ お会いする(お目にかかる)
  - 致す ▶ お願い致します
  - 申す ▶ お知らせ申します
  - いただく ▶ お教えいただく

- ご + 동사성 명사 +
  - する ▶ ご一緒する
  - 致す ▶ ご案内致します
  - 申す ▶ ご紹介申します
  - いただく ▶ ご利用いただく

- ~(さ)せていただく   休みます(쉬겠습니다) ▶ 休ませていただきます

3 丁寧語(정중어) | 상대방에게 공손한 인상을 주는 말.

- 高い(높다) ▶ 高いです(높습니다)
- 行く(가다) ▶ 行きます(갑니다)

④ 시소게임에는 경어가 숨어 있다

존경어	보통어	겸양어
なさる	する 하다	いたす
ご覧になる	見る 보다	拝見する
くださる	やる 주다	さしあげる
お借りになる	借りる 빌리다	拝借する
おぼしめす	思う 생각하다	存じる
ご存じだ	知っている 알다	存じている
おっしゃる	言う 말하다	申す／申し上げる
お聞きになる	聞く 듣다, 묻다	承る／うかがう
召し上がる	食べる 먹다／飲む 마시다	いただく／頂戴する
お会いになる	会う 만나다	お会いする／お目にかかる
おられる／いらっしゃる／おいでになる	いる 있다	おる
いらっしゃる／おいでになる／お見えになる／お越しになる	行く 가다／来る 오다	まいる

예

お昼は何になさいますか。 점심은 뭘로 하시겠습니까?

昨日の事故について、何かご存じですか。
어제의 사고에 대해서, 뭔가 알고 계십니까?

フロントにABC工業の鈴木様がお越しになっています。
프런트에 ABC공업의 스즈키 씨께서 와 계십니다.

申し訳ありませんが、この本、拝借してもよろしいでしょうか。
죄송합니다만, 이 책 빌려가도 괜찮겠습니까?

일본어 경어에서 「オ」·「ゴ」를 붙이는 방법

1 「オ」·「ゴ」의 사용법

① 「オ」·「ゴ」를 빼면 그 의미가 없어지거나 변함.

かず 숫자-おかず 반찬, にぎり 쥠-おにぎり 주먹밥, しぼり 짬-おしぼり 물수건

② 존경의 접두어로 사용됨.

お疲れでしょうから、ごゆっくりお休みください。

피곤하실 테니까, 푹 쉬십시오.

③ 겸양의 접두어로 사용됨.

今晩にでも、先生にお電話をしてご報告いたすつもりです。

오늘밤에라도 선생님에게 전화를 해서 보고드릴 생각입니다.

④ 사용할 필요는 없지만, 정중어·미화어로써 사용함. (여성에 의해 사용되는 경우가 많음)

お花 꽃, お酒 술, お金 돈, お安い 싸다, お寒い 춥다

2 「オ」·「ゴ」가 붙는 말

① 和語(일본 고유의 말)에는 보통 「オ」를 붙임.

お心 마음, お考え 생각, お知らせ 알림, お皿 접시, お忙しい 바쁘다, お暑い 덥다

② 和語에도 「ゴ」가 붙는 경우가 있음.

ごひいき 편애, ごゆっくり 천천히

③ 한자의 음으로 읽는 말에는 보통 「ゴ」를 붙임.

ご住所 주소, ご配慮 배려, ご意見 의견, ご招待 초대, ご希望 희망

④ 漢語에서도 漢語적 의식이 약한 말에는 「オ」를 붙임.

お宅 댁, お茶 차, お肉 고기

⑤ 일상생활에서 자주 사용되는 말에는 漢語라도 「オ」를 붙이는 경우가 많음.

お料理 요리, お弁当 도시락, お菓子 과자, お食事 식사, お電話 전화, お時間 시간

⑥ 「ご返事」 답장나 「お返事」처럼, 양쪽 다 사용이 가능한 경우도 있음.

⑦ 외래어에는 원칙적으로 붙이지 않지만, 붙이는 경우에는 「オ」를 붙임. (미화어로서만)
　　おソース 소스, おビール 맥주, おズボン 바지

3 「オ」・「ゴ」가 붙지 않는 말

① 원칙적으로 외래어나 긴 말에는 붙지 않음.
　　(×) おスケジュール 스케줄, おじゃがいも 감자, おほうれんそう 시금치

② 「オ」로 시작하는 말에는 붙지 않음.
　　(×) お多い 많다, お大きい 크다

③ 자연현상, 공공물에는 붙지 않음.
　　(×) お雨 비, お雪 눈, お/ご学校 학교, お/ご会社 회사

점수를 마구마구 올려 주는 문제

1. 先生、この本の作者をごぞんじですか。
   - (A) ご尊じ
   - (B) ご分じ
   - (C) ご存じ
   - (D) ご知じ

2. 今朝、先生からの手紙を拝見しました。
   - (A) 送りました
   - (B) 書きました
   - (C) 見せました
   - (D) 読みました

3. 社長はお見えになりましたか。
   - (A) 召し上がりましたか
   - (B) ご覧になりましたか
   - (C) お越しになりましたか
   - (D) お休みになりましたか

4. 今朝の新聞、山田先生も読まれましたか。
   - (A) お読みになりましたか
   - (B) 読みたくなかったですか
   - (C) 読めるようになりましたか
   - (D) 読んだことがありますか

5. 私は紅茶にしますが、先生は何をお飲みになりますか。
   - (A) 拝借しますか
   - (B) くださいますか
   - (C) ご覧になりますか
   - (D) 召し上がりますか

6. 先生はいつお帰りになりますか。

    (A) 山田さんはお酒に弱いです。
    (B) 食べすぎたのか、おなかが痛い。
    (C) これからもどうぞよろしくお願いします。
    (D) 昨日とても役に立つお話をうかがった。

7. この頃、お仕事の方はいかがですか。

    (A) 私が大学に入学できたのは全部先生のおかげです。
    (B) 明日、お時間大丈夫でしょうか。
    (C) 冷たい飲み物をたくさん飲んだせいか、おなかが痛い。
    (D) これからもどうぞよろしくお願いいたします。

8. お口に合いますか。冷めないうちに早く召し上げてください。
   (A)　　　　　(B)　　　　　　　(C)　　　　　(D)

9. 明日お都合がよろしければ、是非会場までお越しください。
   (A)　　　(B)　　　　　　(C)　　　　　　(D)

10. お尋ねの件に関しては、私からご説明していただきます。
    (A)　　　　(B)　　　　　　(C)　　　(D)

11. 申し訳ありませんが、あいにくご主人は朝から出かけております。
                    (A)　　(B)　(C)　　　　　　　(D)

12. 無償修理の際は、製品保証書が必要になりますので、予めご用意してください。
    (A)　　　　　　(B)　　　　　　　(C)　　　(D)

13. 「この電車は回送ですので、どなたもご乗車できません」という駅のアナウンスが流れた。
              (A)　　　　　　(B)　　　　(C)　　　　　　　(D)

14. 昨日の会議には、先輩が先生をご案内になられたのですか。
    (A)　　　　　(B)　　(C)　　　　(D)

15. 明日、先生のお宅へ_____。
    (A) もうします
    (B) うかがいます
    (C) いたします
    (D) ごらんになります

16. その事件について、山田先生は何と_____。
    (A) おっしゃいましたか
    (B) おめにかかりましたか
    (C) まいりましたか
    (D) くださいましたか

17. ご都合がよろしければ、私の家にも一度くらいは_____ください。
    (A) いらっしゃって
    (B) なさって
    (C) おっしゃって
    (D) いかれて

18. 今日は用事がありまして、先に_____いただきます。
    (A) 失礼して
    (B) 失礼されて
    (C) 失礼させて
    (D) 失礼させられて

19. A 鈴木先生は会場へ_____になりましたか。
    B いいえ、まだなんです。
    (A) 拝見
    (B) おいで
    (C) ご覧
    (D) まいり

20. お客様、ステーキの焼き具合はどう_____。
    (A) なさいましょうか
    (B) いたしましょうか
    (C) おりましょうか
    (D) もうしましょうか

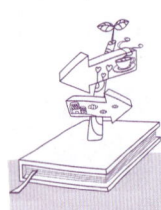

이것만은 확인하고 넘어가자

1. お＋동사의 ます형＋になる ▶ ~하시다(존경 표현)
2. ご＋한자어＋になる ▶ ~하시다(존경 표현)
3. お＋동사의 ます형＋する ▶ ~하다(겸양 표현)
4. ご＋한자어＋する ▶ ~하다(겸양 표현)
5. ~(さ)せていただく ▶ ~하다(겸양 표현, 의미파악에 주의!)
6. 접두어「お」에는 존경의 접두어, 겸양의 접두어, 미화어,「お」의 유무에 따라 의미가 달라지는 단어의 네 가지 용법이 나온다.

쉬.어.가.기

● 受ける | 인기가 좋다

田中さんの歌はいつも受けがいい。 다나카 씨의 노래는 항상 인기가 좋다.

「受ける」는 회화에서 '인기가 있다'라는 의미로 자주 사용된다. 윗사람에게 사용하는 것보다는 친한 사이에서 무리없이 쓸 수 있는 표현이라고 할 수 있다. 참고로「受けがいい」라고 하면 '인기가 좋다' 라는 뜻으로 어떤 사람의 성품, 행동, 동작 등이 좋은 평을 들을 때 사용한다. 반대말은「受けが悪(わる)い」이다.

● 決まっている | 잘 차려 입다

先生! 今日決まってますね。 선생님! 오늘 멋지시군요.

'결정되다' 라는 뜻의「決まる」에는 '옷을 잘 차려입다' 라는 뜻이 있다. 따라서 뭔가 평소와 다른 분위기로 옷을 입었는데 그것이 잘 어울릴 경우에「決まっているね」라고 하면 '오늘 멋진데…' 라는 뜻이 된다.

접속 형태를 알면 답이 보여요

접속 형태만 알면 바로 답을 찾을 수 있는 문제들! 이런 문제에는 시간을 줄일 수 있는 요령이 숨어 있다.

JPT는 시간과의 승부가 점수를 좌우한다. 어떻게 하면 시간을 줄이고 효율적으로 문제를 풀 수 있을까? 그 해답은 의외로 간단하다. 접속 형태만 알아도 시간을 상당히 줄일 수 있다는 것을 알고 있는가? 접속 형태를 묻는 문제에서 문제를 끝까지 읽는 사람은 바보이다. 시험을 보는 목적이 자신의 일본어 성과 측정을 위해서라면 이야기는 다르겠지만, 단순히 고득점을 목표로 하는 사람이라면 접속 형태에 관한 문제는 답만 체크하고 넘어가도 시간을 1분 이상 줄일 수 있다. 다음 예문을 통해서 그것을 확인해 보도록 하자.

> **예**
> 不況の問題は深刻だ。今年に_____からというもの、不況の傾向は進む一方だ。
> (A) なり (B) なら (C) なる (D) なって

위의 예문을 전부 읽는데 걸리는 시간은 학습자의 능력에 따라 다르겠지만, 적어도 10초는 걸릴 것이라고 생각한다. 그런데 「～てからというもの」라는 표현을 알고 있는 학습자라면 1초만에 정답이 (D)라는 것을 바로 찾을 수 있다. 이처럼 JPT에는 접속 형태만 알아도 시간을 단축할 수 있는 문제가 자주 출제된다. 예문을 하나 더 보도록 하자.

> **예**
> 駅に_____次第、私に連絡してください。
> (A) 着く (B) 着き (C) 着か (D) 着こう

위의 예문을 해석하면 '역에 도착하는 대로 저에게 연락을 주십시오'가 된다. 그런데 지금 이 문제에서는 접속 형태에 대해 묻고 있다. 어떤 형태가 접속될까? 동사의 기본형에 접속될 것처럼 보이지만 「次第(しだい)」는 ます형에 접속되는 표현이다. 이처럼 접속 형태를 알면 바로 답이 보이는 표현들이 몇 개 있다. 이 장에서는 그것에 대해 알아보도록 하자.

자주 출제되는 접속 형태들

1 多<u>おお</u>く・近<u>ちか</u>く・遠<u>とお</u>く + の + 명사

「多く, 近く, 遠く」는 명사의 역할을 하는 전성명사로서, 뒤에 명사가 오면 명사와 명사의 연결에 필요한 조사인 「の」가 있어야 한다.

> **예**
> 私<u>わたし</u>は駅<u>えき</u>の<u>近く</u>のアパートに住<u>す</u>んでいます。
> 저는 역 근처의 아파트에 살고 있습니다.
> 広場<u>ひろば</u>は<u>多く</u>の人<u>ひと</u>で賑<u>にぎ</u>わっていた。 광장은 많은 사람들로 흥청거리고 있었다.
> ひばりの鳴<u>な</u>き声<u>ごえ</u>が<u>遠く</u>から聞<u>き</u>こえてくる。
> 종달새 우는 소리가 멀리서 들려 온다.

2 동사의 기본형 + 時<u>とき</u> | ~할 때
   동사의 과거형(た) + 時 | ~했을 때

「時」는 앞에 오는 동사가 과거형이냐 현재형이냐에 따라 의미가 달라지므로, 만약 오문 정정 문제에서 「時」에 밑줄이 있다면 반드시 문장 전체의 의미를 파악해 보고 과거형이 맞는지 현재형이 맞는지 따져 보아야 한다.

> **예**
> 家<u>いえ</u>を出<u>で</u>る時、「行<u>い</u>ってきます」と言<u>い</u>います。
> 집을 나올 때 '다녀오겠습니다'라고 말합니다.
> 日本<u>にほん</u>に行<u>い</u>った時の話<u>はなし</u>をちょっとしてください。
> 일본에 갔었을 때의 이야기를 조금 해 주십시오.

3 동사의 ます형 + 次第<u>しだい</u> | ~하자마자, ~하는 대로

「次第」는 '~하자마자, ~하는 대로, ~에 따라, ~라는 결과이다' 라는 다양한 의미로 사용된다.

> **예**
> 東京に着き次第、駅から連絡します。 도쿄에 도착하는 대로 역에서 연락하겠습니다.
> 私はその日の天気次第で、一日の計画を立てます。
> 나는 그 날의 날씨에 따라 하루의 계획을 세웁니다.
> 誠に申し訳ありませんが、そういう次第でございます。
> 정말로 죄송합니다만, 그러한 결과입니다.

암기 「次第」의 용법에는 구체적으로 다음과 같은 것들이 있다.

駅に着き次第、電話してください。
역에 도착하는 대로 전화해 주십시오. (ます형+次第)

みんなの意見も取り入れてこのように決めた次第です。
모두의 의견도 받아들여 이처럼 결정했습니다. (동사 기본형·과거형+次第だ)

今度の試験の結果次第で昇進が決まります。
이번 시험 결과에 따라서 승진이 결정됩니다. (명사+次第で)

明日行けるかどうかは全部天気次第です。
내일 갈 수 있을지 어떨지는 전부 날씨에 달려있습니다. (명사+次第だ)

次第に寒くなっていますが、お変わりありませんか。
점차 추워지고 있습니다만, 별고 없으십니까? (次第に)

4 종지형 + し | ~고(열거)

오문 정정 문제에서는 대부분 형용사와 형용동사의 접속 형태를 묻는 경우가 많다. 열거를 나타내는「し」앞에는 항상 종지형이 온다는 것을 기억해 두자.

> **예**
> あの店はきれいだし、味もいいです。 저 가게는 깨끗하고, 맛도 좋습니다.
> 韓国は食べ物が美味しいし、人々がみんな陽気で楽しいです。
> 한국은 음식이 맛있고, 사람들이 모두 밝아 즐겁습니다.

암기 형용동사 뒤에 접속할 때는 반드시 종지형「だ」뒤에「し」가 접속한다.

5 종지형 + から | ~기 때문에
　　연체형 + ので | ~기 때문에

원인이나 이유를 나타내는 「から」와 「ので」는 의미상의 차이는 분명히 존재하나, 시험에서는 묻는 경우가 거의 없다. 두 표현의 접속 차이만 이해하고 있으면 된다.

> **예**
> 私(わたし)は歌(うた)が下手(へた)だから、あまり歌(うた)いません。
> 저는 노래가 서툴기 때문에, 그다지 부르지 않습니다.
>
> 私は歌が下手なので、あまり歌いません。
> 저는 노래가 서툴기 때문에, 그다지 부르지 않습니다.

암기 형용동사가 앞에 접속할 때의 접속 형태 차이는 반드시 비교해서 알아두자.

6 동사의 과거형(た)+まま | ~한 채로

「~まま」라는 표현은 반드시 동사의 「た」형에 접속하며 '~한 채로'라는 의미를 나타낸다. 유사한 의미의 표현인 「ます형+っぱなし」도 항상 함께 기억해 두도록 하자.

> **예**
> 窓(まど)を開(あ)けたまま出(で)かけて空(あ)き巣(す)に入(はい)られてしまった。(=開(あ)けっぱなしにして)
> 창문을 열어 놓은 채로 외출해 빈집털이범이 들어와 버렸다.
>
> この車(くるま)なら一日中(いちにちじゅう)魚(さかな)を生(い)きたまま運(はこ)ぶことができます。
> 이 자동차라면 하루 종일 생선을 산 채로 운반할 수 있습니다.

점수를 마구마구 올려 주는 문제

1. 今度の試験の結果次第で大学が決まるから、頑張ってください。
   - (A) 結果によって
   - (B) 結果はさておいて
   - (C) 結果にかかわらず
   - (D) 結果もさることながら

2. 急ぎの用事だから、そこに着き次第、私に電話してください。
   - (A) 着く前に
   - (B) 着かないうちに
   - (C) 着いたら、直ちに
   - (D) 着くか着かないかのうちに

3. 今朝、窓を閉めないで出かけてしまった。
   - (A) 窓を開けっぱなしにして
   - (B) 窓を開けるつもりで
   - (C) 窓を閉めたまま
   - (D) 窓を閉めたのを確認してから

4. みなの意見も取り入れて、このように決定した次第だ。
   - (A) この仕事が終わり次第、そちらに伺います。
   - (B) あたなの努力次第で合格するかしないかが決まる。
   - (C) スケジュールが決まり次第、私に知らせてください。
   - (D) 彼も出席したがっていたが、事情があって欠席する次第だ。

5. 事件の詳しい情報が入り次第、お伝えします。
   - (A) 明日遠足に行けるかどうかは全部天気次第だ。
   - (B) 次第に寒くなっていますが、お変わりありませんか。
   - (C) 試験の結果次第で大学が決まるから頑張ってください。
   - (D) その本が見つかり次第、お知らせするから心配しないでください。

6. あのレストラン<u>は</u> 値段<u>も</u> <u>安いだし</u>、味<u>も</u> 非常に美味しい。
   　　　　　　(A)　　　　(B)　　(C)　　　　(D)

7. 中村先生の授業は<u>面白くて</u>、いつも <u>多い学生</u>が <u>聞いています</u>。
   　　　(A)　　　　(B)　　　　　(C)　　　　　(D)

8. <u>初めて</u> 彼の絵を<u>見る</u>時、<u>これこそ</u> 私が<u>求めていた</u>絵だと思いました。
   　(A)　　　　(B)　　　(C)　　　　(D)

9. 昨日、高級レストランで彼女<u>と</u> 食事を<u>する</u>時、<u>勘定</u>を見て<u>びっくりして</u>しまった。
   　　　　　　　　　　　　(A)　　　　(B)　　　(C)　　　　(D)

10. 風邪を<u>引いた</u>んですか。<u>では</u>、<u>近い</u>病院に早く<u>行った</u>方がいいですよ。
    　　　(A)　　　　　　(B)　　(C)　　　　　(D)

11. 息子も<u>もう</u> 大人<u>だし</u>、彼の立場もある<u>のから</u>、いちいち<u>口出し</u>をするものではない。
    　　　(A)　　(B)　　　　　　　　　(C)　　　　　(D)

12. <u>もし</u> 火事<u>や</u> 地震など<u>が</u> 起こる時にはエレベーターを<u>使わないでください</u>。
    　(A)　　　(B)　　　　(C)　　　　　　　　　　　(D)

13. <u>将来</u>、私が年を<u>取る</u>時、若い人たちの<u>理解できない</u>新しい言葉ができる<u>かもしれない</u>。
    　(A)　　　　　(B)　　　　　　(C)　　　　　　　　　　　(D)

14. ガスレンジの上に鍋を<u>かける</u> <u>まま</u> 忘れて<u>火事になる</u>ところ<u>だった</u>。
    　　　　　　　　　　(A)　　(B)　　　(C)　　　　(D)

15. ここは禁煙<u>の</u>ので、たばこは<u>ご遠慮くださる</u>よう<u>お願い</u> <u>申し上げます</u>。
    　　　　(A)　　　　　　(B)　　　　　(C)　　　(D)

16. すみませんが、この＿＿＿＿＿に銀行がありますか。
   (A) 近い　　　　　　　　　(B) 近く
   (C) 近くの　　　　　　　　(D) 近かったの

17. 道子さんは＿＿＿＿＿し、それに性格もいいから、男の人に人気がある。
   (A) きれいだ　　　　　　　(B) きれい
   (C) きれいに　　　　　　　(D) きれいで

18. 決勝戦で優勝して故郷へ帰ると、＿＿＿＿＿人々が歓迎してくれました。
   (A) 多くの　　　　　　　　(B) 多い
   (C) 多くに　　　　　　　　(D) 多いの

19. 初めてその国に＿＿＿＿＿時には言葉が通じなくて色々苦労しました。
   (A) 行く　　　　　　　　　(B) 行き
   (C) 行った　　　　　　　　(D) 行ったり

20. 迎えに行きますから、東京に＿＿＿＿＿次第私に連絡してください。
   (A) 着く　　　　　　　　　(B) 着き
   (C) 着いた　　　　　　　　(D) 着いて

이것만은 확인하고 넘어가자

1. 「多く」, 「近く」, 「遠く」는 전성명사로 뒤에 명사가 오면 반드시 「の」를 붙여야 한다.
2. 「時」는 앞에 오는 동사의 시제에 따라 의미가 달라지므로 주의해야 한다.
3. 「次第」는 접속에 따라 다양한 의미가 나오므로 용법별로 잘 정리해 두도록 하자.
4. 열거를 나타내는 「し」가 형용동사 뒤에 접속할 때는 반드시 종지형 「だ」 뒤에 「し」를 접속한다.
5. 「~から」, 「~ので」가 형용동사에 접속할 때는 「~だから」, 「~なので」가 된다.
6. 「동사의 과거형(た)+まま」는 '~한 채로'라는 의미로 유사한 의미의 표현으로는 「동사의 ます형+っぱなし」가 있다.

쉬.어.가.기

● 上がる | 긴장하다

今日が初講演なので、ちょっと上がっています。

위의 예문을 제대로 번역할 수 있는가? 만약 사전없이 가능하다면 당신은 상당한 수준!! 과연 예문에서 「上がる」는 무슨 의미일까? 사전을 잘 찾아보면 알겠지만, 「上がる」는 '무대나 연설장 따위에서 긴장하여 얼다' 라는 뜻이 있다. 따라서 윗문장은 '오늘이 첫강연이어서 조금 긴장해 있습니다' 라는 뜻이 된다. 흔히 '긴장하다' 라고 하면 「どきどきする」나 한자를 사용해 「緊張(きんちょう)する」라고 하기 쉬운데 격식없는 사이에서는 「上がる」도 상당히 많이 사용한다. 덧붙여서 「どきどき」, 「わくわく」, 「うきうき」의 차이점에 대해서 공부해 보기로 하자. 사전적인 의미는 다음과 같다.

・どきどき 운동, 흥분, 공포, 불안 등으로 아주 심하게 긴장하는 모습
・わくわく 기대, 기쁨 등으로 흥분해서 마음이 안정되지 않는 모습
・うきうき 마음이 들떠서 진정되지 않는 모습

모두 흥분을 나타내는 말이라도 쓰임새가 다르다는 것을 염두해 두자.

● だふ屋 | 암표상

このチケットはだふ屋から買ったんだ。 이 표는 암표상에게 산 거야.

일본어로 '표, 표찰'은 「札(ふだ)」라고 한다. 그런데 이 「ふだ」를 뒤집으면 「だふ」, 즉 '암표'가 된다. 뒤에 있는 「~屋」는 단어 뒤에 붙어서 '~하는 사람, ~가게' 라는 뜻을 나타낸다. 예를 들어, 꽃가게는 「花屋(はなや)」, 빵가게는 「パン屋」가 된다.

가는 게 있으면 오는 게 있어야지

인간관계에서는 주고 받는 것이 중요하다. 그런데
일본어에서는 꼭 받으려고만 하는 녀석이 있다.

일본어를 공부하다 보면, 나름대로 어려운 부분이 있겠지만 초급자에게는 수수(授受) 표현만큼 어려운 것은 없으리라 생각한다. 즉, 일본어는 주고 받는 관계를 나타내는 말이 우리말과는 달리 조금 복잡하기 때문에 많은 어려움을 느끼는 것이다. 예문을 한번 살펴 보도록 하자.

> **예**
> 昨日私は友達に本を貸してもらいました。

위의 예문을 해석할 수 있다고 해도 상관 관계를 잘 이해하지 못하는 사람들이 있다. '친구에게 빌려 줘서 받았다?' 이것은 일본어의 특징 중의 하나인 간접화법을 모르기 때문에 일어나는 현상이다. 위의 문장은 다음과 같이 쉽게 바꿀 수 있다.

> **예**
> 昨日友達は私に本を貸してくれました。

아마도 두 번째 예문이 훨씬 해석하기도 쉽고 이해도 빠를 것이다. 일본어의 수수 표현은 기본적으로 세 가지 정도가 있는데, 겸양이나 존경 표현은 못 외우더라도 이 세 가지만은 반드시 외우고 있어야 한다. 특히「～てくれる」는 무조건 자기 방향으로 오는 것에만 사용할 수 있다는 것만 알아 두어도 절반은 끝난다. 그럼, 각 수수 표현의 의미와 용법에 대해 알아보도록 하자.

주고 받는 대표적 수수 표현

1 ～やる・～てやる | 주다, ～해 주다 / 자기보다 낮은 사람이나 사물에게

출제 빈도는 낮은 편이지만 기본적으로 알아 둘 필요가 있는 표현이다.

예
> 私は犬に餌を<u>やりました</u>。 나는 개에게 먹이를 주었습니다.
> 来年小学校へ入る長男に勉強部屋を作っ<u>てやった</u>。
> 내년에 초등학교에 입학하는 장남에게 공부방을 만들어 주었다.
> 昨日は一日中弟の宿題を手伝っ<u>てやった</u>。
> 어제는 하루 종일 남동생의 숙제를 도와 주었다.

암기 「やる」는 '주다, 하다'라는 기본적인 의미 이외에 「～てやる」의 형태로 사용되어 '～해 주다'라는 의미가 나온다. 용법 구분으로 몇 번이나 나왔던 만큼 의미를 잘 기억해 두자.

2 ～てくれる(くださる) | ～해 주다(～해 주시다) / 남이 나와 관계되는 사람에게

주로 오문정정 문제에서 많이 출제되며, 다른 수수 표현과의 의미 차이를 묻는 문제도 간혹 출제된다.

예
> 母は美味しい料理を作っ<u>てくれました</u>。
> 어머니는 맛있는 요리를 만들어 주었습니다.
> 彼は私を図書館まで案内し<u>てくれました</u>。
> 그는 나를 도서관까지 안내해 주었다.
> 山田先生は教え方がとても上手で、分かりやすく教え<u>てくださった</u>。
> 야마다 선생님은 가르치는 방법이 매우 능숙해서, 알기 쉽게 가르쳐 주셨다.

암기 수수 표현 중에 가장 출제 빈도가 높은 표현인데, 무조건 자신의 영역으로 오는 것에만 사용할 수 있다는 것을 명심해 두자.

3 ～てあげる(さしあげる) | ～해 주다(～해 드리다) / 내가 남에게, 혹은 남이 남에게

「～てあげる」는 내가 남에게 무엇을 '해 주다'라고 표현할 때도 사용하고, 제3자가 제3자에게 무엇을 해줄 때도 사용한다.

예
田中さんは木村さんのために、本を買ってあげました。
다나카 씨는 기무라 씨를 위해서 책을 사 주었습니다.
昨日一日中彼の仕事を手伝ってあげました。
어제는 하루 종일 그 사람 일을 도와 주었습니다.
先生の荷物が重く見えたので、持ってさしあげました。
선생님의 짐이 무거워 보였기 때문에 들어 드렸습니다.

4 ～に～てもらう(いたたく) | ～에게 ～해 받다, (다른 사람이) ～해 주다

「～てもらう」는 직접적인 표현이 아니라 간접적인 표현이므로 해석에 주의하기 바란다.

예
友人にCDを貸してもらった。 친구에게 CD를 빌렸다.
知らない人に道を教えてもらいました。 모르는 사람이 길을 가르쳐 주었습니다.
難しい内容だったのに、易しく教えていただいて誠にありがとうございます。
어려운 내용이었는데도 쉽게 가르쳐 주셔서 정말로 감사합니다.

⑥ 가는 게 있으면 오는 게 있어야지

점수를 마구마구 올려 주는 문제

1. <u>昨日、私は父の車を借りた。</u>
   - (A) 私は父に車を返した。
   - (B) 私は父に車を貸してあげた。
   - (C) 父は私に車を貸してくれた。
   - (D) 父は私に車を貸してもらった。

2. <u>私は友達に音楽のCDを貸してもらった。</u>
   - (A) 友達は私に音楽のCDを借りた。
   - (B) 私は友達に音楽のCDを返した。
   - (C) 友達は私に音楽のCDを貸してくれた。
   - (D) 友達は私に音楽のCDを貸してあげた。

3. <u>鈴木さんは私にお菓子をくれた。</u>
   - (A) 鈴木さんは私にお菓子をもらった。
   - (B) 鈴木さんは私にお菓子をあげた。
   - (C) 私は鈴木さんにお菓子をあげた。
   - (D) 私は鈴木さんにお菓子をもらった。

4. <u>この本は子供に見せてあげてもかまわない。</u>
   - (A) この本は子供が見ても問題はない。
   - (B) この本は子供に見られると本当に困る。
   - (C) この本は絶対に子供が見てはいけない。
   - (D) この本は子供に見られないようにしてほしい。

5. <u>やると言ったからには、最後まで頑張るつもりだ。</u>
   - (A) 弟の宿題を手伝って<u>やった</u>。
   - (B) 子供に折り紙で飛行機を作って<u>やった</u>。
   - (C) この仕事はどうしてもあなたが<u>やって</u>ほしい。
   - (D) 金魚に毎日えさを<u>やる</u>のは本当に面倒くさい。

6. 昨日、後輩の荷物を持って<u>やった</u>。
　　(A) 弟に地元のお菓子を送って<u>やった</u>。
　　(B) 時間があったら、今晩一杯<u>やり</u>ませんか。
　　(C) <u>やる</u>からには、最後まで責任を持ってやります。
　　(D) その話を聞いて、もう<u>やる</u>気さえ出ませんでした。

7. 私は家内のために料理を作ってあげました。
　　(A) 答えをわかった人は手を<u>あげて</u>ください。
　　(B) 昨日ようやく犯人を<u>あげる</u>ことができました。
　　(C) 今日はもう遅いから、家まで送って<u>あげます</u>。
　　(D) この肉は生で食べるより<u>あげて</u>食べた方がいい。

8. 妹<u>と</u>きたら、一人で服が<u>着られる</u> <u>のに</u>、いつも母に<u>着て</u>もらっている。
　　　(A)　　　　　　　(B)　　　　(C)　　　　　　　(D)

9. 市内<u>で</u>財布を<u>落とした</u>んですが、<u>誰か</u>が交番まで届けて<u>あげました</u>。
　　　(A)　　　　(B)　　　　　　(C)　　　　　　　　　(D)

10. 駅の前で<u>おばあさん</u>が<u>重たい</u>荷物を持っていた<u>ので</u>、手伝って<u>もらった</u>。
　　　　　(A)　　　　　　(B)　　　　　　　　(C)　　　　　　(D)

11. 私は生まれて<u>これまで</u>1度も風邪<u>で</u>注射を<u>打ってあげた</u> <u>こと</u>はありません。
　　　　　　(A)　　　　　　(B)　　　　(C)　　　　(D)

12. 昨日遊びに<u>来た</u>沖田君が<u>久しぶりに</u>腕を<u>揮って</u>私に料理を作って<u>あげた</u> 。
　　　　　(A)　　　　　　(B)　　　　(C)　　　　　　　　(D)

13. この間両親が日本を<u>旅行した</u>時、案内して<u>あげた</u>ガイドさん<u>が</u>本当に日本語が上手だった
　　　　　　　　　(A)　　　　　　　(B)　　　　　　　(C)

　<u>らしい</u>。
　　(D)

14. 猫を観察してトイレに行きたそうな そわそわした様子が見られたら、トイレに連れて行っ
　　　　　　　　　　　(A)　　　　　　(B)
　　てくれてそこで排泄することを覚えさせます。
　　　(C)　　　　　　　　　　　　　(D)

15. 私は毎日花に水を_____。
　　(A) くれます　　　　　　　　　(B) もらいます
　　(C) やります　　　　　　　　　(D) くださいます

16. 山田さんのお母さんは私_____お菓子をくださいました。
　　(A) に　　　　　　　　　　　　(B) が
　　(C) を　　　　　　　　　　　　(D) から

17. 私は子供に絵本を買って_____。
　　(A) やりました　　　　　　　　(B) くれました
　　(C) さしあげました　　　　　　(D) いただきました

18. この絵は友人が私のために描いて_____ものだ。
　　(A) くれた　　　　　　　　　　(B) やった
　　(C) あげた　　　　　　　　　　(D) もらった

19. 今度京都で撮った写真を先生に送って_____。
　　(A) やりました　　　　　　　　(B) くれました
　　(C) さしあげました　　　　　　(D) くださいました

20. マリーさんに日本の料理を作って_____、とても喜んでくださいました。
　　(A) くれたら　　　　　　　　　(B) いただいたら
　　(C) さしあげたら　　　　　　　(D) もらったら

이것만은 확인하고 넘어가자

1. ~やる・~てやる ▶ ~해 주다, ~을 주다 / 자기보다 낮은 사람이나 사물에게
2. ~てくれる(くださる) ▶ ~해 주다(~해 주시다) / 남이 나에게
3. ~てあげる(さしあげる) ▶ ~해 주다(~해 드리다) / 내가 남에게, 혹은 남이 남에게
4. ~に~てもらう(いたたく) ▶ ~에게 ~해 받다, (다른 사람이) ~해 주다

쉬.어.가.기

- **いやらしい** | 야하다

  いやらしい話はやめて!
  싫은 듯한 이야기는 그만 둬!(?)

  「いやらしい」는 직역하면 '싫은 듯 하다'가 되지만, 보통 '야하다, 음란하다'라는 뜻으로 많이 쓰이는 말이다. 회화에서는 보통 줄여서 「やらしい」라고도 한다. 따라서 윗 문장의 올바른 해석은 '야한 이야기는 그만 둬!'이다. 일본어로 성인물은 「AV(Adult Video)」라고 하고, 변태는 「エッチ」, 「すけべ」, 「変態(へんたい)」라는 말을 많이 사용한다.

  일본에는 우리나라보다 훨씬 성문화가 개방되어 있어 성과 관련된 업소가 많이 있다. 환락가 근처의 길을 걷다 보면 자주 손님을 붙잡는 사람들이 많은데, 보통 이런 곳을 「ヘルス」라고 한다. 헬스라고 해서 운동하는 곳이 절대 아니니 주의하기 바란다. 일본의 대표적인 환락가는 에도(江戸)시대부터 유곽이 형성되어 있던 동경의 「歌舞伎町(かぶきちょう)」이다.

- **どちらかというと** | 굳이 말하자면

  どちらかというと、好きですね。
  어느 쪽인가라고 하면 좋아해요(?)

  「どちらかというと」라는 표현은 우리말로 '굳이 말하자면'이라는 뜻이다. 일본인은 여러 가지 중 하나를 선택해서 말할 때 이 표현을 자주 사용한다. 자신의 생각을 직설적으로 주장하기를 꺼려하는 일본 문화를 단적으로 엿볼 수 있는 좋은 예라고 할 수 있다.

7 미워도 다시 한 번!
조사 に

조사 「に」에는 뭔가 특별한 것이 있다.
그것이 무엇인지 살펴보자.

1, 2장에서 기본적인 조사에 관해서 살펴보았다. 이제 조사는 완벽하다고 생각하는 사람도 있을 것이다. 그러나 아직 끝난 것이 아니다. 조사 중에서도 특히 한 녀석이 신경이 쓰인다. 가만히 있지 못하고 동사 앞에 붙는 조사 「に」가 바로 그것이다. 기본적인 쓰임새 이외에 조사 「に」가 어떻게 사용되는지 살펴보도록 하자.

> **예**
> 私(わたし)はバスを乗(の)って学校(がっこう)へ行(い)きます。

언뜻 보면 전혀 이상이 없는 문장처럼 보이지만 위의 예문은 조사를 잘못 사용하고 있다. 「乗(の)る」라는 동사는 앞에 반드시 조사 「に」를 사용해야 한다. 「乗る」가 조사 「に」를 수반한다는 것은 초급자도 알고 있는 사실일 것이다. 그렇다면 조금 수준을 높여 다음 예문에서 틀린 곳을 찾아보자.

> **예**
> 山田(やまだ)さんはお父(とう)さんを似(に)ています。

위의 예문도 조사를 잘못 사용하고 있다. '닮다'라는 동사 「似(に)る」도 조사 「に」를 수반하는 동사이다. 이처럼 동사들 중에서는 「に」를 반드시 달고 다니는 것이 있다. 정말 미운 조사 「に」이지만 인내심을 갖고 그런 표현들을 살펴보도록 하자.

조사 に를 달고 다니는 미운 동사들

• ~に会(あ)う ~를 만나다	• ~に勤(つと)めている ~에 근무하고 있다
• ~になる ~이 되다	• ~に気(き)を付(つ)ける ~을 조심하다
• ~に乗(の)る ~을 타다	• ~に勝(か)つ ~을 이기다
• ~に住(す)んでいる ~에 살고 있다	• ~に反対(はんたい)する ~을 반대하다
• ~に向(む)かう ~로 향하다	• ~に従(したが)う ~을 따르다
• ~に憧(あこが)れる ~을 동경하다	• ~に背(そむ)く ~에 반하다
• ~に似(に)ている ~을 닮다	• ~に迷(まよ)う ~를 헤매다
• ~に代(か)わる ~을 대신하다	• ~に受(う)かる ~에 합격하다
• ~に沿(そ)う ~을 따르다(강가나 도로)	• ~に気付(きづ)く ~을 깨닫다
• ~に勝(まさ)る ~보다 뛰어나다	• ~に就(つ)く ~에 종사하다
• ~に堪(た)える ~을 참다, 견디다	• ~に添(そ)う ~에 따르다(기대나 목적)
• ~に通(かよ)っている ~에 다니고 있다	• ~に入(はい)る ~에 들어가다

시험에서 동사와 함께 쓰이는 조사 「に」를 구분하는 문제는 주로 오문정정으로 출제된다. 평소에 이런 표현들을 숙지하고 있지 않으면 상당히 까다롭게 느껴질 것이다. 특히 '~에 근무하다'의 경우에 「~に勤める」와 「~で働く」처럼 조사의 차이를 모르면 틀리기 쉽다. 이 외에도 많은 동사가 있지만 대표적인 동사를 모았으니 숙지하기 바란다.

예

私(わたし)は毎日(まいにち)自転車(じてんしゃ)で学校(がっこう)に通(かよ)っています。
저는 매일 자전거로 학교에 다니고 있습니다.

初(はじ)めて行(い)ったところだったので、道(みち)に迷(まよ)ってしまった。
처음 간 곳이었기 때문에 길을 헤매어 버렸다.

許可(きょか)なしにここに入(はい)ってはいけない。
허가 없이 여기에 들어가서는 안 된다.

암기 「~に会う(~를 만나다)」와 「~に似ている(~를 닮다)」는 대상을 나타내는 조사 「と」를 사용해 「~と会う」「~と似ている」의 형태로 사용할 수도 있다. 조사 「と」로 나오더라도 절대 틀린 표현이 아니므로 주의하기 바란다.

점수를 마구마구 올려 주는 문제

1. <u>鈴木さんは貿易会社に勤めています。</u>
   - (A) 鈴木さんは貿易会社から出ました。
   - (B) 鈴木さんは貿易会社で働いています。
   - (C) 鈴木さんは貿易会社を経営しています。
   - (D) 鈴木さんはこれから貿易会社に行きます。

2. 寒い日々が続いていますが、風邪を引かないように<u>体に気を付けてください</u>。
   - (A) 体に注意してください。
   - (B) 体を暖めてください。
   - (C) 体を動かしてください。
   - (D) 体をゆっくり休ませてください。

3. 私にとって、<u>子供に勝る宝物はない</u>と思う。
   - (A) 宝物が子供より好きだ
   - (B) 子供が一番大切である
   - (C) 宝物は全然要らない
   - (D) 子供と宝物は全部大事だ

4. 山の上に高く登る_____空気は薄くなる。
   - (A) にとって
   - (B) に従って
   - (C) において
   - (D) にたえて

5. <u>初めて</u>行った<u>ところ</u><u>だったので</u>、道<u>を</u>迷ってしまった。
      (A)   (B)   (C)   (D)

6. 木村さんはお父さんに<u>似る</u>と思っていた<u>が</u>、<u>実は</u>お母さん<u>だった</u>。
                      (A)(B)   (C)   (D)

7. 風邪を引かないように体を気を付けて、勉強の方も頑張ってください。
　　　　(A)　　(B)　(C)　　　　　　　(D)

8. 昨日友達と会って、買い物にしたが、あまり気に入る物がなくて何も買わなかった。
　　　(A)　　　　(B)　　　　　　(C)　　(D)

9. 彼は5年前からこのアパート_____住んでいます。
　　(A) に　　　　　　　　　(B) を
　　(C) で　　　　　　　　　(D) が

10. 私は幼い時からその選手_____憧れていました。
　　(A) に　　　　　　　　　(B) が
　　(C) を　　　　　　　　　(D) と

11. 試験に_____可能性が低いからといって、ここで諦めてしまうわけにはいかない。
　　(A) うかる　　　　　　　(B) はいる
　　(C) きづく　　　　　　　(D) かつ

12. 次男の和夫はまだ保育園に_____いる。
　　(A) あって　　　　　　　(B) のって
　　(C) かよって　　　　　　(D) そむいて

13. 彼は建設関係の仕事に_____いた。
　　(A) にて　　　　　　　　(B) たえて
　　(C) ついて　　　　　　　(D) したがって

14. 銀行はこの道に_____100メートルほど行くと出ます。
　　(A) ならんで　　　　　　(B) つれて
　　(C) そって　　　　　　　(D) したがって

15. そんな行為は人の道＿＿＿＿背くことである。
    (A) で
    (B) が
    (C) に
    (D) を

16. 昨日のサッカーは韓国がすんなり中国＿＿＿＿勝った。
    (A) が
    (B) も
    (C) を
    (D) に

17. 今度の出張は鈴木君に＿＿＿＿私が行くことにした。
    (A) かって
    (B) かよって
    (C) かわって
    (D) そって

18. 子供の将来を考えて両親は敢えてその意見＿＿＿＿反対した。
    (A) に
    (B) で
    (C) へ
    (D) は

19. 人は一人ぼっちになって初めて、友達の大切さ＿＿＿＿気付く。
    (A) へ
    (B) が
    (C) に
    (D) は

20. 私は彼の生意気な態度＿＿＿＿堪えられなかった。
    (A) の
    (B) に
    (C) で
    (D) から

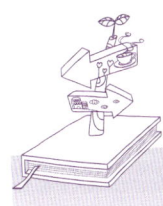

이것만은 확인하고 넘어가자

1. 조사「に」를 수반하는 동사는 의미 파악도 중요하지만, 직접적으로 조사를 묻는 경우도 있으므로 확실히 알아 두자.

2. 자주 출제되는 표현으로는 「～に迷(まよ)う」, 「～に勤(つと)めている」, 「～に沿(そ)う」, 「～に住(す)んでいる」, 「～に通(かよ)っている」, 「～に乗(の)る」 등이 있다.

3. '～이 되다'라는 표현은 「～になる」이지만, 형용사가 앞에 올 때는 어미「い」를 「く」로 바꾸고「なる」가 된다는 것을 명심해 두자.

쉬.어.가.기

● **ピンからキリまで** | 천차만별

　일본에 화투가 들어온 것은 16세기 후반의 일이다. 당시 포르투갈의 선원이 나가사키(長崎)에 75장의「うんすんカルタ」라는 것을 들여왔다고 전해지는데, 이것을 개량한 것이 화투의 전신인「よみカルタ」이다. 패의 수가 총 48장으로, 점수가 있는 것 2장과 점수가 없는 것 2장, 도합 4장이 한 조였다. 점수가 있는 패는 각각 1점에서 12점까지 있어서, 이 카루타의 1의 수를 포르투갈어로 점(点)을 의미하는 「ピン(ピンダ의 줄인 말)」이라고 했고, 12의 수를「キリ」라고 했다. 따라서「ピンからキリまで」는 원래 '1에서 12까지'란 의미였는데, 어느 사이엔가 '최고에서 최저까지'란 의미가 된 것이다. 현재는「ピン」을 최고, 「キリ」를 최저의 의미로 사용하고 있는데, 원래는「ピン」이 최저점이고, 「キリ」가 최고점이었다.

● **鴨(かも)にする** | 봉으로 삼다

　옛날에 물오리는 저녁에 먹이를 구하러 나갔다가 새벽녘에 돌아와 낮에는 잠을 잤으므로 잡기도 쉬웠다고 한다. 여기에서 이익을 얻는데 안성맞춤이란 의미가 생기게 되어, 「いいかも(좋은 봉)」라든가「かもにする」라는 말이 만들어졌다. 또한 물오리 고기는 약간 독특한 맛이 있어서, 파(ねぎ)를 섞어 중화시키는데, 그 맛이기가 막히게 좋다고 한다. 그래서「かもねぎ」또는「鴨(かも)がねぎをしょって来る」라고 하면 '호박이 넝쿨째 굴러 들어온다'는 뜻으로 사용된다.

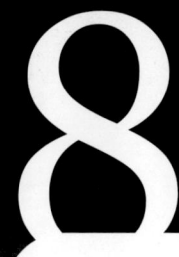

누가 い형용사를 어렵다고 말했는가?

기본적인 문법 사항만 알고 있으면 대부분 풀 수 있는 문제가 바로 い형용사이다.

일본어 품사 중에 い형용사라는 것이 있다. 이 품사는 우리나라의 형용사와 비슷한 부분이 많기 때문에 JPT 응시자들도 간과하고 지나치는 경우가 많다. 그러나 과연 그럴까? 어학에서 쉬운 것은 하나도 없다. 우리나라 사람이 회화를 할 때 가장 잘 틀리는 표현 중에 하나가 바로 い형용사 표현이다. 일본어를 공부하는 학습자라면 초급 단계에서 「~だと思(おも)います」라는 문형을 배운다. 그런데 이 문형을 활용할 때 잘 틀리는 것이 앞에 い형용사가 접속될 경우이다. 예문을 통해서 확인해 보도록 하자.

> **예**
> あそこには行(い)かない方(ほう)がいいだと思(おも)います。

위의 예문을 문장으로 적어서 보면 틀린 부분을 단번에 찾을 수 있지만, 일상 회화를 할 때는 아주 틀리기 쉬운 표현이 된다. 한 번도 「いいだと思います」라고 말한 적이 없는지를 스스로에게 반문해 보라. 그 정도는 알고 있다는 학습자가 있을지도 모르겠다. 그렇다면 다음 문장에서는 어떤 형용사를 넣는 것이 가장 자연스러울까?

> **예**
> この小説(しょうせつ)には交通事故(こうつうじこ)で子供(こども)をなくした母親(ははおや)の _____
> 気持(きも)ちがよく表現(ひょうげん)されている。
> (A) もどかしい　　(B) じれったい　　(C) せつない

위의 보기는 모두 '안타깝다'라는 의미의 い형용사이다. 그러나 문맥상 예문에 가장 적절한 형용사는 보기 (C)의 「せつない」이다. 세 형용사 모두 '안타깝다'라는 의미로 사용되고는 있지만 상황면에서는 약간씩 차이가 있다. 그렇다고 い형용사에 너무 주눅이 들 필요는 없다. 어차피 시험에서 비슷한 의미의 い형용사를 고르는 문제는 출제된 적도 없으며, 앞으로도 출제되지 않을 것이다. 따라서 기본적인 문법 사항과 자주 사용되는 い형용사 정도만 숙지하고 있으면 충분하다. 자신감을 가지고 문법 사항을 꼼꼼히 정리하면서 대표적인 い형용사에 대해서 알아보도록 하자.

い형용사 필수 사항 정리

い형용사 기본적인 문법 사항 정리

① 부사형 ▶ 어미「い」를「く」로 바꿈. 예 寒い 춥다 → 寒く 춥게
② 과거형 ▶ 어미「い」를「かった」로 바꿈. 예 寒い 춥다 → 寒かった 추웠다
③ 부정형 ▶ 어미「い」를「くない」로 바꿈. 예 寒い 춥다 → 寒くない 춥지 않다
④ 가정형 ▶ 어미「い」를「ければ」로 바꿈. 예 寒い 춥다 → 寒ければ 춥다면
⑤ 동사형 ▶ 어미「い」를 빼고「がる」를 접속. 예 寒い 춥다 → 寒がる 추워하다
⑥ 명사형 ▶ 어미「い」를「さ」나「み」로 바꿈. 예 寒い 춥다 → 寒さ 추위

い형용사	부사형	과거형	부정형	가정형	동사형	명사
強い						
楽しい						
悲しい						
面白い						

보조 형용사와 용법

- ない ~지 않다 예 面白い 재미있다 → 面白くない 재미있지 않다
- いい ~해도 좋다 예 休む 쉬다 → 休んでいい 쉬어도 좋다
- 동사의 ます형+やすい ~하기 쉽다 예 使う 사용하다 → 使いやすい 사용하기 쉽다
- 동사의 ます형+にくい ~하기 힘들다 예 書く 쓰다 → 書きにくい 쓰기 힘들다
- 동사의 ます형+がたい ~하기 어렵다 예 理解する 이해하다 → 理解しがたい 이해하기 어렵다
- 동사의 ます형+づらい ~하기 거북하다 예 言う 말하다 → 言いづらい 말하기 거북하다

암기 い형용사의 활용형은 주로 파트 6 '오문 정정'에서 출제되므로 기본적인 활용형은 반드시 기억해 두어야 한다. 그리고 파트 7에서는 직접적인 문법보다는 보조 형용사를 찾는 문제나 접속을 묻는 문제가 자주 출제되므로, 보조 형용사에 대해서 정리해 둘 필요가 있다.

⑧ 누가 い형용사를 어렵다고 말했는가?

시험에 자주 출제되는 꼭 필요한 い형용사

- 喧(やかま)しい 시끄럽다, 떠들썩하다
- 著(いちじる)しい 현저하다, 두드러지다
- 厚(あつ)かましい 뻔뻔스럽다, 염치없다
- 慌(あわ)ただしい 어수선하다, 분주하다
- 勇(いさ)ましい 용감하다, 활발하다
- 痒(かゆ)い 가렵다
- 狡(ずる)い 교활하다, 능글맞다
- 鋭(するど)い 날카롭다, 예리하다
- 緩(ゆる)い 느슨하다, 완만하다
- 相応(ふさわ)しい 상응하다, 어울리다
- 脆(もろ)い 저항력이 약하다
- 甚(はなは)だしい 심하다, 대단하다
- 心強(こころづよ)い 마음 든든하다
- 好(この)ましい 마음에 들다, 호감이 가다
- 素早(すばや)い 재빠르다, 민첩하다
- 尊(とうと)い 귀중하다, 소중하다
- 容易(たやす)い 쉽다, 용이하다
- 望(のぞ)ましい 바람직하다
- 待(ま)ち遠(どお)しい 오래 기다리다
- 逞(たくま)しい 늠름하다, 씩씩하다
- 何気(なにげ)ない 아무렇지도 않다, 무심하다
- 華々(はなばな)しい 눈부시다, 매우 화려하다
- 決(き)まり悪(わる)い 멋적다, 거북하다

- 煩(わずら)わしい 번거롭다, 성가시다
- 快(こころよ)い 상쾌하다, 기분좋다, 시원하다
- 危(あや)うい 위태롭다, 위험하다
- 夥(おびただ)しい 매우 많다, 정도가 심하다
- 羨(うらや)ましい 부럽다, 샘이 나다
- 険(けわ)しい 험하다, 험악하다
- 清々(すがすが)しい 상쾌하다, 시원하다
- 鈍(にぶ)い 둔하다, 무디다, 느리다
- 空(むな)しい 허무하다, 덧없다
- 卑(いや)しい 천하다, 초라하다
- 初々(ういうい)しい 순진하다, 어리고 숫되다
- あくどい 악랄하다, 악착같다
- 心細(こころぼそ)い 불안하다, 마음이 안 놓이다
- 渋(しぶ)い 떫다, 표정이 떠름하다
- 切(せつ)ない 애절하다, 안타깝다
- 乏(とぼ)しい 모자라다, 부족하다
- 姦(かしま)しい 시끄럽다
- 紛(まぎ)らわしい 헷갈리기 쉽다
- 呆気(あっけ)ない 싱겁다, 맥없다
- 素っ気(そっけ)ない 무정하다, 냉담하다
- 惜(お)しい 아깝다, 애석하다
- 荒(あら)い 거칠다, 난폭하다
- くどい 장황하다, 시원스럽지 못하다

주요 い형용사 예문

- 懐(なつ)かしい 그립다

  生(う)まれた故郷(こきょう)が懐(なつ)かしい。 태어난 고향이 그립다.

- 苦(にが)い 쓰다

  いい薬(くすり)は口(くち)に苦(にが)いものだ。 좋은 약은 입에 쓴 법이다.

- 図々しい 뻔뻔스럽다
  彼の図々しい行動に驚いた。 그의 뻔뻔스러운 행동에 놀랐다.

- 煩わしい 번거롭다
  毎日掃除をするのは煩わしい。 매일 청소를 하는 것은 번거롭다.

- 生臭い 비린내가 나다
  台所から生臭いにおいがする。 부엌에서 비린내 나는 냄새가 난다.

- 著しい 현저하다
  中国は著しい経済発展を遂げた。 중국은 현저한 경제발전을 이루었다.

- 騒がしい 시끄럽다
  昨夜外が騒がしくて、目が覚めた。 어젯밤 바깥이 시끄러워서 잠이 깼다.

- くだらない 시시하다
  彼はずっとくだらない話ばかりしていた。 그는 계속 시시한 이야기만 하고 있었다.

- 夥しい 매우 많다
  毎日夥しい量の本が出版されている。 매일 매우 많은 양의 책이 출판되고 있다.

- だらしない 야무지지 못하다
  息子がまだだらしなくてちょっと心配だ。 아들이 아직 야무지지 못해서 조금 걱정이다.

- 羨ましい 부럽다
  多方面に才能を発揮できるのは羨ましい。 다방면에 재능을 발휘할 수 있는 것은 부럽다.

- 情けない 한심하다
  こんな簡単な漢字も書けないなんて、本当に情けない。 이런 간단한 한자도 못 쓰다니, 정말로 한심하다.

- 疑わしい 의심스럽다
  昨日の試合が真の実力であったかは疑わしい。 어제 시합이 진정한 실력이었는지는 의심스럽다.

점수를 마구마구 올려 주는 문제

1. いくら勉強しても成績が上がらないので、ちょっと空しくなってきた。
   - (A) せつなく
   - (B) くるしく
   - (C) ひさしく
   - (D) むなしく

2. 毎日ひげを剃るのは本当にわずらわしい。
   - (A) 悩わしい
   - (B) 煩わしい
   - (C) 紛らわしい
   - (D) 患らわしい

3. このボールは白いです。そして、丸いです。
   - (A) このボールは白いので丸いです。
   - (B) このボールは白くても丸いです。
   - (C) このボールは白くても丸くもないです。
   - (D) このボールは白くて丸いです。

4. 彼の言うことは何の根拠もないし、常識外れで到底理解しがたい。
   - (A) 理解したくない
   - (B) すぐ理解できる
   - (C) 理解できるかもしれない
   - (D) 理解するのが難しい

5. 風力発電は今日本であつい注目を浴びている。
   - (A) テーブルの上にあつい本が二冊置いてある。
   - (B) 梅雨が明けて、毎日あつい日が続いている。
   - (C) 応援団では団員からのあつい思いを募集している。
   - (D) 彼は周りをおおらかに包む人柄で、各界からの信頼があつい。

6. 夜はちょっと危ないから、明るいうちに早く帰ろう。
    (A) 夜が明け、空が明るくなってきた。
    (B) 大学で専攻しただけあって、彼は法律に明るい。
    (C) 鈴木君は性格が明るいから、周りの人に人気がある。
    (D) その国で明るい選挙を期待するのは無理かもしれない。

7. 山田君は口がかたい人だから、絶対誰にも言わないよ。
    (A) 彼女の決心はかたいから、何を言っても動かないと思う。
    (B) 初公演だったので、緊張したあまりついかたくなってしまった。
    (C) すべての状況から考えてみると、今年阪神の優勝はかたい。
    (D) 冷蔵庫の中に入れておいたおもちは石のようにかたくなっていた。

8. 駐車場にある 小さいで、 白い車は誰 のですか。
      (A)   (B)   (C)   (D)

9. 家に誰もいない のに、 だんだん暗くになって 恐かった。
    (A)   (B)   (C)   (D)

10. あの神社は初詣の人の姿もなく、飾り付けが妙に寂しい見えます。
          (A)   (B)   (C)   (D)

11. さっき買ってきたビールを冷蔵庫の中に入れて 寒くした。
      (A)   (B)   (C)   (D)

12. この服は私にはちょっときびしいですね。もう少し大きいのはありませんか。
               (A)   (B)   (C)   (D)

13. 失敗を繰り返しても、全然気にする 様子はない。あの人は実にしぶい男だ。
           (A)   (B)   (C)   (D)

14. この靴は大きすぎて、_____にくいです。
    (A) 歩き   (B) 歩く
    (C) 歩か   (D) 歩こう

15. そのクイズはとても簡単なので、一般常識についての知識が_____私でも、たまに当てています。
    (A) 浅い (B) 細かい
    (C) 喧しい (D) 温い

16. 昨夜から降っていた雨も止んで、_____朝である。
    (A) いちじるしい (B) すがすがしい
    (C) いさぎよい (D) きまりわるい

17. 決勝戦は、意外に_____勝負が決まってしまった。
    (A) あっけなく (B) そっけなく
    (C) たのもしく (D) おびただしく

18. 最近の彼の_____行動から見ると、彼がその事件の犯人に違いない。
    (A) うたがわしい (B) うらやましい
    (C) やらしい (D) はずかしい

19. 山田さんは友人の死亡の知らせを聞いて、_____人を亡くしたと嘆いた。
    (A) おしい (B) もろい
    (C) するどい (D) とぼしい

20. 妹は金遣いが_____ので、いつも母に叱られている。
    (A) けわしい (B) あらい
    (C) にぶい (D) とうとい

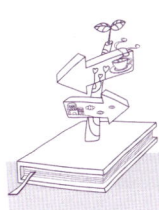

이것만은 확인하고 넘어가자

1. 필수 い형용사는 의미와 함께 한자도 반드시 외워 두자.
2. い형용사는 최근에 오문 정정 문제에서 많이 출제되기 때문에, 정확하게 기억해 두자.
3. い형용사 중에서 전성명사로 사용되는 「多(おお)く・近(ちか)く・遠(とお)く」는 특히 접속 형태에 주의하자.

쉬·어·가·기

● 油(あぶら)を売(う)る | 잡담으로 시간을 보내다

    에도(江戸)시대의 일반 가정에서 사용하는 기름은 기름장수들이 직접 되로 재어서 팔았다고 한다. 그런데 기름은 술이나 물과 달리 좀처럼 마지막 남은 한 방울까지 깔끔하게 떨어지지 않는다. 그렇다고 기름이 다 떨어지기도 전에 되를 치우면 되 속에 기름이 남았는데 속였다는 말을 들을 것이다. 그래서 기름이 한 방울 한 방울 다 떨어지기를 기다리는 수밖에 없었는데, 그동안 잠자코 있기도 뭐해 세상사는 이야기 등을 하면서 시간을 때우던 데서 나온 말이다.

● なよなよ | 나약한 모양

    あの人(ひと)は男(おとこ)のくせに、いつもなよなよしてて気持(きも)ち悪(わる)い。
    저 사람은 남자면서 항상 여자처럼 보여서 닭살이 돋아.

    「なよなよ」라는 의태어는 요즘의 일본 남성을 잘 표현하는 단어라고 할 수 있다. 언제부터인가 남자들이 여자처럼 행동을 하고 화장을 하는 등 예전의 강한 남성의 이미지는 일본에서 사라진 지 오래다. 이 말은 원래 연약한 모양을 나타내는 단어였는데, 회화에서는 남자이면서도 여자처럼 행동하는 사람들을 「なよなよしている」라고 표현한다. 이런 남자를 단적으로 알 수 있는 방법은 사진을 찍을 때 약간 다리를 벌리고 찍는지 아니면 여자처럼 다리를 가지런히 모으고 찍는지를 보면 알 수 있다고 한다.

너 누구니? 나(な)? 형용동사야!

형용동사는 い형용사와의 접속 차이만 알고 있으면 끝난다.

일본어에는 우리나라에 없는 품사인 형용동사라는 것이 있다. 책에 따라서는 형용사를 「い형용사」와 「な형용사」로 구분하고 형용동사라는 말을 사용하지 않는 경우도 있다. 하지만, 어쨌든 우리나라에는 없는 품사이기 때문에 짚고 넘어갈 필요가 있다고 생각한다. 이 형용동사도 기본적인 문법 사항만 암기하고 있으면 풀 수 있는 문제가 대부분이다. 그리고 い형용사처럼 자주 사용되는 형용동사 몇 개 정도만 숙지하고 있으면 충분히 풀 수 있는 문제이다. 일본어 학습자가 잘 틀리는 「きれいだ」라는 형용동사를 활용한 예문을 보도록 하자.

> **예**　春の桜の花は本当にきれいです。

형용동사가 「です」에 접속될 때에는 「だ」를 없애고 접속한다는 것은 초급 단계에서 이미 다 배웠을 것이다. 그런데 과거형을 보면 얘기가 조금 달라진다.

> **예**　春の桜の花は本当にきれかったです。

물론 위의 문장은 틀린 문장이다. 「きれいだ」라는 형용동사를 과거형으로 바꾸면 당연히 「きれいでした」가 된다. 하지만 형용동사에 대한 이해가 부족한 학습자는 「きれいです」의 「です」앞에 있는 어간 「きれい」가 오므로 이를 い형용사처럼 활용해 「きれかったです」라고 하기 쉽다. 중·고급자 중에서는 너무나도 쉬운 것을 왜 이렇게 장황하게 설명하냐고 반문할 사람이 있을지 모르겠지만, 오문정정 문제에서 점수를 주기 위해서(?) 반드시 출제되나 자칫 잘못 생각하면 틀리기 쉽기 때문에 꼭 한 번 확인하고 넘어가라는 의미에서 위와 같은 예문을 든 것이다. 그렇다면 구체적으로 시험에는 주로 어떤 부분이 출제될까? 대부분이 형용사와의 접속차이를 묻는 문제이고 간혹 명사를 수식할 때의 접속 형태를 묻는 문제도 출제된다. 이 명사와의 접속은 반드시 기억해 둘 것이 있다. 「~だ」라는 형용동사가 명사를 수식할 때에는 「だ」가 「な」로 바뀐다는 사실!! 9과의 제목만 기억해 두어도 5점은 그냥 벌 수 있는 것이 형용동사이다.

な형용사 필수 사항 정리

형용동사 기본적인 문법 사항 정리

① 연체형 ▶ 「〜だ」를 「な」로 바꿈. 예 静かだ 조용하다 → 静かな 조용한
② 중지법 ▶ 「〜だ」를 「で」로 바꿈. 예 静かだ 조용하다 → 静かで 조용하고
③ 부사형 ▶ 「〜だ」를 「に」로 바꿈. 예 静かだ 조용하다 → 静かに 조용하게
④ 가정형 ▶ 「〜だ」를 「なら」로 바꿈. 예 静かだ 조용하다 → 静かなら 조용하다면
⑤ 과거형 ▶ 「〜だ」를 「だった」로 바꿈. 예 静かだ 조용하다 → 静かだった 조용했었다
⑥ 부정형 ▶ 「〜だ」를 「ではない」로 바꿈. 예 静かだ 조용하다 → 静かではない 조용하지 않다

형용동사	연체형	중지법	부사형	가정형	과거형	부정형
好きだ						
丈夫だ						
元気だ						
上手だ						

암기 「同じだ(똑같다)」는 특수 활용하는 형용동사로 명사를 수식할 때 활용어미인 「な」가 붙지 않는다. 다만 「の」「ので」「のに」에 접속될 때는 「な」가 붙는다.

同じ人 같은 사람

同じなのがほしい 같은 것이 갖고 싶다

同じなのに 같은데도

同じなので 같기 때문에

시험에 자주 출제되는 꼭 필요한 な형용사

- 鮮(あざ)やかな　산뜻한, 신선한, 뚜렷한
- 健(すこ)やかな　튼튼한, 건강한
- 盛(さか)んな　왕성한, 한창인
- 速(すみ)やかな　빠른, 신속한
- 和(なご)やかな　부드러운, 온화한
- しなやかな　유연한, 나긋나긋한
- 淑(しと)やかな　정숙한, 조숙한
- あやふやな　불확실한, 믿을 수 없는
- 大(おお)げさな　과장된, 야단스러운
- 微(かす)かな　희미한, 미약한
- 大(おお)まかな　대략적인, 대범한
- 細(こま)やかな　자세한, 세세한
- きらびやかな　아름다운, 화려한
- 円(つぶ)らな　둥근, 원형의
- 遥(はる)かな　아득한, 아주 먼
- 華(はな)やかな　화려한
- 密(ひそ)かな　살며시, 살짝
- 粋(いき)な　세련된, 매력이 있는
- 強(したた)かな　강인한, 만만치 않은
- 穏(おだ)やかな　온화한, 평온한, 공손한
- 愚(おろ)かな　어리석은, 바보스러운
- 清(きよ)らかな　깨끗한, 맑은, 청아한
- 巧(たく)みな　교묘한, 솜씨가 좋은
- 月並(つきな)みな　평범한, 진부한
- 滑(なめ)らかな　매끈매끈한, 거침이 없는
- 身近(みぢか)な　가까운, 긴밀한
- 半端(はんぱ)な　불완전한, 어중간한
- 無口(むくち)な　과묵한, 말이 없는
- 大幅(おおはば)な　폭넓은, 대폭적인
- 手軽(てがる)な　손쉽게, 간단히
- 無茶(むちゃ)な　터무니없는, 엉뚱한
- 厳(おごそ)かな　위엄있는, 엄숙한, 정숙한

주요 な형용사 예문

- **鮮やかだ** 선명하다
  あの日のことは今も鮮やかに覚えている。 그 때의 일은 지금도 선명하게 기억하고 있다.

- **朗らかだ** 명랑하다
  彼は朗らかな性格の持ち主である。 그는 명랑한 성격의 소유자이다.

- **豊かだ** 풍부하다
  中国は労働力が豊かな国です。 중국은 노동력이 풍부한 나라입니다.

- **緩やかだ** 완만하다
  車が緩やかな坂を登っている。 자동차가 경사가 완만한 언덕을 올라가고 있다.

- **微かだ** 희미하다
  虫の泣き泣が微かに聞こえてくる。 벌레 우는 소리가 희미하게 들려온다.

- **遥かだ** 아득하다
  アメリカは日本から遥かに遠い国である。 미국은 일본에서 아득히 먼 나라이다.

- **明らかだ** 분명하다
  犯人が彼であることが明らかになった。 범인이 그라는 것이 밝혀졌다.

- **余計だ** 불필요하다
  引っ越しする時、余計な物を全部捨てた。 이사할 때 필요 없는 물건을 전부 버렸다.

- **速やかだ** 신속하다
  彼女の病状が速やかな回復を示した。 그녀의 병 상태가 빠른 회복을 보였다.

- **健やかだ** 건강하다
  赤ちゃんが健やかに育ってほしい。 아기가 건강하게 자라 주었으면 한다.

- **滑らかだ** 매끄럽다
  このタオルは手触りが滑らかだ。 이 타올은 감촉이 매끄럽다.

- **穏やかだ** 온화하다
  彼は穏やかな人で、怒鳴ったことはない。 그는 온화한 사람으로, 고함지른 적은 없다.

⑨ 너 누구니? 나(な)? 형용동사야!

점수를 마구마구 올려 주는 문제

1. もうすっかり鮮やかな緑の季節になった。
   (A) あざやか　　　　　　　(B) おだやか
   (C) しとやか　　　　　　　(D) すみやか

2. この紅茶は飲む者の心を清らかにしてくれそうな不思議な魅力を備えています。
   (A) ほがらか　　　　　　　(B) せいらか
   (C) きよらか　　　　　　　(D) なめらか

3. 時々「自分は不幸せで惨めな人間なのだ」と思う時がある。
   (A) ひめ　　　　　　　　　(B) みじめ
   (C) ななめ　　　　　　　　(D) びめ

4. 話の上手な人をよく研究してみると、例の挙げ方がとても巧みであることがわかってくる。
   (A) たくみ　　　　　　　　(B) あさみ
   (C) つきなみ　　　　　　　(D) あかるみ

5. 大きいホテルの周りだけは観光客や従業員でにぎやかだが、それ以外の場所は閑散としている。
   (A) 和やか　　　　　　　　(B) 鮮やか
   (C) 賑やか　　　　　　　　(D) 華やか

6. 猛吹雪で富士山はかすかに見える程度だった。
   (A) 薇か　　　　　　　　　(B) 徴か
   (C) 懲か　　　　　　　　　(D) 微か

7. ご飯は<u>きれいに</u>食べないといけません。
   (A) 庭に花が<u>きれいに</u>咲いています。
   (B) 部屋の中はいつも<u>きれいにして</u>おいてください。
   (C) 沖田さんのお嬢さん、<u>きれいに</u>なりましたね。
   (D) 今日会議があるのを<u>きれいに</u>忘れていました。

8. 私<u>と</u>木村さんは<u>同じな</u>年ですが、木村さんの<u>方</u>が若く<u>見えます</u>。
   　(A)　　　　(B)　　　　　　　　(C)　　　(D)

9. <u>たいへんの</u>時は、<u>すぐ行きますから</u>、<u>遠慮なく</u>私に<u>電話して</u>ください。
   　(A)　　　　　(B)　　　　　　(C)　　　　(D)

10. この機械は<u>便利だ</u>と思っていたが、<u>実際に</u>使って<u>みると</u>あまり<u>便利くない</u>です。
    　　　　(A)　　　　　　　　　(B)　　　　(C)　　　　(D)

11. 結婚<u>したら</u> <u>幸せで</u>してあげると言ったけど、<u>なかなか</u>思った<u>通り</u>にならない。
    　　(A)　　(B)　　　　　　　　　　(C)　　　　(D)

12. 生け花は生活を楽しむ趣味<u>として</u> <u>気楽に</u>生活の中<u>に</u>浸透<u>しています</u>。
    　　　　　　　　　　　(A)　　　(B)　　　(C)　　　　(D)

13. うちの社長は誰にも相談せずに一人で_____人員削減を計画している。
    (A) ひそかに　　　　　　(B) かすかに
    (C) みぢかに　　　　　　(D) はんぱに

14. 彼が好きになった理由は、彼の_____性格のためです。
    (A) ほがらかな　　　　　(B) てがるな
    (C) さかんな　　　　　　(D) なめらかな

15. 私は_____な体つきを作るため、毎日運動をしています。
    (A) しなやか　　　　　　(B) こまやか
    (C) おだやか　　　　　　(D) つぶら

16. 「_____に育ってほしい」というのは、子供を持つ親なら誰もが願うことだろう。
    (A) すみやか
    (B) すこやか
    (C) たくみ
    (D) おおはば

17. 森林破壊や環境汚染は_____昔から存在した。
    (A) いきな
    (B) はるかな
    (C) おおまかな
    (D) はなやかな

18. 彼は物事を_____言う癖があるので、あまり信用されていない。
    (A) なごやかに
    (B) さかんに
    (C) かすかに
    (D) おおげさに

19. 時間があまりありませんので、明日の日程を_____ご説明致します。
    (A) おおまかに
    (B) おろかに
    (C) しとやかに
    (D) あやふやに

20. 鈴木さんはいつも_____ことを言って人々を困らせる。
    (A) むちゃな
    (B) むくちな
    (C) きよらかな
    (D) きらびやかな

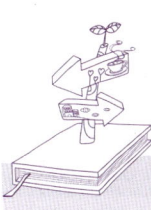

이것만은 확인하고 넘어가자

1. 필수 な형용사는 의미와 함께 한자도 반드시 외워 두자.
2. な형용사도 い형용사와 마찬가지로 주로 오문 정정 문제로 출제되기 때문에 접속 형태를 반드시 알아 두어야 한다.
3. 공란 메우기 문제에서는 직접적인 의미를 묻는 경우가 많으므로 비슷한 형태의 な형용사는 묶어서 외워 두어야 한다.

쉬.어.가.기

- 行(い)ける | 먹을 만하다

 どうですか。行けますか。 어떻습니까? 갈 수 있습니까?

 만약 위의 대화가 음식점에서 일어났다면 과연 「行ける」는 어떤 의미일까? 「行ける」는 '갈 수 있다'라는 의미로도 사용하지만 '음식이 먹을 만하다'라는 뜻으로 회화에서 자주 사용한다. 좀 더 고급스러운 표현으로 하자면 「お口(くち)に合(あ)いますか」라고 하면 된다. 참고로 「行ける口(くち)」라고 하면 '술을 잘 먹다'라는 의미가 된다.

- 持(も)てる | 인기가 있다

 最近(さいきん)、持てる人(ひと)はだれ? 최근 가질 수 있는 사람은 누구니?

 일본 잡지나 신문의 연예 기사를 볼 때 아마도 가장 많이 나오는 단어가 「持てる」일 것이다. 언뜻 보면 '가지다'라는 뜻의 「持つ」의 가능형처럼 보이지만 의미는 전혀 다른 말이다. 「持てる」를 사람에게 사용하면 우리말로 '인기가 있다, 잘 나가다'라는 의미가 된다.

10 현대 일본어에도 고어(古語)는 살아 있다

**현대 일본어에도 엄연히 고어는 존재한다.
고어를 무시하지 말라.**

　　　　　　　　　고어(古語)란 쉽게 말해 옛날 일본 사람들이 사용하던 말을 말한다. 고어는 현대 일본어와 활용도 다르고 대부분 조사를 생략하기 때문에 의미를 파악하기가 상당히 힘들다. '과연 JPT 시험에 고어가 나올까?'라고 의문을 가지는 사람이 있을지 모르나 분명히 고어도 출제되고 있다. 다만 응시자가 그것이 고어인지를 모를 뿐이다. 고어는 알 필요가 없다고 생각한다면 다음 예문을 해석해 보라.

> **예**
> 芝生に入るべからず。
> （しばふ）（はい）

　　　　　　　　해석이 되는가? 안된다면 고어를 공부할 필요가 있는 사람이다. 위의 예문에 사용된「べからず」라는 표현은 고어가 두 개나 사용되고 있는 표현이다. 즉,「べし」라는 조동사에 부정을 나타내는 조동사「ず」가 붙어서 '~해서는 안 된다'라는 의미가 된 것이다. 예문을 하나 더 보도록 하자.

> **예**
> 子供は泣かんばかりの顔をしている。
> （こども）（な）（かお）

　　　　　　　　위의 예문에서 아이는 도대체 어떤 얼굴을 하고 있는 것일까?「んばかり」도 고어와 현대 일본어가 결합된 말로서 지금도 문장체에서는 자주 사용되고 있는 말이다. 해석은 '마치 ~듯 하다'라고 하면 된다. 이처럼 현대 일본어에는 우리가 알고 쓰든 모르고 쓰든 고어에서 나온 표현이 다수 있다. 이 장에서는 그 중에서도 대표적인 것에 대해 공부해 보도록 하자.

지금도 사용하는 고어 표현

1 ない형 + ず | 부정을 나타낸다.

- ～のみならず ～뿐만 아니라
- ～に限(かぎ)らず ～뿐만 아니라
- ～を問(と)わず ～을 불문하고
- ～ずにはおかない 반드시 ～하다
- やむを得(え)ず 어쩔 수 없이
- ～もかまわず ～도 상관 없고
- ～ざるを得(え)ない ～하지 않을 수 없다
- ～ねばならない ～하지 않으면 안 된다

> **예**
> 彼(かれ)は十年前(じゅうねんまえ)の約束(やくそく)を忘(わす)れずに覚(おぼ)えていてくれました。
> 그는 십 년전의 약속을 잊지 않고 기억하고 있어 주었습니다.
> 私(わたし)はやむを得(え)ずその仕事(しごと)をしなければならない立場(たちば)になってしまった。
> 나는 어쩔 수 없이 그 일을 해야만 하는 입장이 되어 버렸다.

고어 표현 중에서도 가장 출제 빈도가 높은 것이 「ず」를 사용한 표현이다. 특히 문말에 오는 표현에 따라 의미가 달라지므로 문말을 주의해서 봐야 한다.

2 기본형 + べし | 당위성을 나타낸다.

- ～べき ～해야만 하는
- ～べく ～하기 위해, ～하려고
- ～べからず ～해서는 안 된다
- ～べからざる ～해서는 안 되는

> **예**
> 働(はたら)かざる者(もの)、食(く)うべからず。 일하지 않는 자 먹지도 말라.
> 学生(がくせい)は将来(しょうらい)のために一生懸命勉強(いっしょうけんめいべんきょう)すべきです。
> 학생은 장래를 위해서 열심히 공부해야만 합니다.

당위를 나타내는 「べし」는 출제 빈도가 그리 높지는 않다. 하지만 앞으로 출제될 가능성이 충분히 있는 표현인만큼 알아 두도록 하자.

> **암기** '～해야만 한다'라는 의미일 때에는 「するべき」와 「すべき」의 두 가지 형태가 사용된다.

3 ない형 + む | 보통 「ん」으로 표시하며 추량을 나타낸다.

- ～んばかりだ 마치 ～하는 것 같다
- ～んがため, ～んがために ～하기 위해서

> **예**
> 泣かんばかりに頼んだので、引き受けてしまった。
> 마치 울 듯이 부탁했기 때문에 떠맡아 버렸다.
> その人は子供を救わんがため、命を落した。
> 그 사람은 아이를 구하기 위해서 목숨을 버렸다.

두 표현은 직접적인 표현보다는 해석이 주로 나온다. 하지만 때로는 두 표현 앞의 접속 형태를 묻는 경우도 있기 때문에 접속 형태도 유심히 봐 두어야 한다.

4 まい | 부정의 추량(～하지 않을 것이다)과 부정의 의지(～하지 않겠다)를 나타낸다.

- ～じゃあるまいし ～은 아닐텐데

> **예**
> もう立春も過ぎたから、少し寒くなっても雪は降るまい。
> 벌써 입춘도 지났으니까, 좀 추워져도 눈은 내리지 않을 것이다. (부정의 추량)
> 健康のため、酒はもう二度と飲むまい。
> 건강을 위해서, 술은 이제 두 번 다시 마시지 않겠다. (부정의 의지)

암기 「まい」는 의미구분도 중요하지만 접속도 중요하다. 이 기회에 완벽하게 구분해 두자.

- 5단 동사: 行く - まい
- 상·하 1단 동사: 見／見る - まい
- する: し／する - まい
- くる: こ／来る - まい
- 사역형: 行かせ - まい
- 수동형: 笑われ - まい

기타 표현

- **~故に** | ~때문에
  - 예) 彼は貧しさゆえに、結局犯罪者となってしまった。
    그는 가난함 때문에, 결국 범죄자가 되어 버렸다.

- **직업명 + たる** | ~인, ~된(=~ともあろう)
  - 예) 研究者たる者は最後まで真実を追究するべきだ。
    연구자인 사람은 끝까지 진실을 추구해야만 한다.

- **~まじき** | ~서는 안 되는
  - 예) カンニングをするとは、学生にあるまじき行為だ。
    컨닝을 하다니, 학생에게 있어서는 안 되는 행위이다.

- **~ならでは** | ~만의
  - 예) 外国生活の長い彼ならではの素晴らしい意見だ。
    외국생활이 긴 그 만의 멋진 의견이다.

- **~といえども** | ~라고는 해도(=~とはいえ)
  - 예) 子供といえども、罪を犯したからには罰を与えるべきだ。
    아이라고는 해도 죄를 저지른 이상은 벌을 주어야만 한다.

- **こととて** | ~이므로, ~까닭에, ~라서
  - 예) 手紙が届いたが、夏休み中のこととて連絡がとれなかった。
    편지가 도착했지만, 여름방학 중이라서 연락을 취할 수 없었다.

- **의지형 + が + 기본형 + まいが** | ~하든 ~하지 않든
  - 예) 他の人が行こうが行くまいが、私には関係ないことだ。
    다른 사람이 가든 가지 않든, 나에게는 관계없는 일이다.

- **숫자를 나타내는 말 + たりとも** | 단(비록) ~라도
  - 예) 人間は誰かの助けなしには一日たりとも生きていけないのではないだろうか。
    인간은 누군가의 도움 없이는 단 하루라도 살 수 없는 것은 아닐까?

- **~にもかかわらず** | ~임에도 불구하고
  - 예) 家族が反対したにもかかわらず、二人は一緒に暮らしはじめた。
    가족이 반대했음에도 불구하고 두 사람은 함께 살기 시작했다.

- **ます형 + つつある** | 계속 ~하다
  - 예) 経済発展ばかり目を向けることによって、価値あるものを見失いつつある。
    경제발전만 신경을 쓴 탓에, 가치있는 것을 계속 잃어 가고 있다.

⑩ 현대 일본어에도 고어(古語)는 살아 있다

점수를 마구마구 올려 주는 문제

1. 彼女は病気のため、やむを得ず試験を諦めてしまった。
   - (A) なるべく
   - (B) しかたなく
   - (C) できるだけ
   - (D) あらかじめ

2. この仕事は先生に頼まれたことだから、やらざるを得ない。
   - (A) やるわけにはいかない
   - (B) やるよりほかはない
   - (C) やるはずだった
   - (D) やることになっている

3. 最近は男性のみならず、女性もサッカーを楽しんでいる。
   - (A) にかぎって
   - (B) ばかりではなく
   - (C) によって
   - (D) をおいて

4. 彼のようなやつとは、もう決して口をきくまい。
   - (A) 彼が失敗しようがしまいが、私の責任ではない。
   - (B) 子供じゃあるまいし、わからないはずがない。
   - (C) 再びこの地を訪れることはあるまい。
   - (D) みんなの迷惑になるようなことはしまいと思う。

5. ろくに勉強もしずに、いい成績を期待するのは望ましくない。
   　　(A)　　　(B)　　　　　　　(C)　(D)

6. 中村さんに頼んだら、仕事中だったでもかかわらずすぐ手伝ってくれました。
   　　　　　(A)　　　(B)　　(C)　　　　　　　　(D)

7. 彼はまるで「すべてがわかった」というばかりの自信満々の表情だった。
   　　　(A)　(B)　　　　　　　(C)　　(D)

8. 京都と言えば、四季に問わず、いつも観光客で賑わっているところだと言える。
   　　　　　(A) (B)　　　　　　　(C)　　　　　　　　　　(D)

9. 小さい子供をいじめるなんて、大人としてあるまじく行為である。
   　(A)　　　　　(B)　　　　　(C)　　　　(D)

10. 君が行こうが_____まいが私とは関係がありません。
    (A) 行く　　　　　　　　(B) 行け
    (C) 行か　　　　　　　　(D) 行こう

11. 夏休みの_____みんなに連絡が取れなかった。
    (A) ことから　　　　　　(B) こととて
    (C) ことより　　　　　　(D) ことまで

12. 教師_____者が賄賂をもらうなんて、信じられない話だ。
    (A) ごとき　　　　　　　(B) の
    (C) さえ　　　　　　　　(D) たる

13. 世界にはその国_____の伝統的な文化と風習があります。
    (A) ならでは　　　　　　(B) ならには
    (C) ならへは　　　　　　(D) ならとは

14. 後三日で試験が始まる。これからは一秒_____無駄にはできない。
    (A) なる　　　　　　　　(B) たりとも
    (C) ゆえに　　　　　　　(D) こととて

15. つらい仕事_____、彼女は毎日笑顔で家に帰る。
    (A) だからこそ　　　　　(B) にもかかわらず
    (C) にとって　　　　　　(D) にひきかえ

16. 信者のプライバシーを他人に漏らすなんて、聖職者としてある_____ことだ。
   (A) まじき
   (B) かぎりの
   (C) いたり
   (D) のみの

17. 「ここに駐車する_____」と書いてあるのに、もう車でいっぱいである。
   (A) べきだ
   (B) べからず
   (C) べく
   (D) べからざる

18. 読書は人間として真実に生き_____エネルギーを身に付ける一つの有効な方法である。
   (A) んがための
   (B) ための
   (C) ようと
   (D) ざるをえない

19. 新しい作戦の中止が決まろうとしているが、作戦を練った者たちは反対せずには_____。
   (A) おかないだろう
   (B) ならないだろう
   (C) いかないだろう
   (D) しないだろう

20. いくら子供_____、人の物を盗んだのは絶対に許されない行為である。
   (A) ときたら
   (B) において
   (C) にかかわらず
   (D) といえども

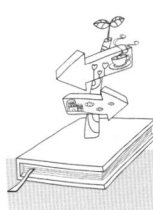

이것만은 확인하고 넘어가자

1. 고어는 의미 파악이 힘들기 때문에 평소에 정확한 의미를 알아 둘 필요가 있다.
2. 가장 많이 출제되는 부분이 「ず」를 사용한 표현들이다. 확실한 구분이 필요하다.
3. 최근 시험에서는 직접적인 의미를 묻는 문제보다는 접속을 묻는 문제가 많이 출제되고 있으므로 접속을 반드시 기억해 두도록 하자.
4. 기타 고어 표현들도 실제 시험에 출제된 적이 있으므로 반드시 암기해 두자.

쉬.어.가.기

● 土壇場(どたんば)になる | 막판에 이르다, 궁지에 몰리다

옛날 에도(江戸)시대의 참수형장을 「土壇場」라고 했다. 당시에는 흙으로 쌓은 단 위에 죄인을 눕혀 놓고 두 사람의 망나니가 목과 동체를 내리쳤다고 한다. 이런 곳에 끌려오면 아무리 발버둥쳐도 소용이 없다는 데서 '막다른 판국'이란 의미가 생긴 것이다.

● パンチラ、ブラチラ | 판치라, 브라치라

みちのパンチラ族(ぞく)は本当(ほんとう)にみっともないよ。
거리의 판치라족은 정말 꼴불견이야.

일본에서 대유행하고 있는 '판치라(パンチラ)'는 팬티가 힐끗 보인다는 뜻이고, '브라치라(ブラチラ)'는 말 그대로 브래지어의 끈이나 겨드랑이 사이의 속옷이 언뜻 보인다는 얘기다. 일본어에는 「ちらり」라는 말이 있는데 이는 '힐끗, 언뜻'이라는 뜻이다. 이 말이 팬티, 브래지어와 만나 신조어를 만들어 낸 것이다. 그것이 바로 판치라(パンツ+ちらり)와 브라치라(ブラジャー+ちらり)이다. 그런데 이 판치라와 브라치라족이 여름도 아닌데 일본에서 유행하는 이유는 무엇일까……?

제 2 장
뭉치면 맞추고 흩어지면 틀린다.

11. 꼬리치는 て
12. 발음과 의미가 다른 쌍둥이 동사
13. 의미 파악이 힘든 복합동사
14. 바늘과 실 관계에 있는 표현
15. 조동사는 용법만 익히자.
16. 만약 일본어에 가정법이 없었더라면…
17. 나는 문장에서 ばかり가 한 일을 알고 있다.
18. 나는 문장에서 わけ와 はず가 한 일을 알고 있다.
19. 나는 문장에서 こと가 한 일을 알고 있다.
20. 나는 문장에서 もの가 한 일을 알고 있다.

11 꼬리치는 て

**꼬리치는 て의 유혹을 뿌리치지 못하는
못난 표현들이 있다.**

일본어를 처음 공부하는 사람들에게 가장 어렵다고 느껴지는 부분은 아마도 음편이 나오면서부터일 것이다. 단순한 이해를 넘어서 동사의 종류에 따라 발음도 많이 변해 우리를 힘들게 만든다. 어렵게 음편에 대한 이해가 끝나서 한숨 돌리려고 하는데 이게 왠일인가! 일본어 표현들 중에는 「て」의 유혹을 뿌리치지 못하고 끌려만 다니는 못난 표현들이 있는 것이다. 이렇게 「て」의 위력이 셀 줄은 몰랐을 것이다. 그렇다고 낙담할 필요는 없다. 어차피 표현은 정해져 있는 것이고, 중요 표현 몇 개만 외우면 「て」와의 악연은 끝나는 것이다. 우선 다음 문장을 한번 작문해 보자.

> **예**
> 독신생활을 시작한 후로는 계속 외식만 하고 있다.
> 一人暮(ひとりぐ)らしを始(はじ)めた以来(いらい)、ずっと外食(がいしょく)ばかりしている。

언뜻 보기에는 전혀 틀린 것이 없는 문장처럼 보인다. 그러나 「以来(いらい)」라는 표현은 「て」의 유혹을 뿌리치지 못하는 못난 표현이다. 따라서 위의 예문은 「始めた以来」를 「始めて以来」로 고쳐야 일본어다운 표현이 된다. 예문을 하나 더 보도록 하자.

> **예**
> 入院(にゅういん) _____ はじめて健康(けんこう)の大切(たいせつ)さがわかった。
> (A) して　　(B) した　　(C) する　　(D) しよう

위의 예문도 「て」만 따라다니는 표현을 알고 있다면 쉽게 풀 수 있는 문제이다. 「はじめて」는 「て」에 접속하여 '~하고 비로소'라는 의미가 된다. 이처럼 일본어에는 특수하게 앞에 「て」가 오는 표현들이 몇 개 존재한다. 기본적인 문법만으로도 머리가 아픈 사람이 많을 테지만 이런 표현은 뭉쳐서 외우면 바로 점수와 연결되고 시간도 몇 초나 벌 수 있는 부분이다. 끈기를 가지고 조금만 시간을 투자해 보자. 점수가 달라질 것이다.

て형에 접속하는 문법 표현

1 ～てはじめて | ～하고 비로소

예 友達を失っ<u>てはじめて</u>、友情の大切さに気付いた。
친구를 잃어버리고 나서 비로소 우정의 소중함을 깨달았다.

2 ～て以来 | ～한 후, ～한 이래로

예 一人暮らしを始め<u>て以来</u>、ずっと外食が続いている。
독신 생활을 시작한 이후, 계속 외식이 이어지고 있다.

3 ～てからでないと・～てからでなければ | ～한 후가 아니면

예 謝っ<u>てからでないと</u>、その問題の解決は不可能だろう。
사과한 후가 아니면, 그 문제의 해결은 불가능할 것이다.

4 ～てからというもの | ～한 후

예 たばこを止め<u>てからというもの</u>、食欲が出てきた。
담배를 끊고 난 후 식욕이 생겨났다.

⑪ 꼬리치는 て | 91

5 ～て仕方がない・～てしょうがない | 너무 ~하다

예
留学していると、国に帰りたくてしょうがない時もある。
유학하고 있으면, 고향에 너무 돌아가고 싶은 때도 있다.

6 ～てたまらない | ~해서 참을 수 없다, 너무 ~하다

예
昨日徹夜をしたので、眠くてたまりません。
어제 밤샘을 했기 때문에 졸려서 참을 수 없습니다.

7 ～てならない | 참을 수 없을 정도로 ~하다, 너무 ~하다

예
山田さんは息子がいい大学に受かったので、うれしくてならないのだ。
야마다 씨는 아들이 좋은 대학에 합격해서 너무나 기뻐한다.

8 ～てやまない | ~해 마지않다, 진심으로 ~하다

예
早い回復を願ってやまない。 빠른 회복을 바라 마지않다.

「て」형에 접속하는 표현은 간혹 접속을 묻기도 하지만, 주로 문말을 묻는 문제로 출제된다. 비슷한 의미의 표현은 상황이나 용법에 차이가 있으므로 확실히 구분을 해 두어야 한다. 아직까지 출제빈도는 높지 않지만 충분히 출제될 수 있는 표현들이니 꼭 익혀두도록 하자.

점수를 마구마구 올려 주는 문제

1. <u>この仕事が終わってからでないと</u>、家に帰れない。
    (A) この仕事をおいて
    (B) この仕事が終わっても
    (C) この仕事が終わる前に
    (D) この仕事が終わらないことには

2. 彼は入りたかった大学に無事に合格して、<u>うれしくてならない</u>そうだ。
    (A) とてもうれしい
    (B) あまりうれしくない
    (C) 全くうれしくない
    (D) うれしいかどうかよくわからない

3. みんな頑張ったが、優勝を逃してしまい、<u>残念きわまりない</u>。
    (A) 残念だそうだ
    (B) 残念とは思わない
    (C) 残念ではない
    (D) 残念でならない

4. このところ、残業続きで<u>疲れるといったらない</u>。
    (A) あまり疲れていない
    (B) 疲れてはいけない
    (C) 疲れているようだ
    (D) 疲れてならない

5. 彼ときたら、将棋の面白さを<u>知ってからというもの</u>、将棋の本ばかり読んでいる。
    (A) 知った後
    (B) 知らないうちに
    (C) 知ったものの
    (D) 知ったとはいえ

6. 結婚<u>した以来</u>、仕事が終わ<u>ってから</u>飲みに行く<u>ことが</u><u>少なく</u>なりました。
　　　(A)　　　　　　　(B)　　　　(C)　　　(D)

7. 私は<u>これから</u>皆様の<u>社会での</u>活躍<u>を</u>期待し<u>てやめません</u>。
　　　(A)　　　　　(B)　　　(C)　　　(D)

8. いつも<u>女性だから</u><u>差別される</u> <u>なんて</u>、悔しく<u>てたまれません</u>。
　　　　(A)　　　　　(B)　　　(C)　　　　(D)

9. 最近一人暮らし<u>している</u>息子<u>からの</u>便りが全然ない。元気でいる<u>のか</u>心配に<u>なってやまない</u>。
　　　　　　　(A)　　　　(B)　　　　　　　　　　　(C)　　　　(D)

10. 鈴木君は山田先生に出会<u>ってからというのに</u>、<u>見違える</u>ほど<u>真面目に</u>なった。
　　　　　　　　　　　(A)　　　　　　(B)　　　(C)　　　(D)

11. 貴社の発展を_____やみません。
　　(A) 願う　　　(B) 願って　　　(C) 願い　　　(D) 願おう

12. 彼女を一目_____以来、僕は彼女のとりこになってしまった。
　　(A) 見　　　(B) 見る　　　(C) 見て　　　(D) 見よう

13. 今後の日本の景気を考えると、恐ろしくて_____。
　　(A) ありません　　　　(B) できません
　　(C) いけません　　　　(D) なりません

14. 病気に_____はじめて、健康の大切さがわかった。
　　(A) かかって　　　　(B) かかった
　　(C) かかる　　　　　(D) かけて

15. 最近、疲れがたまっているのか、いつも眠くて_____。
    (A) なれない (B) いかない
    (C) やまない (D) しょうがない

16. たばこを_____からというもの、食欲が出てきた。
    (A) 止める   (B) 止めて
    (C) 止めよう (D) 止めた

17. どうしても彼が犯人のような気がして_____。
    (A) やまない (B) ならない
    (C) しかない (D) ほかない

18. 私は今勉強よりとにかくサッカーがしたくて_____んだ。
    (A) たまらない (B) やまない
    (C) ちがいない (D) やむをえない

19. 留学している息子が電話で毎日_____しょうがないと言ったので、安心した。
    (A) たのしくても (B) たのしくて
    (C) たのしいと   (D) たのしければ

20. 彼の勇気ある行動が死に繋がり、_____でなりません。ご冥福を心からお祈りいたします。
    (A) 無情 (B) 無理
    (C) 無念 (D) 無想

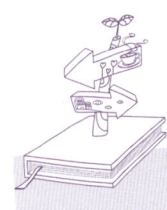

이것만은 확인하고 넘어가자

1. 「て」형에 접속하는 문법 표현은 접속 형태만 알고 있어도 반은 맞힐 수 있다.

2. 「〜て仕方がない」「〜てたまらない」「〜てならない」는 결국 동일한 의미로 '너무 〜하다'라는 의미의 표현이다.

3. 「〜て仕方がない」「〜てたまらない」「〜てならない」는 공손체인 「〜て仕方がありません」「〜てたまりません」「〜てなりません」으로 나오는 경우도 있으므로 공손체로 바뀌어 있더라도 바로 의미파악을 할 수 있도록 충분히 연습해 두자.

쉬·어·가·기

● **ついてる** │ 운이 좋다

選手(せんしゅ)たちは電車(でんしゃ)に乗(の)り遅(おく)れてしまって、ついてないな。
선수들은 전철을 타는 것이 늦어 버려서 뒤따르지 않았다.(?)

위의 내용은 실제로 있었던 일로, 일본의 야구 선수들이 천재지변으로 신칸센(新幹線)을 타지 못해 경기를 할 수 없게 되었을 때 어느 야구감독이 한 말이다. 그런데 모 방송국에서 「ついてない」를 '뒤따르지 않았다'로 번역을 한 적이 있다. 언뜻 보면 그렇게 보이지만 실제로는 전혀 다른 의미이다. 「ついてる」는 '뒤따르고 있다'라는 의미가 아니라 '운이 좋다, 재수가 좋다'라는 의미의 동사이다. 즉 위의 「ついてない」는 동사 「ついてる」의 부정형으로 '운이 없다, 재수가 없다'라는 뜻인 것이다. 발음상으로는 의미의 혼동을 일으킬 수도 있으므로 전체 문맥으로 의미를 파악해야 하는 표현 중의 하나라고 할 수 있다.

● **ぶりっ子(こ)** │ 내숭을 떠는 사람

私(わたし)はぶりっ子じゃないんだ！
나는 내숭쟁이가 아니야!

괜히 얌전한 척하거나 내숭을 떠는 여성들을 뭐라고 할까? 일본어로는 「ぶりっ子」라고 한다. 비슷한 의미의 말로 「猫(ねこ)を被(かぶ)っている人(ひと)」라는 표현이 있는데, 말 그대로 양의 탈이 아닌 고양이의 탈을 쓰고 있는 사람이란 의미이다. 참고로 명사형인 「猫被(ねこかぶ)り」라는 말도 자주 사용하니 함께 알아 두자.

12 발음과 의미가 다른 쌍둥이 동사

한 배에서 나왔어도 의미가 다른 동사가
일본어에는 존재한다.

대체로 쌍둥이들을 보면 외모와 행동 등이 상당히 비슷하다. 그런데 일본어 동사 중에도 쌍둥이로 태어난 동사가 있다. 한 배에서 나왔으니 당연히 한자도 똑같고 의미도 비슷하다고 생각하기 쉬운데 과연 그럴까? 쌍둥이 동사들 중에는 한자는 똑같지만 의미는 전혀 다른 녀석들이 있다. 실제로 이런 동사들이 시험에 출제되면 상당히 당황스러울 것이다. 물론 실제 JPT 시험에 출제된 적도 있다. 쌍둥이는 똑같아야 한다는 고정관념을 버리고 다음 예문을 보도록 하자.

> **예** 夢を抱く・抱きしめる・膝を抱える

보기는 모두 같은 한자가 사용되어 만들어진 표현들이다. 그런데 발음은 모두 다르다. 우선 처음에 나오는 동사는 「抱(いだ)く」로 발음하며, '(추상적인 의미의) 품다, 안다' 라는 의미이고, 두 번째는 「抱(だ)く」로 발음하며 말 그대로 '안다' 라는 의미이다. 마지막 세 번째 동사는 생김새부터가 앞의 동사와는 다르다. 「抱(かか)える」로 발음하며 의미는 '껴안다, 감싸다' 이다. 이처럼 같은 한자에서 나온 쌍둥이 동사라도 쓰이는 상황에 따라 의미와 발음이 약간 달라지게 되는 것이다. 이번에는 같은 한자지만 전혀 다른 의미로 사용된 동사를 보도록 하자.

> **예** 雨が降っています。 / バスから降ります。

위의 예문 역시 같은 한자에서 나온 동사이다. 둘 다 '내리다' 라는 의미로 사용하지만, 앞의 동사는 「降(ふ)る」로 발음하고, 뒤에 있는 동사는 「降(お)りる」라고 발음한다. 우리말로는 같은 의미인 것 같지만, 하나는 비나 눈 등이 내릴 때 사용하는 동사이고, 또 하나는 교통수단에서 내릴 때 사용하는 동사이다. 이처럼 같은 한자에서 나온 동사라고 할지라도 상황에 따라 의미가 달라지는 동사들이 일본어에는 다수 존재한다. 이번 기회에 확실히 구분해서 사용하도록 하자.

발음과 의미가 다른 쌍둥이 동사

- 抱(だ)く (팔·가슴에) 안다 ≠ 抱(いだ)く (마음 속에) 품다
- 潜(もぐ)る 잠입하다, 잠수하다 ≠ 潜(ひそ)む 숨어 있다, 잠재하다
- 染(し)みる 스며들다, 번지다 ≠ 染(そ)める 물들이다, 염색하다, 칠하다
- 負(お)う 지다, 짊어지다, 업다 ≠ 負(ま)ける 지다, 패배하다
- 頼(たの)む 부탁하다, 의뢰하다 ≠ 頼(たよ)る 의지하다, 믿다
- 盛(も)る (그릇에) 담다, 쌓다 ≠ 盛(さか)る 번창하다, 활발해지다
- 触(さわ)る 만지다, 손을 대다 ≠ 触(ふ)れる 접촉하다, 닿다
- 省(はぶ)く 생략하다, 줄이다 ≠ 省(かえり)みる 돌이켜 보다, 반성하다
- 覆(おお)う 덮다, 씌우다 ≠ 覆(くつがえ)す 뒤집어 엎다
- 避(さ)ける 피하다, 꺼리다 ≠ 避(よ)ける 피하다, (피해를) 방지하다
- 焦(あせ)る 안달하다, 초조하게 굴다 ≠ 焦(こ)げる 타다, 눋다
- 断(ことわ)る 거절하다, 사퇴하다, 양해를 구하다 ≠ 断(た)つ 끊다, 자르다
- 笑(わら)う 웃다, 미소짓다 ≠ 笑(え)む 미소짓다, 방긋이 웃다
- 拭(ぬぐ)う 닦다, 씻다 ≠ 拭(ふ)く 닦다
- 乾(かわ)く 마르다, 건조하다 ≠ 乾(ほ)す 말리다
- 試(ため)す 실제로 해 보다 ≠ 試(こころ)みる 시험해 보다, 시도해 보다
- 歩(ある)く 걷다 ≠ 歩(あゆ)む 걷다, (한 발짝씩) 나아가다
- 怠(おこた)る 게으름을 피우다, 방심하다 ≠ 怠(なま)ける 게으름을 피우다
- 注(つ)ぐ (술 등의 액체를) 쏟다, 붓다 ≠ 注(そそ)ぐ 쏟아지다, 쏟다, 흘리다
- 剥(は)ぐ 벗기다, 박탈하다 ≠ 剥(む)く (껍질 따위를) 벗기다, 까다
- 弾(はず)む (공 등이) 튀다, 신바람이 나다 ≠ 弾(ひ)く 악기를 연주하다, 켜다
- 勝(まさ)る 낫다, 우수하다 ≠ 勝(か)つ 이기다, 승리하다
- 逃(に)げる 도망치다, 달아나다 ≠ 逃(のが)れる 피하다, 벗어나다
- 探(さが)す 찾다 ≠ 探(さぐ)る 더듬어 찾다, 살피다

위의 동사들은 시험에서 주로 한자를 제시하고 발음을 묻는 문제의 형태로 출제되고 있다. 기본적인 사항을 알고 있더라도 가능형의 형태로 출제되거나 하면 의외로 실수하기 쉽다. 답을 고를 때에는 반드시 문장 전체의 의미를 파악한 후에 골라야 실수가 없다.

예
- 今度の仕事は私の能力では手に負えない仕事だった。
  이 일은 내 능력으로는 힘에 부치는 일이었다.
- みんな頑張ったのに、結局負けてしまった。
  모두 분발했지만 결국 패배해 버렸다.

예
- 彼に頼んだら、二つ返事で引き受けてくれた。
  그에게 부탁하니 흔쾌히 떠맡아 주었다.
- いつまでも人に頼っていてはいけないよ。
  언제까지나 다른 사람에게 의지하고 있어서는 안 돼.

예
- 優勝するためには毎日の努力を怠ってはいけない。
  우승하기 위해서는 매일 노력을 게을리 해서는 안 된다.
- 学生である以上、勉強を怠けて遊んでばかりいては駄目である。
  학생인 이상 공부를 게을리 하고 놀기만 해서는 안 된다.

예
- 時間があまりありませんので、詳しい説明は省きます。
  시간이 별로 없으니까 상세한 설명은 생략하겠습니다.
- 今度のことは自ら省みて恥じない行動だと思う。
  이번 일은 스스로 돌이켜봐도 부끄럽지 않은 행동이라고 생각한다.

예
- 銀行はこの道をまっすぐ歩いて行くとすぐ出ますよ。
  은행은 이 길을 곧장 걸어가면 바로 나와요.
- これがこれからあなたが歩んで行く道である。
  이것이 앞으로 당신이 걸어가야 할 길이다.

점수를 마구마구 올려 주는 문제

1. この洗剤は直接触れると手が荒れるので注意してください。
   - (A) ふれる
   - (B) ふられる
   - (C) さわれる
   - (D) さわられる

2. 渡辺さんは夢を抱いて東京に上京した。
   - (A) だいて
   - (B) いだいて
   - (C) くだいて
   - (D) まいて

3. その犯人は物陰に潜んでいた。
   - (A) ひそんで
   - (B) はずんで
   - (C) いたんで
   - (D) のぞんで

4. 機会があればあなたも是非この方法を試みてください。
   - (A) よみて
   - (B) いどみて
   - (C) はげみて
   - (D) こころみて

5. 喉がかわいたので、水を飲んだ。
   - (A) 乾いた
   - (B) 足いた
   - (C) 干いた
   - (D) 渇いた

6. 男の人が窓ガラスをふいている。
   - (A) 拭いて
   - (B) 吹いて
   - (C) 巻いて
   - (D) 欠いて

7. 彼はもう試合が始まったのではないかといらだっていた。
   (A) あせっていた
   (B) あきらめていた
   (C) かえりみていた
   (D) こころみていた

8. 今度、彼が成功できたのは日々の努力を怠けずに、頑張っていたからである。
   　　　　　　　(A)　　(B)　　　　　(C)　　　　　　(D)

9. お酒をそそぐ時は、利き手でびんを持ち、もう一方の手を軽く添える。ゆっくりと
   　　　(A)　　　(B)　　　　　　　　　　　　　　　(C)
   こぼさないように注意する。
   　(D)

10. 田中さんは頼みにならないと思っていたが、今度の活躍ぶりを見て、その考えを改めた。
    　　　　　(A)　　　　　(B)　　　　　(C)　　　　　　　　　　(D)

11. わからないところがあって辞書を探してみたが、どんな意味なのかまだはっきりわから
    　　　　　　(A)　　　　　(B)　　　　　(C)　　　　　　　　(D)
    ない。

12. 関係者以外は絶対に手で_____ください。
    (A) ことわらないで
    (B) わらわないで
    (C) さわらないで
    (D) たのまないで

13. その兵士は戦争で重傷を負って包帯にまで血が_____いた。
    (A) そめて
    (B) しみて
    (C) なじんで
    (D) あつまって

14. ラッシュアワーの時間を_____出かけましょう。
    (A) さけて
    (B) きって
    (C) わって
    (D) はなれて

15. ゆで卵の殻を_____食べました。
    (A) きって
    (B) はいで
    (C) むいて
    (D) けずって

16. 新しい事実が発見され、今までの定説を_____。
    (A) 乗った
    (B) 覆した
    (C) 築いた
    (D) 避けた

17. 中村さんは責任を_____として、必死に言い訳をした。
    (A) 逃げよう
    (B) 逃れよう
    (C) 放れよう
    (D) 放そう

18. 壁のペンキが_____、もう一度ペンキを塗りました。
    (A) はがれて
    (B) むかれて
    (C) はずして
    (D) きられて

19. 私は薬だけに_____いては本当の健康は取り戻せないということを悟った。
    (A) あせて
    (B) たのんで
    (C) おこたって
    (D) たよって

20. 先に_____おきますが、今回のネタは知っていてもあまり得はありません。
    (A) ためして
    (B) ことわって
    (C) はぶいて
    (D) ひそんで

이것만은 확인하고 넘어가자

1. 정리해 둔 쌍둥이 동사는 반드시 숙지하고 있어야 한다. 실제로 한 시험에서 3문제나 출제된 적도 있다.
2. 단어만 외우면 오히려 혼동하기 쉬우므로, 외울 때에는 반드시 문장으로 외워 두자.
3. 자주 출제되는 한자는 「抱」, 「覆」, 「断」, 「剥」, 「勝」, 「弾」 등이다.

쉬 . 어 . 가 . 기

● **よろこんで** | 기꺼이

よろこんで、私(わたし)がします。 기뻐하고 제가 하겠습니다.(?)

「よろこんで」에는 '기꺼이'라는 의미가 있다. 상대방의 어떤 부탁이나 제안에 기꺼이 하겠다는 기분을 나타내고 싶을 때 간단히 「よろこんで」라고 하면 된다. 보통 손윗사람에게 사용하며 친한 사이에서는 잘 사용하지 않는 표현이다.

이처럼 특수한 형태로 사용되는 단어가 일본어에는 몇 개 존재하는데, 대표적인 것으로 「かわった(색다른)」나 「とんだ(엉뚱한)」 등을 들 수 있다. 이런 단어들은 원래의 의미와는 다른 의미로 사용되기 때문에 정확한 이해가 필요하다.

● **白(しら)ける** | 흥이 깨지다

山田(やまだ)さんの下手(へた)な歌(うた)のせいで、雰囲気(ふんいき)が白けちゃった。
야마다 씨의 서툰 노래 때문에, 분위기가 하얗게 되어 버렸다.(?)

일상 회화에서도 자주 들을 수 있는 말이 「白ける」라는 단어이다. 이 단어에는 '흥이 깨지다, 썰렁해지다'라는 의미가 있다. 이와는 반대로 분위기를 잘 맞추는 사람은 「乗(の)りがいい人(ひと)」라고 표현한다. 「乗る」라는 동사는 '타다'라는 의미의 동사인데 분위기를 잘 타 그 분위기에 맞춘다는 의미를 나타내기도 한다.

13 의미 파악이 힘든 복합동사

하나는 쉬우나 둘이 합쳐지면 무슨 의미인지
파악이 힘든 복합동사

'백지장도 맞들면 낫다'라는 속담이 있다. 무슨 일을 할 때 한 사람이 하는 것보다는 두 사람이 힘을 합치면 더 쉽다는 의미이다. 그런데 일본어 동사는 두 개가 결합되면 의미 파악이 정말 힘들어진다. 각각의 의미를 알고 있는 사람이라 할지라도 복합동사의 의미를 파악하기란 쉽지 않다. 다음 복합동사의 의미를 한 번 생각해 보자.

> **예**
> 立ち直る 서서 고쳐지다(?)
> 打ち明ける 쳐서 밝아지다(?)

우선 처음에 나오는 복합동사는 「立(た)つ」라는 동사에 「直(なお)る」라는 동사가 결합된 형태이다. 「立つ」는 '서다'라는 의미이고, 「直る」는 '고쳐지다'라는 의미이다. 그렇다면 「立ち直る」는 어떤 의미일까? 이것은 '서서 고쳐지다'라는 뜻이 아니라 '회복하다'라는 의미의 동사이다. 이 복합동사 하나만으로도 의미 파악이 쉽지 않다는 것을 느낄 수 있을 것이다. 다음에 나오는 「打(う)ち明(あ)ける」는 과연 어떤 의미일까? 이 동사도 각각의 동사로는 의미 파악이 힘들다. 「打ち明ける」는 '털어놓다, 고백하다'라는 의미의 복합동사이다.

이처럼 복합동사는 의미 파악이 힘들기 때문에 JPT 시험에 자주 출제되고 있다. 일본어 학습자를 대상으로 한 조사에 의하면 일본어 품사 중에서 가장 어려운 것이 동사라고 한다. 동사를 결코 만만하게 봐서는 안 된다. 복합동사는 더더욱 그렇다. 그럼 시험에 자주 출제되는 복합 동사를 한 번 알아 보도록 하자.

복합동사의 형태

‡ 대표적인 복합동사의 형태와 의미

① 동사의 ます형 + 「始める」「出す」 ▶ 동작의 개시
　예 突然、雨が降り出した。 갑자기 비가 내리기 시작했다.

② 동사의 ます형 + 「続ける」 ▶ 동작의 계속
　예 彼女はずっと泣き続けた。 그녀는 계속 울었다.

③ 동사의 ます형 + 「終わる」「終える」「切る」 ▶ 동작의 종결
　예 食べ終わったものは自分で片付けてください。
　　다 먹은 음식은 스스로 치워 주십시오.

④ 동사의 ます형 + 「過ぎる」 ▶ 정도의 심함
　예 飲み過ぎると、明日の仕事に差し支えがありますよ。
　　과음하면, 내일 일에 지장이 있습니다.

⑤ 동사의 ます형 + 「合う」 ▶ 상호 동작
　예 その件は課長とゆっくり話し合った方がいい。
　　그 건은 과장님과 천천히 서로 이야기하는 것이 좋다.

‡ 복합동사의 형태

① 명사 + 동사
　예 勉強 공부 + する 하다 → 勉強する 공부하다

② 명사 + 접미어
　예 学者 학자 + ぶる ~인 체하다 → 学者ぶる 학자인체 하다

③ 동사 + 동사
　예 読む 읽다 + 直す 다시 ~하다 → 読み直す 다시 읽다

④ 접두어 + 동사
　예 打つ 부딪치다 + 明ける 비우다 → 打ち明ける 털어놓고 얘기하다

⑤ 형용사 어간 + 동사
　예 近い 가깝다 + 寄る 접근하다 → 近寄る 접근하다

⑥ 형용사 어간 + 접미어
　예 可愛い 귀엽다 + がる ~하다 → 可愛がる 귀여워하다

의미 파악이 힘든 복합동사

- 押(お)し切(き)る 강행하다, 무릅쓰다
- 乗(の)り出(だ)す 적극적으로 나서다, 개입하다
- 立(た)ち直(なお)る 다시 일어서다, 회복하다
- 受(う)け入(い)れる 받아들이다, 수납하다
- 踏(ふ)み切(き)る 결단하다, 단행하다
- 掛(か)け合(あ)う 교섭하다, 흥정하다
- 張(は)り切(き)る 긴장하다, 힘이 넘치다
- 取(と)り締(し)まる 감독하다, 단속하다
- 打(う)ち明(あ)ける 고백하다, 다 이야기 하다
- 取(と)り消(け)す 취소하다
- 見込(みこ)む 기대하다, 예상하다
- 立(た)て込(こ)む 사람이 많거나 일이 겹쳐서 붐비다
- 座(すわ)り込(こ)む 농성하다, 버티고 앉다
- 飲(の)み込(こ)む 이해하다, 납득하다
- 仕組(しく)む 궁리하다, 계획하다
- 食(は)み出(だ)す 불거지다, 초과하다
- 切(き)り詰(つ)める 절약하다, 줄이다
- 立(た)ち竦(すく)む 우뚝 멈춰 서다
- 見舞(みま)う 닥쳐오다, 문병하다
- 払(はら)い込(こ)む 불입하다, 돈을 붓다
- 割(わ)り込(こ)む 끼어들다, 새치기하다
- 見入(みい)る 열심히 보다, 넋을 잃고 보다
- 追(お)い抜(ぬ)く 앞지르다, 추월하다
- 押(お)し付(つ)ける 강요하다, 억지로 떠맡기다
- 打(う)ち合(あ)わせる 미리 의논하다, 협의하다
- 持(も)ち直(なお)す 본 상태로 돌아가다, 회복하다
- 落(お)ち込(こ)む 빠지다, 좋지 않은 상태가 되다
- 取(と)り立(た)てる 거두어 들이다, 수확하다
- 引(ひ)き付(つ)ける 마음을 끌다, 사로잡다

- 引(ひ)き受(う)ける 떠맡다, 인수하다
- 仕向(しむ)ける 작용하다, 발송하다
- 言(い)い付(つ)ける 분부하다, 명령하다, 고자질하다
- 引(ひ)き取(と)る 물러나다, 인수하다
- 振(ふ)り出(だ)す 어음이나 수표를 발행하다, 출발하다, 흔들어 뽑다
- 込(こ)み上(あ)げる 치밀어 오르다, 복받치다
- 見計(みはか)らう 가늠하다, 적당히 고르다
- 踏(ふ)み込(こ)む 발을 들여놓다, 빠지다
- 見合(みあ)う 균형이 맞다, 알맞다
- 差(さ)し控(ひか)える 삼가다, 보류하다
- 差(さ)し支(つか)える 지장이 있다
- 引(ひ)き揚(あ)げる 철수하다, 퇴각하다
- 明(あ)け暮(く)れる 어떤 일에 시종 몰두하다, 세월이 흐르다
- 巻(ま)き込(こ)む 말려들게 하다, 연루되게 하다
- 張(は)り合(あ)う 겨루다, 경쟁하다
- 思(おも)い止(とど)まる 단념하다, 포기하다
- 思(おも)い余(あま)る 어찌해야 좋을지 갈팡질팡하다
- 寄(よ)り掛(か)かる 기대다, 의존하다
- 打(う)ち切(き)る 중지하다, 중단하다
- 取(と)り組(く)む 힘쓰다, 몰두하다, 맞잡고 싸우다
- 待(ま)ち兼(か)ねる 학수고대하다, 기다리지 못하다
- 見直(みなお)す 다시 보다, 다시 평가하다, 나아지다
- 乗(の)り越(こ)える 타고 넘다, 극복하다
- 立(た)て替(か)える 대신 지불하다
- 見落(みお)とす 빠뜨리다, 간과하다

복합동사는 세심한 주의가 필요한 부분이다. 단순한 암기로는 문제를 맞추기가 힘들다. 반드시 문장을 통해서 용법을 익혀 두도록 하자.

주요 복합동사 예문

- 乗り出す 착수하다

  警察は早速捜査に乗り出した。 경찰은 즉시 수사에 착수했다.

- 取り出す 꺼내다

  彼はかばんから書類を取り出した。 가방에서 서류를 꺼냈다.

- 立て替える 대신 지불하다

  友達に交通費を立て替えてもらった。 친구가 교통비를 대신 지불해 주었다.

- 似合う 어울리다

  この服はあなたによく似合うと思います。 이 옷은 당신에게 잘 어울린다고 생각합니다.

- 取り組む 몰두하다

  彼は今重大な事件に取り組んでいる。 그는 중대한 사건에 몰두하고 있다.

- 押し付ける 강요하다

  彼は自分の主張ばかり押し付けている。 그는 자신의 주장만 강요하고 있다.

- 受け入れる 받아들이다

  彼は彼女の話を事実ととして受け入れた。 그는 그녀의 이야기를 사실로서 받아들였다.

- 押し切る 무릅쓰다

  両親の反対を押し切って、二人は結婚した。 부모님의 반대를 무릅쓰고 두 사람은 결혼했다.

- 繰り返す 반복하다

  漢字は繰り返して書いた方が覚えやすい。 한자는 반복해서 쓰는 것이 외우기 쉽다.

- 飲み込む 이해하다

  新入社員は仕事の要領をやっと飲み込んだようだ。 신입사원은 일의 요령을 겨우 이해한 것 같다.

- 切り詰める 절약하다

  今の状況では費用を極度に切り詰める必要がある。 지금 상황으로서는 비용을 극도로 절약할 필요가 있다.

- 目指す 목표로 하다

  彼はオリンピックを目指して一生懸命に頑張っています。 그는 올림픽을 목표로 해서 열심히 분발하고 있습니다.

점수를 마구마구 올려 주는 문제

1. 生まれた故郷を立ち退く。
   (A) たちのく　　　　　　　(B) たちしりぞく
   (C) たちいく　　　　　　　(D) たちむく

2. 健康食品はあくまで食品であり、医薬品ではありませんので、基本的には薬と併用されても差し支えありません。
   (A) さしささえ　　　　　　(B) さしつかえ
   (C) さしくわえ　　　　　　(D) さしかえ

3. 政治家と<u>きたら</u>、相手の<u>悪口</u>は言っても、自分はこうしたいという政治理念を全面には
       (A)   (B)
   <u>押し寄せ</u>ていない<u>気が</u>する。
      (C)   (D)

4. <u>既に</u>起こってしまった<u>事態や現象</u>を変えることはできないが、積極的に考える<u>ことで</u>発想
      (A)   (B)   (C)
   の転換をし、新しい局面を<u>切り捨てる</u>ことができる。
                          (D)

5. ご注文は<u>お近くの</u>書店へお願い申し上げます。もし書店<u>店頭</u>にない場合には、書店へ
           (A)   (B)
   <u>お申し込みになれば</u> <u>取り入れて</u>くれます。
          (C)   (D)

6. 申し訳ございませんが、当日のご予約の＿＿＿＿＿はできません。
   (A) 取り消し　　　　　　　(B) 打ち消し
   (C) 切り消し　　　　　　　(D) 聞き消し

7. 最近ここで盗難事件が相次いでいるので、警察は早速捜査に_____。
    (A) 乗り込んだ　　　　　　　　(B) 乗り出した
    (C) 乗り換えた　　　　　　　　(D) 乗り越した

8. 試合が始まる前に彼は「今度こそ必ず勝つ」と_____いた。
    (A) 張り切って　　　　　　　　(B) 追い抜いて
    (C) 仕向けて　　　　　　　　　(D) 受け入れて

9. 一度_____からには最後まで責任を持ってやるべきです。
    (A) 引き留めた　　　　　　　　(B) 引き締めた
    (C) 引き切った　　　　　　　　(D) 引き受けた

10. 反対を押し_____やったのに、結果がよくなくて残念ですね。
    (A) 切って　　　　　　　　　　(B) 出して
    (C) かけて　　　　　　　　　　(D) とって

11. パーティーも終わり、片付けも全部済んだので、そろそろ_____ことにする。
    (A) 引き返す　　　　　　　　　(B) 引き取る
    (C) 引き受ける　　　　　　　　(D) 引き継ぐ

12. ここでは切手や葉書は_____いません。
    (A) 押し切って　　　　　　　　(B) 取り扱って
    (C) 取り立てて　　　　　　　　(D) 見入って

13. あなたに_____もらったお金、明日までに返します。
    (A) 立て替えて　　　　　　　　(B) 割り込んで
    (C) 持ち直して　　　　　　　　(D) 飲み込んで

14. 新しいパソコンを買うために、生活費を_____います。
    (A) 引き付けて　　　　　(B) 打ち明けて
    (C) 切り詰めて　　　　　(D) 見計らって

15. 今度の仕事で彼を_____。
    (A) 仕組みました　　　　(B) 巻き込みました
    (C) 取り組みました　　　(D) 見直しました

16. 新入社員は仕事の要領をやっと_____ようです。
    (A) 踏み込んだ　　　　　(B) 払い込んだ
    (C) 飲み込んだ　　　　　(D) 割り込んだ

17. 親しい友達に本心を全部_____、気持ちが楽になった。
    (A) 打ち明けたら　　　　(B) 打ち切ったら
    (C) 打ち込んだら　　　　(D) 打ち合わせたら

18. 最近、日本の経済は長い不況から徐々に_____いる。
    (A) 見合って　　　　　　(B) 立ち直って
    (C) 見舞って　　　　　　(D) 仕向けて

19. 年末には飲酒運転の_____が厳しくなる。
    (A) 取り立て　　　　　　(B) 取り組み
    (C) 取り入れ　　　　　　(D) 取り締まり

20. 最後まで_____ということは、何をするにしても大変な時間と努力を要します。
    (A) やり終わる　　　　　(B) やり遂げる
    (C) やり得る　　　　　　(D) やり越える

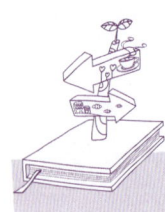

이것만은 확인하고 넘어가자

1. 복합동사는 언제든지 출제될 수 있는 부분이므로 반드시 다 외워 두도록 하자.
2. 출제 형태는 비슷한 형태의 복합동사들을 나열하여 적당한 표현을 찾는 문제와 복합동사의 뒷부분을 찾는 문제로 출제된다.
3. 실제 시험에 출제된 복합동사는 「立(た)ち直(なお)る」, 「乗(の)り出(だ)す」, 「押(お)し切(き)る」 등이다.

쉬 . 어 . 가 . 기

● **まっぴらごめんだ** | 딱 질색이다

  そんな話(はなし)はまっぴらごめんです。
  그런 이야기는 정말 죄송합니다(?)

「ごめん」은 주로 상대방에게 사과할 때 사용하는 말이다. 이 말은 「切(き)り捨(す)て御免(ごめん)」이라는 말에서 나왔는데, 옛날 무사 시대에는 무사가 평민을 죽여도(切り捨て)「御免」이라는 말만 하면 전혀 죄가 되지 않았던 것에서 유래한 말이다. 그런데 이 말에는 '싫어하다, 질색이다' 라는 의미도 있다. 따라서 위의 문장은 '미안하다' 라는 의미가 아니라 '딱 질색이다' 라는 의미로 사용된 문장이다.

● **飛(と)ぶように** | 날개 돋친 듯이

  暑(あつ)いので、クーラーが飛(と)ぶように売(う)れていた。
  덥기 때문에, 에어콘이 날 듯이 팔리고 있었다(?)

'날개 돋친 듯이' 는 일본어로 어떻게 표현할까? 아무리 머리를 굴리고 생각해 보아도 좋은 표현이 떠오르지 않을 것이다. 그러나 이 표현은 의외로 간단하다. 간단히 「飛ぶように」라고 하면 우리말의 '날개 돋친 듯이' 라는 의미와 동일한 의미가 된다. 이처럼 쉬운 표현인데도 일상 회화에서 사용하기란 쉽지 않다. 평소에 꾸준히 살아 있는 표현을 익혀 두는 것이 능숙한 회화의 지름길이다.

14 바늘과 실 관계에 있는 표현

혼자되면 외로움을 잘 타는 표현들~
언제나 함께……

　　　　　　　　　　어학 실력을 측정하는 객관적인 기준은 아직까지 없다고 본다. 물론 기본적으로는 풍부한 어휘나 자연스러운 문장 구사 등이 그 기준의 하나는 될 수 있을 것이다. 하지만 아무리 많은 어휘나 표현을 알고 있다 하더라도 그것을 적재적소에 적용시키지 못하면 그것은 죽은 지식이나 마찬가지이다. 일본어를 공부하다 보면 무수히 많은 유의어나 유사 표현이 등장한다. 그럴 때 여러분은 어떻게 대처하는가? 당연히 쌍으로 외워서 용법을 구분해야 할 것이다. 실제 JPT 시험에서도 이런 부분은 자주 출제되고 있다. 하지만 대부분의 학습자는 이런 표현이 나왔을 때 왜 틀렸는지, 틀렸다면 어떻게 고쳐야 하는지를 잘 모른다. 그래서 이 장에서는 반드시 쌍으로 외우고 용법을 구분해야 하는 표현들을 몇 개 다루어 보려고 한다. 우선 예문을 일본어로 작문해 보자.

> **예**
> 창문이 열려 있습니다.
> 窓(まど)が開(あ)いています。 / 窓が開けてあります。

　　　　　　　　　　예문을 일본어로 바꾸면 화살표처럼 두 가지 표현이 나올 수 있다. 왼쪽은 자동사「開(あ)く」를 사용한 문장이고, 오른쪽은 타동사「開(あ)ける」를 사용한 문장이다. 물론 뉘앙스 면에서는 두 문장에 약간의 차이가 있지만, 그것을 일단 접어두고 보면 두 문장 모두 상태를 나타내고 있다는 것을 알 수 있다. 같은 상태를 나타내더라도 앞에 오는 동사의 종류에 따라 표현이 달라진다.

> **예**
> 友達(ともだち)がたくさんできて_____生活(せいかつ)を送(おく)っています。

　　　　　　　　　　밑줄에 알맞은 い형용사를 생각해 보면 두 가지가 떠오를 것이다. 「うれしい」와「楽(たの)しい」인데, 둘다 기쁘거나 즐거운 상태를 나타내고 있지만 지속성이라는 면에서 보면 위의 예문에는「楽しい」가 와야 자연스러운 문장이 된다. 이처럼 비슷한 의미를 나타내고 있지만 용법에서 차이가 나는 표현들이 일본어에는 다수 존재한다. 이와 함께 의미는 반대지만 늘 바늘과 실처럼 함께 외워 두어야만 하는 표현도 있다. 그런 표현들은 단독으로 외워서는 시험에서 정답을 찾기가 대단히 어렵다. 그럼 이제부터 함께 외워야만 하는 표현들에 대해서 알아 보기로 하자.

혼자 사용하면 외로운 표현들

1 자동사 + ～ている | 진행과 상태 모두 나타냄
　　 타동사 + ～てある | 상태를 표현

> **예**
> 青空に一羽の鳥が飛ん<u>でいる</u>。푸른 하늘에 한 마리의 새가 날고 있다.(진행)
> 机の上に本が置い<u>てあります</u>。책상 위에 책이 놓여 있습니다.(상태)

> **암기** 「타동사+てある」는 상당히 출제 빈도가 높은 표현이다. 반드시 암기해 두도록 하자.

2 ～おかげで | ～덕분에, 뒷문장에는 주로 좋은 결과가 옴
　　 ～せいで | ～한 탓에, 뒷문장에는 주로 나쁜 결과 옴

> **예**
> 先生の<u>おかげで</u>、いい大学に受かった。
> 선생님 덕분에 좋은 대학에 합격했다.
> 去年重い病気をした<u>せいで</u>、今でも体が良くない。
> 작년에 심한 병을 앓은 탓에, 지금도 몸이 좋지 않다.

3 ～なくて | ～하지 않아서(원인이나 이유를 나타냄)
　　 ～ないで | ～하지 않고, ～하지 말고(병렬 관계)

> **예**
> 昨日はバスがなかなか来<u>なくて</u>、遅刻してしまった。
> 어제는 버스가 좀처럼 오지 않아서 지각해 버렸다.
> 田中さんは勉強はし<u>ないで</u>遊んでばかりいる。
> 다나카 씨는 공부는 하지 않고 놀고만 있다.

> **암기** '～하지 말아 주십시오'는 「～ないでください」라고 한다. 「～なくてください」의 형태로는 사용하지 않는다는 것을 기억해 두자.

4 ～にわたって | ～에 걸쳐서(기간・전국(全国), 전원(全員) 등의 넓은 범위를 나타내는 말로 사용)
～にかけて | ～에 걸쳐서(두 개의 지점과 지점 사이를 말할 때)

예

両国の首脳は二時間にわたって会談をした。
양국의 수뇌는 2시간에 걸쳐서 회담을 했다.

昨日、神戸から大阪にかけて大雨が降った。
어제 고베에서 오사카에 걸쳐 많은 비가 내렸다.

5 嬉(うれ)しい | (순간적인) 기쁨, 그 당시의 기쁨을 표현할 때
楽(たの)しい | (지속적인) 기쁨, 즐거움이 지속될 때

예

難しい試験に合格して本当に嬉しい。
어려운 시험에 합격해서 정말로 기쁘다.

彼女と結婚してから楽しい毎日を送っている。
그녀와 결혼한 후 즐거운 매일을 보내고 있다.

6 はじめ | 처음(일의 시작)
はじめて | 최초로, 처음으로(경험의 유무)

예

はじめの時はたいへんだったが、今は慣れて大丈夫だ。
처음에는 힘들었지만, 지금은 익숙해져서 괜찮다.

はじめて日本へ行った時には本当に緊張した。
처음으로 일본에 갔을 때는 정말로 긴장했었다.

7
きっと | 꼭, 틀림없이(화자의 희망이나 의지를 나타냄)
必(かなら)ず | 반드시, 틀림없이(의무나 약속을 나타냄)
ぜひ | 부디, 꼭(상대방에게 자신의 희망을 나타냄)

> **예**
> この写真を見ると、両親も<u>きっと</u>喜ぶだろう。
> 이 사진을 보면 부모님도 틀림없이 기뻐할 것이다.
> 値段が高いからといって、<u>必ず</u>いい物とは言えない。
> 가격이 비싸다고 해서 반드시 좋은 물건이라고는 할 수 없다.
> 都合がよろしければ、<u>ぜひ</u>遊びに来てください。
> 형편이 괜찮으시면 꼭 놀러 오십시오.

8
~ていく | ~해 가다(현재로부터 미래로 변화가 진행됨)
~てくる | ~해 오다, 점차 ~하게 되다(과거로부터 현재까지 변화가 진행됨)

> **예**
> 最近、環境問題はだんだん深刻になっ<u>ていく</u>。
> 최근 환경문제는 점점 심각해져 간다.
> 韓国は今まで豊かな労働力のおかげで、発展し<u>てきた</u>。
> 한국은 지금까지 풍부한 노동력 덕분에 발전해 왔다.

> **암기** 두 표현은 문맥으로 파악을 해야 한다. 내용으로 보아 현재를 기준으로 과거에서 현재까지인지, 현재부터 미래까지인지를 먼저 판단한 다음 정답을 골라야 실수하는 일이 없다.

시험에서「~てある」,「~おかげで」,「ぜひ」,「~ていく」등의 표현들은 출제 빈도가 상당히 높다. 대부분 오문 정정 파트에서 출제되는데, 서로 바꾸어 출제하는 경우가 대부분이다. 앞의 내용들은 매 시험마다 골고루 출제되고 있으므로 반드시 암기해 두어야 고득점을 올릴 수 있다.

점수를 마구마구 올려 주는 문제

1. 最近結婚しない女性が<u>多くなってきた</u>。
   (A) 多かった
   (B) 多くなっている
   (C) 多くなるわけがない
   (D) 多くなったとはいえない

2. 久しぶりに<u>雨が降ったおかげで</u>、昨日は涼しく過ごすことができた。
   (A) 雨が降ってくれたので
   (B) 雨が降ったといえども
   (C) 雨が降ろうが降るまいが
   (D) 雨が降ったにもかかわらず

3. <u>脱いだ</u>服は<u>もっと</u>ハンガー<u>に</u> <u>かけて</u>ください。
   　(A)　　　(B)　　　　　(C)　(D)

4. 檻の<u>前</u>にある立て札に「エサを<u>やらないでください</u>」と<u>書いていた</u>。
   　　(A)　　　(B)　　　　　(C)　　　　　　　　(D)

5. 会社まで遠い<u>ので</u>、朝寝坊を<u>した</u>日には朝ご飯<u>を</u>食べ<u>なくて</u>出勤します。
   　　　　　(A)　　　　　(B)　　　　(C)　　(D)

6. 初めて日本に<u>行った</u>時には、<u>日本語が</u>下手な<u>おかげで</u>困った時が<u>何度も</u>ありました。
   　　　　(A)　　　　　(B)　　　　　(C)　　　　　(D)

7. 台風の影響<u>で</u>九州から本州<u>をかけて</u>昨夜<u>から</u>大雨が<u>降っている</u>。
   　　　(A)　　　　　(B)　　　　(C)　　　(D)

8. 図書館は普通朝7時から夜12時<u>まで</u>開いて<u>あります</u>が、満員<u>で</u>席がない時<u>が</u>多いです。
   　　　　　　　　(A)　　　　(B)　　　　(C)　　　　(D)

9. 私はこの随筆を読んで毎日を前向きに うれしく生きることの大切さ を学んだ。
       (A)   (B)   (C)   (D)

10. 彼が助けてくれた おかげ様で、今度の仕事を無事に 終えることができました。
         (A)   (B)   (C)   (D)

11. 日本での勉強は大変ですが、うれしい学生生活を送っています。
    (A)   (B) (C)   (D)

12. ファンが熱心に応援してくれた せいで、試合に勝つことができた。
              (A)   (B) (C)   (D)

13. 学校の授業などでは面白くないでも、じっと座席にいなければならないので、白昼夢に
                    (A)   (B)   (C)
    陥ったり、本当に寝てしまったりすることがある。
    (D)

14. 部屋の窓が開けて_____。
    (A) います   (B) なります
    (C) あります   (D) きます

15. 機会があれば、_____日本に行ってみたいです。
    (A) ぜひ   (B) いきなり
    (C) けっして   (D) かなり

16. こんなに美味しい酢豚は_____食べてみました。
    (A) はじめ   (B) はじめて
    (C) いちばん   (D) さいしょで

17. 昨夜、9時頃東京から東北地方_____強い地震がありました。
    (A) にかけて (B) によって
    (C) にとって (D) にしたがって

18. 会社に入って1年目は本当に大変だったが、この頃ようやく慣れて_____。
    (A) いった (B) きた
    (C) なった (D) した

19. 約束したからには、何があっても_____守ってください。
    (A) なぜ (B) まえもって
    (C) ずいぶん (D) かならず

20. そんなに_____、ちょっと落ち着いてください。
    (A) あわてたので (B) あわてないで
    (C) あわてなくて (D) あわてても

이것만은 확인하고 넘어가자

1. 앞에 나온 표현들은 JPT 시험에서 거의 매 시험 한 문제 이상씩 반드시 출제되고 있으므로 확실하게 이해해 두어야 한다.

2. 주로 오문정정 문제에서 출제되는데, 보기 중에 앞에서 정리한 표현들이 있으면 일단 의심을 해 보기 바란다. 도저히 정답을 찾을 수 없을 때에는 앞에서 정리한 표현을 고르면 정답이 될 확률이 높다.

3. 가장 많이 출제되는 것은 「타동사 + てある」의 상태 표현과 「おかげで」와 「せいで」, 「ないで」와 「なくて」의 구분을 묻는 문제이다.

쉬·어·가·기

● 気持ち悪い │ 속이 좋지 않다

お酒を飲みすぎたので、ちょっと気持ちが悪いです。
술을 너무 많이 마셨기 때문에 조금 기분이 나쁩니다(?)

「気持ち悪い」는 무언가 꺼리거나 싫은 것을 보았을 때, 혹은 기분이 상했을 때 사용하는 말이다. 우리말로 풀이하면 '기분 나쁘다'라는 뜻이 된다. 그런데 이 표현은 과음이나 과식으로 인해 어지럽거나 속이 좋지 않은 상태를 나타낼 때에도 사용한다. 따라서 위의 문장에서는 '기분 나쁘다'라는 의미가 아니라 '속이 좋지 않다, 토할 것 같다'라는 의미로 사용된 것이다.

● もう │ 참을 수 없는 상태를 나타냄

30分も待っていたのに…もう！
30분이나 기다리고 있었는데도…이제!(?)

「もう」는 일상회화에서 자주 들을 수 있는 부사이다. 기본적으로 '이제, 이미, 벌써'라는 의미를 가지는데 위의 예문에서는 전혀 다른 의미로 사용되었다. 즉, 초조하거나 화가 날 때에는 윗 문장에서처럼 간단히 「もう」라고 하면 된다. 굳이 해석을 하자면 '못 참겠어, 미치겠군' 정도가 된다.

15 조동사는 용법만 익히자

일본어의 조동사는 시험에서 의미 구분만 할 수
있으면 모든 것이 끝난다.

　　　　　　　　　　일본어에는 조동사라는 품사가 존재한다. 한자를 풀이해 보면 동사(動詞)의 역할을 도와 주는 품사가 바로 조동사(助動詞)이다. 우리들은 초급 단계에서부터 무수히 많은 조동사를 배워 왔으나 정확하게 의미를 구분하면서 사용하는 사람은 드문 것 같다. 따라서 이 장에서는 시험에서 상당히 비중있게 출제되는 조동사를 중심으로 의미의 차이에 대해서 알아 보려고 한다.
　　　　　　　　우선 가장 많이 출제되는 부분인 추량의 조동사에 대해서 알아보자. 추량의 조동사는 「そうだ」, 「ようだ」, 「らしい」, 「みたいだ」 네 개가 존재한다. 전부 추량의 의미를 나타내지만 용법면에서는 상당한 차이가 있다.

> **예** この桃(もも)は美味(おい)しそうだ。

　　　　　　　　우선 「そうだ」는 사물의 상태나 행위를 직감적으로 나타내는 양태의 의미가 강하다고 할 수 있다. 위의 예문에서는 복숭아라는 대상을 보고 직감적으로 느낀 것을 표현하고 있다. 이번에는 「そうだ」와 바꿔 쓰기 쉬운 「ようだ」의 용법에 대해서 알아 보자.

> **예** 電車(でんしゃ)が遅(おく)れているのを見(み)ると、何(なに)か事故(じこ)があったようだ。

　　　　　　　　위의 예문에서 「ようだ」는 자신의 주관적인 근거에 의한 추측을 나타낸다. 즉 「そうだ」가 직관적이라면 「ようだ」는 주관적인 추측에 가깝다고 볼 수 있을 것이다. 그렇다면 「らしい」는 다음 예문에서 어떤 용법으로 사용되고 있을까?

> **예** 学生(がくせい)は学生らしい行動(こうどう)をすべきだ。

　　　　　　　　위의 예문에서 「らしい」는 추량의 용법과는 전혀 무관하게 사용되고 있다. 즉 명사 뒤의 「らしい」는 '~답다' 라는 의미로도 사용된다.
　같은 추량 표현이라도 용법에서는 이처럼 많은 차이가 있다. 이 장에서는 이런 추량 표현 외에 수동이나 사역을 나타내는 표현도 함께 공부해 보도록 하자.

반드시 구분해야 하는 조동사

1 そうだ・ようだ・らしい・みたいだ

① **そうだ** 추량의 의미보다 사물의 상태나 행위를 직감적으로 나타내는 양태의 의미가 강하다. 시각적·직관적으로 포착된 상황은 반드시 「そうだ」로 표현한다. 종지형 뒤의 「そうだ」는 전문(전해들은 말)을 나타내고, 연용형 뒤의 「そうだ」는 양태를 나타낸다.

② **ようだ** 주관적인 근거에 의한 불확실한 추측을 나타낸다. 자신의 체험을 바탕으로 한 결과도 「ようだ」를 사용해서 표현한다.

③ **らしい** 객관적인 근거 하에 강한 확신을 내포한 추량 표현이다. 「ようだ」에 비해 객관성이 강하다.

④ **みたいだ** 「ようだ」의 용법과 유사한 점이 상당히 많으며, 일상적인 표현이나 부드러운 회화체에서 주로 사용한다.

> **예**
> 今年の夏は暑い<u>そうだ</u>。 올해 여름은 덥다고 한다.
> 彼の心は氷<u>のように</u>冷たい。 그의 마음은 얼음처럼 차갑다.
> この地域は気象の変化が激しく、一日のうちに何度も雨が降る<u>らしい</u>。
> 이 지역은 기상의 변화가 심해, 하루에 몇 번이나 비가 내린다고 한다.
> 3年ぶりに会った彼女はまるで知らない別の人<u>みたい</u>な感じだった。
> 3년만에 만난 그녀는 마치 모르는 다른 사람과 같은 느낌이었다.

암기 「そうだ」는 접속에 따라 전문을 나타내는 용법과 양태를 나타내는 용법이 있다. JPT 시험에도 두 개의 의미 구분을 묻는 문제가 자주 출제되므로 접속에 따른 의미 구분을 반드시 해 두자.

추량의 조동사는 거의 매 시험마다 출제되고 있다. 특히 많이 출제되는 부분은 「そうだ」와 「ようだ」의 용법 구분을 묻는 문제이다.

2 れる・られる
조동사 「れる」와 「られる」는 수동, 가능, 존경, 자발의 네 가지 의미가 있으며, 접속은 동사의 ない형에 접속한다.

「れる・られる」도 의미 구분을 묻는 문제로 출제되거나, 공란 메우기에서 문장의 의미를 파악해 적절한 표현을 넣는 문제로 출제되고 있다. 자주 나오는 것은 수동의 용법이다.

> **예**
> 山田さんは知らない人に名前を呼ばれた。
> 야마다 씨는 모르는 사람에게 이름을 불렸다. (수동)
> そんなに早くは起きられない。그렇게 일찍은 일어날 수 없다. (가능)
> 明日鈴木先生も来られるのですか。
> 내일 스즈키 선생님께서도 오십니까? (존경)
> この写真を見ると、楽しかった学生時代が思い出される。
> 이 사진을 보면 즐거웠던 학생시절이 생각난다. (자발)

3 せる・させる
사역의 조동사 「せる」, 「させる」는 다른 사람에게 무엇을 시키는 사역을 나타낸다.

사역 표현도 꾸준히 출제되고 있다. 문장의 전체적인 의미만 잘 파악하면 쉽게 답을 찾을 수 있는 부분이므로 실수가 없도록 하자.

> **예**
> 彼女はいつも冗談を言ってみんなを笑わせる。
> 그녀는 항상 농담을 해서 모두를 웃긴다.
> 風呂の水をあふれさせるな。목욕탕의 물을 넘치게 하지 마.

4 (さ)せられる
자신이 원하지 않았는데 어떤 일을 억지로 당함을 나타낸다.
회화에서는 「される」로 축약해서 표현하기도 한다.

사역수동은 의미 파악에 주의를 해야 한다. 주로 오문정정 문제에서 출제되며, 자신이 원하지 않았는데 어떤 일을 억지로 당하는 상황이면 반드시 사역수동의 형태로 표현해야 함을 명심해 두자.

> **예**
> 昨日部長にお酒を飲まされて、今日は朝から気持ちが悪い。
> 어제 부장님이 술을 억지로 먹여서 오늘은 아침부터 속이 좋지 않다.

점수를 마구마구 올려 주는 문제

1. 彼は業務上のミスが多くて、仕事を辞めさせられた。
   - (A) 首になった
   - (B) 辞めるつもりだ
   - (C) 辞める気はない
   - (D) 自ら辞めることにした

2. 真夏らしい天気が何日も続いている。
   - (A) 実は、そうではないらしい。
   - (B) どうやら、明日は雨らしい。
   - (C) 明日のパーティーに彼も行くらしい。
   - (D) 最近子供らしい子供が少なくなった。

3. 昨日あった火事の原因は花火だったらしい。
   - (A) 彼は本当に男らしい人だ。
   - (B) 最近は子供らしい子供が少ない。
   - (C) 学生は学生らしい行動をしなければならない。
   - (D) 明日のパーティーには中村さんも来るらしい。

4. 天気予報によると、明日から雨が降るそうだ。
   - (A) 明日の会議には山田先生もご出席なさるそうだ。
   - (B) この部分は念のため調べておく必要がありそうだ。
   - (C) 変な臭いがするから、これは食べない方がよさそうだ。
   - (D) 青空に浮かんでいる雲は手を伸ばせば手が届きそうだ。

5. どちらかと言うと、こちらの方がちょっと美味しいようだ。
   - (A) どうも風邪を引いてしまったようだ。
   - (B) 外で降っている雪はまるで綿のようだ。
   - (C) この品物はどこにでもあるようなものではない。
   - (D) 村上さんのように英語がぺらぺら話せたらいいのに。

6. リハビリに励んだ結果、彼は歩ける<u>ように</u>なった。

   (A) 電車に乗り遅れない<u>ように</u>早く出かけよう。
   (B) 相当疲れたのか彼は死んだ<u>ように</u>寝ていた。
   (C) 合格した時にはまるで夢を見る<u>ように</u>嬉しかった。
   (D) 彼の<u>ように</u>日本語が上手な人は見たことがない。

7. 鈴木先生は家の近くにご自分の事務所を<u>建てられました</u>。

   (A) こんな静かなところに家を<u>建てられて</u>よかったと思う。
   (B) この面積なら4人家族が住む家は十分<u>建てられる</u>。
   (C) 隣に近接して建物を<u>建てられて</u>日当たりが悪くなった。
   (D) この家は山田先生が10年前初めて<u>建てられた</u>家である。

8. 彼<u>ときたら</u>まだ英語が<u>下手</u>な<u>のに</u>、いつも人の前で偉<u>ようにする</u>。
      (A)   (B)   (C)   (D)

9. 私は恋愛<u>そうな</u>恋愛<u>もできない</u>まま、<u>結婚してしまった</u>。
         (A)   (B)   (C)   (D)

10. 私は今ダイエット<u>中なので</u>、カロリーの<u>高いそうな</u>食べ物は<u>控えています</u>。
              (A) (B)   (C)   (D)

11. 最近体の調子が悪い<u>から</u>、昨日病院<u>に</u>行ったが、患者が多くて2時間<u>も</u> <u>待たせた</u>。
                  (A)   (B)   (C) (D)

12. 親<u>を</u>死<u>なれて</u>親の<u>ありがたさ</u>がわかったとしても、それはもう<u>手遅れ</u>だ。
      (A) (B)   (C)   (D)

13. 先月、特急電車ツバメ号が脱線した<u>際に</u>事故処理が<u>難航し</u>、また事故原因も多数<u>見つかった</u>。
                              (A)   (B)   (C)

    しかし、未だに原因が<u>解明しない</u>部分もたくさんある。
                    (D)

14. お腹が<u>空きすぎて</u><u>死ぬようだった</u>ので、生まれて<u>初めて</u>というくらい<u>いっぱい</u>食べました。
         (A)   (B)   (C)   (D)

15. 夜中に騒いだら、近所の人に注意＿＿＿＿しまった。
    (A) して   (B) させて
    (C) されて   (D) させられて

16. 宿直室から話し声が聞こえてくる。どうやら宿直室に誰かいる＿＿＿＿。
    (A) ようだ   (B) そうだ
    (C) はずだ   (D) ものだ

17. もうこれ以上田中さんにこの仕事を続け＿＿＿＿ことはできません。
    (A) する   (B) される
    (C) させる   (D) しよう

18. 夜中に間違い電話で＿＿＿＿、それから寝られませんでした。
    (A) 起こされて (B) 起こして
    (C) 起こさせて (D) 起こらせて

19. あそこにいる人、昨日会社に来た人＿＿＿＿気がするけど。
    (A) のような   (B) らしく
    (C) みたいで   (D) そうな

20. 宿題がたくさんあるのに、母に買い物に＿＿＿＿。
    (A) 行った   (B) 行けた
    (C) 行かせた   (D) 行かせられた

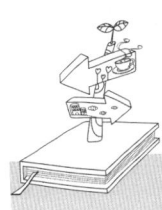

이것만은 확인하고 넘어가자

1. 추량의 조동사는 의미 구분도 중요하지만 접속 형태도 상당히 비중있게 출제되므로, 접속 형태도 반드시 익혀 두도록 하자. 특히 「そうだ」와 「ようだ」의 접속 형태에 주의하자.

2. 조동사 「れる·られる」는 기본적으로 '수동, 가능, 존경, 자발'의 의미로 사용된다는 것을 기억하고, 의미 구분에 주의하자.

3. 사역의 조동사 「せる·させる」문제는 성급하게 답을 고르지 말고 문장의 전체적인 의미를 파악한 후, 정답을 골라야 한다.

4. 사역수동은 의미 파악이 상당히 까다로운 부분이기 때문에 용법을 따로 익혀 두도록 하자.

쉬.어.가.기

● スッピン | 맨얼굴

彼女のスッピンを見て愛想が尽きてしまった。
그녀의 맨얼굴을 보고 정나미가 떨어져 버렸다.

화장을 하나도 하지 않은 맨얼굴을 일본어로는 「スッピン」이라고 한다. 사람에 따라 다르겠지만, 간혹 화장으로 자신을 변장해 화장을 지우면 누구인지 전혀 알아볼 수 없는 사람이 있다고 하는데…….

● タメグチ | 반말

目上の人に、タメグチを使うのはよくないよ。
손윗사람에게 반말을 사용하는 것은 좋지 않아.

공식적인 자리나 윗사람에게 사용하는 경어 이외에 일상적으로 친구끼리 사용하는 말을 일본어로는 뭐라고 할까? 「タメグチ」또는 「タメ言葉(ことば)」라고 한다. 일본어의 경어는 상황이나 자리에 따라 같은 경어라도 용법과 쓰임새가 전혀 다르기 때문에 평소에 충분히 공부해 두지 않으면 정중한 표현이 되기 보다는 오히려 상대방의 기분을 상하게 만들 수도 있으니 주의하기 바란다.

16 만약 일본어에 가정법이 없었더라면

가정법은 용법구분이 가장 중요하다.

세상을 살면서 모든 일이 뜻대로 된다면 얼마나 좋겠는가? 하지만 마음대로 안 되는 것이 세상 일이다. 그래서 우리들은 지나간 일에 대해 아쉬움을 나타내기도 하고 '만약 그 때 …라면'이라는 가정을 해 보기도 한다. 이처럼 우리 생활에서 가정은 없어서는 안 되는 중요한 표현이다.

일본어의 가정법에는 크게 4가지가 있다. 「ば」, 「と」, 「たら」, 「なら」가 그것인데, 비슷한 듯 하면서도 의미면에서는 상당한 차이가 존재하기 때문에 자칫하면 틀리기 쉽다. 그렇다면 구체적으로 어떤 의미 차이가 있을까?

> **예**
>
> 이 길모퉁이를 오른쪽으로 돌면 은행이 나옵니다.
> ▶ この角(かど)を右(みぎ)に曲(ま)がれば、銀行(ぎんこう)に出(で)ます。
> ▶ この角を右に曲がると、銀行に出ます。

위의 문장은 「ば」가정법과 「と」가정법을 사용해 작문한 것인데 두 표현에는 어떤 의미 차이가 존재할까? 우선 「と」가정법은 '반드시 그렇게 된다'라는 의미가 상당히 강한 가정법이다. 비슷한 의미로 사용되는 「ば」가정법에는 '그렇지 않으면'이라는 숨은 뜻이 있다. 쉽게 말해 위의 「ば」를 사용한 예문에는 '오른쪽으로 돌지 않으면 은행이 나오지 않습니다'라는 뉘앙스가 들어 있다. 길을 안내할 때에는 주로 「と」가정법을 사용한다.

이처럼 비슷하게 사용되는 가정법에서도 의미의 차이는 분명히 존재한다. 이외의 「たら」나 「なら」 가정법도 의미면에서는 많은 차이가 존재하므로, 이 과에서 확실히 가정법의 용법과 의미의 구분을 하도록 하자.

가정법 총정리

1 ば

① 속담은 대부분 「ば」가정법으로 나타낸다.
　예 ちりも積もれば山となる。 티끌 모아 태산.

② 논리적, 항상적, 법칙적인 관계나 인과관계를 나타낸다.
　예 春になれば花が咲く。 봄이 되면 꽃이 핀다.

③ 「さえ」와 함께 사용되어 최저조건을 나타낸다.
　예 やる気さえあれば成功するだろう。 할 마음만 있으면 성공할 것이다.

④ 현재나 과거의 습관이나 반복적인 행위를 나타낸다.
　예 学校に行けば図書館に寄ります。 학교에 가면 도서관에 들릅니다.

⑤ 「〜ば〜ほど」「〜ばこそ」「〜も〜ば〜も」등 정해진 문법표현으로 사용된다.
　예 運動はすればするほど上手になる。
　　운동은 하면 할수록 능숙해진다.
　　あなたを思えばこそこんなに厳しく言うのだ。
　　당신을 생각하기 때문에 이렇게 엄하게 말하는 것이다.
　　彼は否定もしなければ肯定もしなかった。
　　그는 부정도 하지 않았고 긍정도 하지 않았다.

암기 「〜ばそれまでだ」라는 표현은 '〜하면 그 뿐이다, 〜하면 그것으로 끝이다' 라는 의미의 문법 표현.

⑯ 만약 일본어에 가정법이 없었더라면

2 と

① 필연적 조건을 나타낸다.
   예 水(みず)は100度(ど)になると沸騰(ふっとう)する。 물은 100도가 되면 끓는다.

② 자연현상이나 불변의 진리를 나타낸다.
   예 春(はる)になると花(はな)が咲(さ)く。 봄이 되면 꽃이 핀다.

③ 습관이나 반복적인 행위를 나타낸다.
   예 学校(がっこう)に行(い)くと図書館(としょかん)に寄(よ)ります。 학교에 가면 도서관에 들릅니다.

④ 길을 안내할 때 사용된다.
   예 あの角(かど)を左(ひだり)に曲(ま)がると銀行(ぎんこう)に出(で)ます。
   저 모퉁이를 왼쪽으로 돌면 은행이 나옵니다.

⑤ 이미 일어난 어떤 사실의 발견을 나타낸다.
   예 朝(あさ)起(お)きて庭(にわ)に出(で)ると雪(ゆき)が積(つ)もっていた。
   아침에 일어나서 정원에 나오니 눈이 쌓여 있었다.

> **암기** 「と」가정법 앞에는 과거형이 올 수 없으며 뒷문장에는 의지·명령·충고·금지 등의 표현을 사용할 수 없다.

3 たら

① 어떤 행동을 한 뒤의 새로운 사실이나 발견을 나타낸다.

> 예 見た目は悪いが、食べて<u>たら</u>美味しかった。
> 겉모양은 나쁘지만, 먹어 봤더니 맛있었다.

② 가정적인 상황이나 시간의 경과를 나타낸다.

> 예 仕事が終わっ<u>たら</u>うかがいます。 일이 끝나면 찾아뵙겠습니다.

③ 행위가 성립하는 상황의 설정을 나타낸다. 뒷부분에는 명령·의뢰·금지·의무·허가·권유 등의 표현이 온다.

> 예 お腹が空いてい<u>たら</u>、ケーキを食べてもいいよ。
> 배가 고프다면, 케이크를 먹어도 좋아.

④ 주관성이 강한 가정이기 때문에 과거, 현재, 미래에 모두 사용된다.

> 예 友達の家に遊びに行っ<u>たら</u>留守だった。
> 친구 집에 놀러 갔더니 부재중이었다.
>
> 예 この本を読ん<u>だら</u>すぐわかるよ。
> 이 책을 읽으면 바로 알 수 있어.
>
> 예 明日、彼女に会っ<u>たら</u>渡してください。
> 내일 그녀를 만나면 건네 주십시오.

> **암기** 「たら」는 대부분의 경우 「ば」 가정법과 바꿀 수 있다. 하지만 「たら」에는 가정적인 상황과 시간의 경과를 나타내는 용법이 있지만, 「ば」에는 가정적인 의미밖에 없다.
>
> 仕事が終わっ<u>たら</u>うかがいます。(일이 끝난 후에, 일이 끝난 경우에는)
>
> 仕事が終われ<u>ば</u>うかがいます。(일이 끝난 경우에는)

⑯ 만약 일본어에 가정법이 없었더라면

4 なら

① 실현가능성이 희박한 사실의 가정을 나타낸다.
   예 私が鳥なら遠くへ飛んで行きたい。
   내가 새라면 멀리 날아가고 싶다.

② 가상적인 사항이나 사태를 나타낸다.
   예 結婚するなら、優しい人がいい。 결혼한다면 다정한 사람이 좋다.

③ 몰랐던 사실에 대한 후회나 유감의 기분을 나타낸다.
   예 バーゲンになるなら買わずに我慢すべきだった。
   바겐세일이 된다면 사지 않고 참았어야만 했다.

④ 주제를 나타낸다.
   예 A 山田さんは今どこにいるの?
   야마다 씨는 지금 어디에 있니?
   B 山田さんなら今図書館にいるよ。
   야마다 씨라면 지금 도서관에 있어.

⑤ 상대의 말에 근거한 자신의 의지나 판단을 나타낸다.
   예 A 明日のパーティーに行くことにした。
   내일 파티에 가기로 했어. (상대의 예정·의지·상황)
   B あなたが行くなら私も行くわ。
   당신이 간다면 나도 갈게. (자신의 의지·판단)

점수를 마구마구 올려 주는 문제

1. そこに<u>行く</u>といつも楽しかった幼い時のことが思い出される。
   - (A) 行く一方
   - (B) 行くにせよ
   - (C) 行くたびに
   - (D) 行ったついでに

2. あなたの<u>健康を思えばこそ</u>、お酒を飲ませないのよ。
   - (A) 健康を思うから
   - (B) 健康はさておいて
   - (C) 健康とは関係なしに
   - (D) 健康は大事ではないから

3. 春になる<u>と</u>、色々な種類の花が咲く。
   - (A) 3に2をかける<u>と</u>、6になる。
   - (B) 何があっても、もうあなた<u>と</u>は行かない。
   - (C) 彼が言おうと言うまい<u>と</u>、私には関係ない。
   - (D) テーブルの上には鉛筆<u>と</u>ノートが置いてある。

4. 彼の話が<u>本当に</u>なら、<u>このまま</u>手を<u>こまねいて</u>いる<u>わけにはいかない</u>だろう。
       (A)   (B)   (C)   (D)

5. この街角を<u>左</u>に曲がって<u>行くなら</u>、大きい銀行に<u>出ます</u>。その銀行の<u>隣</u>が郵便局です。
         (A)   (B)   (C)   (D)

6. 韓国へ<u>行けば</u> <u>ぜひ</u> <u>立ち寄って</u>ほしい場所が「<u>済州道</u>」という島です。
       (A)   (B)   (C)   (D)

7. 井上さん<u>ときたら</u>、五から二を<u>引くなら</u>三になるの<u>さえ</u>知らない。
          (A)   (B)   (C)   (D)

8. 人生には楽しい時もあったらつらい時もあるから、諦めずに頑張ってください。
   　　(A)　　　　　(B)　　　　　(C)　　　　　　(D)

9. 今日は山田さんの就職祝いのパーティーがあるから、仕事が終わると私に電話して
   　　　　　　　　　　(A)　　　　　　　　　(B)　　　　(C)　　　　(D)
   ください。

10. 今度の連休、＿＿＿＿＿なら、海に泳ぎに行きませんか。
    (A) 暇　　　　　　　　　　　(B) 暇で
    (C) 暇だ　　　　　　　　　　(D) 暇な

11. 私が家を＿＿＿＿＿、空気のきれいなところにするよ。
    (A) 建てると　　　　　　　　(B) 建てれば
    (C) 建てるから　　　　　　　(D) 建てるなら

12. 人生には楽しいことも＿＿＿＿＿、悲しいこともあります。
    (A) あったら　　　　　　　　(B) あると
    (C) あれば　　　　　　　　　(D) あるのに

13. 奈良へ旅行＿＿＿＿＿、東大寺がいいと思います。
    (A) すると　　　　　　　　　(B) したら
    (C) すれば　　　　　　　　　(D) するなら

14. ここにお金を＿＿＿＿＿、自動的に切符が出てきます。
    (A) 入れて　　　　　　　　　(B) 入れるなら
    (C) 入れると　　　　　　　　(D) 入れたり

15. 浜田さんは暇＿＿＿＿あれば、テニスの練習をしています。
   (A) ぐらい   (B) さえ
   (C) ほど   (D) ばかり

16. ふすまを＿＿＿＿、妻は着物を畳んでいるところだった。
   (A) 開けるなら (B) 開けると
   (C) 開けたり   (D) 開けようと

17. あなたのためを思えば＿＿＿＿、こんなに厳しく言うのです。
   (A) こそ   (B) のに
   (C) ので   (D) さえ

18. 日本に＿＿＿＿、お土産に煎餅を買ってきてください。
   (A) 行けば   (B) 行くと
   (C) 行ったら   (D) 行っても

19. 語学は勉強＿＿＿＿するほど上手になります。
   (A) すれば   (B) すると
   (C) したら   (D) するなら

20. いくら勉強を強いても、本人がやらなければ＿＿＿＿だ。
   (A) それまで   (B) それきり
   (C) それから   (D) それのみ

이것만은 확인하고 넘어가자

1. 가정법은 용법 구분이 가장 중요하다. 상황에 따라 어떤 가정법이 사용되는지 반드시 익혀 두어야 한다.
2. 「ば」 가정법은 구문으로 묻는 문제도 자주 출제되므로 이 부분에 대한 공부도 필요하다.
3. 「たら」 가정법은 일상적으로 가장 많이 사용되는 가정법으로, 시험에도 자주 출제되고 있으니 반드시 용법을 알아 두어야 한다.

쉬.어.가.기

● 週休二日制 | 주 5일 근무제
　最近韓国でも週休二日制が定着した。
　최근 한국에서도 주 5일 근무제가 정착되었다.

토요일에 출근하지 않는 주 5일 근무제를 일본어로는「週休二日制」라고 한다. 일본은 예전부터 이 제도가 실시되어 레저 산업이 호황을 누리고 있다. 최근 우리나라에서도 각 기업에서 주 5일 근무제를 도입하고 있는데, 이에 따른 여가 활용이 새로운 사회 문제가 되고 있다. 그런데 은행까지 주 5일 근무제이기 때문에 여러 가지 불편한 점이 많이 발생하고 있다.

● マンネリ | 천편일률
　子供のおかずがマンネリ化されている。
　아이들의 반찬이 천편일률적으로 되고 있다.

일본어를 잘 하려면 영어를 잘 해야 한다? 영어를 즐겨 사용하는 일본인의 언어 습관상 영어를 모르면 이해가 안 되는 단어가 의외로 많다. 위의「マンネリ」는 영어의 'mannerism'이 축약된 말로, '천편일률, 획일적'이라는 뜻이다. 한자어보다는 이 표현을 즐겨 쓰기 때문에 알아 두면 편리한 단어이다.

17 나는 문장에서 ばかり가 한 일을 알고 있다

**ばかり에는 무려 10가지 이상의 용법이
있다는 것을 알고 있는가?**

일본어 중에서 가장 해석이 어려운 말은 무엇일까? 대부분의 사람들은 부조사를 꼽는다. 대부분의 부조사는 원래의 의미대로만 해석을 하면 전혀 의미가 통하지 않는 경우가 많다. 또 나름대로의 문법적인 용법도 있기 때문에 학습자들을 더욱 혼란스럽게 만든다. 이 과에서는 대표적인 부조사 중의 하나인 「ばかり」가 과연 문장에서 어떤 의미로 사용되며 어떤 역할을 하는지 알아보자.

> **예**
> 小説だけ読んでいます。
> 小説ばかり読んでいます。

위의 예문은 우리말로는 같은 뜻이 되지만, 일본어에서는 어떤 단어를 사용하느냐에 따라 뉘앙스가 전혀 달라진다. 우선 「だけ」를 사용하면 '다른 것은 읽지 않고 소설만 읽는다'라는 의미에 가깝다. 하지만 「ばかり」를 사용하게 되면 '(다른 일은 제대로 하지도 않고) 소설만 계속 읽는다'라는 뉘앙스가 된다. 즉 「ばかり」와 「だけ」는 둘 다 '~만, ~뿐'이라는 의미로 사용되지만, 「ばかり」에는 '바람직하지 않은 어떤 일을 계속한다'는 계속성의 의미가 내포되어 있다.

> **예**
> これは昨日買ったばかりの時計です。

그런데 「ばかり」를 단순히 '~만, ~뿐'으로 알고 있는 사람이라면 위의 예문을 전혀 해석할 수 없을 것이다. 예문은 「ばかり」의 용법 중에서도 JPT 시험에 가장 많이 출제되는 「~たばかり」라는 표현이다. 의미는 '막 ~한'이라는 뜻이다. 이처럼 부조사는 해석이 결코 쉽지 않다는 것을 명심해 두자.

자주 출제되는 ばかり의 용법

1 수량을 나타내는 단어 + ばかり | ~정도

> 예
> 牛乳はまだ半分ばかり残っている。 우유는 아직 반 정도 남아 있다.

2 명사 + ばかり | ~만, ~뿐

「だけ」보다 어떤 일을 계속한다는 계속성의 의미가 강하다.

> 예
> 山田さんは勉強しないで毎日小説ばかり読んでいます。
> 야마다 씨는 공부하지 않고 매일 소설만 읽고 있습니다.

3 ~ばかりに | ~해서, ~한 탓으로, ~한 만큼(원인이나 이유)

> 예
> 大声を出したばかりに、子供が泣き出してしまった。
> 큰 소리를 낸 탓으로 아이가 울어 버렸다.

4 ~(た)ばかり | 막 ~한(화자의 기준)

과거형에 접속해서 어떤 일을 한 지가 얼마 되지 않았음을 나타낸다.

> 예
> これは昨日買ったばかりの本です。 이것은 어제 막 산 책입니다.

암기 간혹 앞의 접속을 묻는 문제로도 출제되므로 접속도 외워 두도록 하자.

5 동사의 ない형 + んばかりに | 금방이라도 ~할 듯이, 아주 ~한 듯이

> 예
> 母に叱られた子供は泣き出さんばかりの顔をしています。
> 어머니에게 꾸중을 들은 아이는 금방이라도 울 듯 한 얼굴을 하고 있습니다.

6 ～て(で)ばかりいる | ～하고만 있다(특정한 일을 계속하고 있음을 나타낸다.)

> **예**
> 毎日遊んでばかりいると、いい大学には合格できない。
> 매일 놀고만 있으면 좋은 대학에 합격할 수 없다.

7 ～とばかりに | ～하는 듯이, ～하는 것처럼

> **예**
> 子供は「いやだ」とばかりに横を向いてしまった。
> 아이는 '싫다'라는 듯이 고개를 돌려 버렸다.

8 ～ばかりか | ～뿐만 아니라(지금의 상황에 더 심한 것이 추가된다는 의미를 나타내며, 「～ばかりか～も／まで」의 구문으로 자주 사용된다)

> **예**
> 火事で電気製品ばかりか、服まで焼けてしまった。
> 화재로 전기제품뿐만 아니라 옷까지 타 버렸다.

9 ～ばかりで(は)なく | ～뿐만 아니라(그 범위가 그 외에도 널리 미침을 의미하며, 「～ばかりではなく～も」의 구문으로 자주 사용된다)

> **예**
> 彼は日本語ばかりで(は)なく、英語も話せます。
> 그는 일본어뿐만 아니라 영어도 말할 수 있습니다.

10 ～ばかりだ | 계속 ～일 뿐이다(부정적인 방향으로만 변화가 진행됨을 나타낸다)

> **예**
> 最近失業者の数が増えるばかりだ。 최근 실업자 수가 늘기만 한다.

시험에서 조사 「ばかり」는 꾸준히 출제되고 있다. 주로 알맞은 표현을 찾는 문제가 자주 출제되고 있으며, 간혹 같은 용법을 묻는 문제나 문장의 의미를 묻는 문제도 출제되고 있다. 출제 빈도가 높은 만큼 10가지 용법 모두 외워 두자.

⑰ 나는 문장에서 ばかり가 한 일을 알고 있다

점수를 마구마구 올려 주는 문제

1. 父は勉強しろとばかりに、私に分厚い本を2冊渡した。
   - (A) 勉強しろと言ったきり
   - (B) 勉強するしかないので
   - (C) 勉強に興味がないくせに
   - (D) あたかも勉強せよと言うかのように

2. 取引先の話を信じたばかりに、倒産してしまった。
   - (A) 信じたせいで
   - (B) 信じたおかげで
   - (C) 信じなかったために
   - (D) 信じる価値があったのに

3. 彼は日本語ばかりか、英語もぺらぺらだ。
   - (A) 彼は日本語だけは
   - (B) 彼は日本語をおいて
   - (C) 彼は日本語とは関係なく
   - (D) 彼は日本語ばかりではなく

4. このままでは首相の支持率は下がる一方だ。
   - (A) 首相の支持率は下がるばかりだ
   - (B) 首相の支持率高くなるに違いない
   - (C) 首相の支持率に変化はないだろう
   - (D) 首相の支持率は下がるかどうかわからない

5. 桜が咲いたばかりなのに、公園はもう人でいっぱいだ。
   - (A) 前年度に比べると、大幅に減少するばかりだ。
   - (B) ホテルに着いたばかりなので、食事はまだしていない。
   - (C) ちょっと油断したばかりに、教室の中は大騒ぎになっていた。
   - (D) 自分のせいで失敗したのに気が付かず、怒ってばかりいる。

6. 中村さんは毎日何もしないで遊んでばかりいる。
   (A) 食べてばかりいると、太ってしまうよ。
   (B) これは昨日買ったばかりの時計だ。
   (C) 広子さんは英語ばかりでなく、ドイツ語も上手だ。
   (D) 叱られた子供は泣き出さんばかりの顔をしている。

7. まだ社会人になったごろだから、長い目で見てください。
   (A)   (B)   (C)   (D)

8. 小林さんは正直そうに見えますが、うそごろつくので、全く信じられません。
              (A)   (B)   (C)   (D)

9. そんなにいつも親に口答えくらいしていると、今に罰が当たるわよ。
      (A)   (B)   (C) (D)

10. 先生になっただけの頃は、生徒の質問に答えられなかったこともありました。
      (A)   (B)   (C)   (D)

11. 会社の同僚ばかりか家族から私を馬鹿にしているなんて、悔しくてたまらない。
          (A)   (B)   (C)   (D)

12. 梅雨に入ってから、毎日雨ほどで、うっとうしい日々が続いている。
          (A)   (B)   (C)   (D)

13. 彼ときたら、ろくに仕事もせずにいつも文句_____言っている。
    (A) ばかり   (B) ごろ
    (C) きり   (D) なり

14. これはさっき本屋で_____ばかりの本です。
    (A) 買う   (B) 買い
    (C) 買った   (D) 買ったり

15. 不景気の影響で失業者の数は＿＿＿＿ばかりだ。
    (A) 増える   (B) 増え
    (C) 増えた   (D) 増えたり

16. 悪いことでもあったのか、彼女は朝から＿＿＿＿ばかりいる。
    (A) 怒る   (B) 怒り
    (C) 怒って   (D) 怒ろう

17. 朝、出発して今空港に＿＿＿＿ばかりです。
    (A) 着く   (B) 着き
    (C) 着いて   (D) 着いた

18. 私が遅刻した＿＿＿＿、皆に大変迷惑をかけてしまった。
    (A) ばかりに   (B) ばかりで
    (C) ばかりを   (D) ばかりが

19. 彼女は「お前が悪い」と＿＿＿＿んばかりに、私をにらんでいた。
    (A) 言う   (B) 言わ
    (C) 言え   (D) 言った

20. 忠告を聞き入れず、どんどん事業を拡大した＿＿＿＿会社は倒産してしまった。
    (A) ばかりで   (B) ばかりか
    (C) とばかりに   (D) ばかりに

이것만은 확인하고 넘어가자

1. 「명사 + ばかり」는 어떤 일이 계속됨을 나타내는 표현으로, 「だけ」에 비해 계속성을 강조하는 표현이다.
2. 「～たばかり」는 '막 ~한'이라는 의미로 사용되며, 시험에서는 간혹 접속 형태를 묻는 문제로도 출제되고 있다.
3. 「～んばかり」는 가장 해석이 까다로운 「ばかり」의 용법이기 때문에 해석에 주의하도록 하자.

쉬.어.가.기

- **山ほどある** | 산더미처럼 많다

 일본어로 '많다'라는 표현은 어떻게 할까? 가장 먼저 머리에 떠오르는 것이 아마도 「たくさん」이라는 부사일 것이다. 그런데 회화에서는 「山ほどある」라는 말을 사용하기도 한다. 이 표현은 말 그대로 '산더미처럼 많다'라는 의미이다. 비슷한 의미로 「腐(くさ)るほどある」라는 말도 사용한다. 「腐(くさ)る」는 원래 '썩다'라는 뜻인데 '썩을 정도로 많다'는 의미에서 '산더미처럼 많다'라는 의미가 나온 것이다.

- **まじ** | 정말

 「まじ」라는 말은 흔히 사용하는 「本当(ほんとう)」와 같은 의미의 단어이다. 한때 유행어가 되기도 했던 이 말은 어원이 확실하지는 않지만 「真面目(まじめ)」에서 나온 말이라고 한다. 요즘 젊은이들 사이에서 사용 빈도가 높은 말은 첫 번째로 「やだ(싫어)」, 그 다음이 「うっそ(정말?)」, 세 번째가 「本当」 혹은 「まじ」라고 한다. 일본 거리를 걷다 보면 한 번쯤은 들을 수 있는 표현이다.

18 나는 문장에서 わけ와 はず가 한 일을 알고 있다

누가 말했던가? わけ와 はず가
이유만 나타낸다고?

우리는 자신의 의사를 표현할 때 여러 가지 방법으로 표현을 한다. 때로는 직접적으로 나타내기도 하고, 때로는 말을 돌려서 간접적으로 나타내기도 한다. 직접적으로 나타낼 경우에 사용하는 표현 중의 하나가 바로 「わけ」나 「はず」이다. 즉, 화자의 확신에 가까운 사항에 대한 화자의 기분을 나타낸다고 할 수 있을 것이다. 그런데 이 두 표현을 의외로 이유를 나타내는 표현으로 알고 있는 사람들이 많다. 물론 기본적으로는 이유를 나타내는 표현이지만, 두 표현에는 그것 이외의 용법도 다수 존재한다. 이 장에서는 「わけ」와 「はず」에는 어떤 용법이 있는지 알아 보기로 하자.

> **예**
> 私(わたし)は学生時代(がくせいじだい)に勉強(べんきょう)ばかりしていたわけではない。

예문은 「わけ」의 용법 중의 하나인 「わけではない」라는 표현이다. 그런데 이 「わけ」를 이유로 해석을 하면 어딘지 모르게 어색해져 버린다. 「わけではない」는 '~인 것은 아니다'라는 의미로, 이것을 대입시켜 다시 해석을 해 보면 '나는 학생 시절 공부만 하고 있었던 것은 아니다'라는 의미가 된다. 「わけ」가 이유만 나타내지 않는다는 것은 이제 알았을테니 좀 더 어려운 표현을 보도록 하자.

> **예**
> そこに行(い)かないわけにはいかない。
> そこに行くことができない。

위 예문의 두 문장은 언뜻 보면 같은 의미의 문장처럼 보인다. 그런데 뉘앙스면에서 조금 차이가 난다. 「わけにはいかない」는 시험에서 가장 많이 출제되는 「わけ」의 용법 중에 하나인데, '~할 수 없다'라는 의미이다. 이 뜻을 알고 있는 사람이라면 앞에 부정을 나타내는 말이 있으므로 단순히 '~할 수 없다'로 해석해 버리기 쉬운데 첫 번째 문장은 절대 그런 의미가 아니다. 두 번째 문장은 '갈 수 없다'라는 상황을 나타내는 일반적인 표현이지만, 위의 「ないわけにはいかない」는 '여러 가지 상황으로 보아 어쩔 수 없이 가야만 한다'라는 의미를 나타낸다. 이처럼 쉬운 듯 하지만 막상 해석을 하려면 쉽지 않은 것이 바로 「わけ」이다. 「わけ」와 비슷한 의미로 사용되는 「はず」는 용법 면에서 유사한 점이 많기 때문에 생략하기로 한다. 다만 「わけ」만 사용할 수 있는 「わけにはいかない」는 따로 구분해서 외워 두도록 하자.

자주 출제되는 わけ・はず의 6가지 용법

1 ～わけではない | ~인 것은 아니다, 반드시 ~라고는 할 수 없다(부분 부정)

예
彼は学生時代、勉強ばかりしていたわけではない。
그는 학생시절 공부만 하고 있었던 것은 아니다.

암기 「～ないわけではない」는 부분적으로 어떤 사실을 긍정하는 표현임에 주의하자.

예
納豆は好きではないが、食べないわけではない。
낫토는 좋아하지 않지만, 안 먹는 것은 아니다.(먹을 때도 있다)

2 ～わけがない・～わけはない | ~일 리가 없다, 당연히 ~은 아니다(당연)

말하는 사람의 주관적 판단을 나타낸다.

예
こんなに難しい本を木村君が読むわけがない。
이렇게 어려운 책을 기무라 군이 읽을 리가 없다.
こんなに忙しい時期に泳ぎに行けるわけはない。
이렇게 바쁜 시기에 수영하러 갈 수 있을 리는 없다.

3 ～はずがない・～はずはない | ~일 리가 없다, 당연히 ~라는 가능성은 없다

예
先生が今日いらっしゃるはずがないよ。今入院中だから。
선생님께서 오늘 오실 리가 없어. 지금 입원 중이니까.
中村さんは生の魚は食べないから、「さしみが食べたい」などと言うはずはない。
나카무라 씨는 날생선은 안 먹으니까, '회가 먹고 싶다'라고 말할 리는 없다.

4　～わけにはいかない | ~할 수는 없다(불가능)

'~하고 싶지만, (사회적·법률적·도덕적·심리적 이유 등으로) 할 수 없다'라고 말하고 싶을 때, 「ないわけにはいかない」는 '~하지 않으면 안 된다'라는 의미를 나타낸다.

> **예**
> 明日テストがあるから、遊んでいるわけにはいかない。
> 내일 시험이 있으므로, 놀고 있을 수는 없다.
> 妻がせっかく作ってくれた料理だから、食べないわけにはいかない。
> 아내가 모처럼 만들어 준 요리이니까, 먹지 않을 수는 없다..

암기 「わけ」의 용법 중에서도 최근에 출제 빈도가 가장 높은 표현이다. 같은 의미로 사용된 다른 표현을 묻기도 하기 때문에 같은 의미로 사용된 표현도 함께 외워 두자.

5　～わけだ | ~인 셈이다, ~인 것이다

> **예**
> 20ページの宿題だから、一日に5ページずつやれば4日で終わるわけだ。
> 20페이지의 숙제니까 하루에 5페이지씩 하면 4일로 끝나는 셈이다.

6　～はずだ | ~일 터이다, 반드시 ~라고 생각한다, ~의 예정이다

> **예**
> 山田さんももうすぐ来るはずだ。
> 야마다 씨도 이제 곧 올 것이다.

「わけ」와 「はず」는 의미면에서 상당히 유사한 부분이 많다. 그런데 바꾸어 쓸 수 있는 상황도 많이 있지만 「わけにはいかない」처럼 절대 바꿀 수 없는 표현도 있다. 반드시 문형을 세트로 외워 두기 바란다.

점수를 마구마구 올려 주는 문제

1. 梅干は全然食べないわけではない。

    (A) いつも食べている
    (B) あまり食べたくない
    (C) 食べる時もある
    (D) 今まで食べたことがない

2. 先生に言われたことなので、しないわけにはいかない。

    (A) しなくてもいいだろう
    (B) するわけがない
    (C) しなければならない
    (D) してもかまわない

3. 今更、予定を変更するわけにはいかない。

    (A) 変更せざるを得ない
    (B) 早く変更すべきだ
    (C) 変更するのは難しくない
    (D) 変更するのはかなり無理がある

4. わけもなく子供を叱るのはよくない。

    (A) その国の経済発展にはわけがある。
    (B) ここで諦めてしまうわけにはいかない。
    (C) 彼にとってこの仕事はわけないことだ。
    (D) 彼はわけのわからないことばかり言っている。

5. この諺のわけを辞書で調べてみてください。

    (A) あのゲームソフトの成功にはわけがある。
    (B) 彼はわけのわからないことばかり言っている。
    (C) ここで負けるわけにはいかない。皆、もうちょっと頑張ろう。
    (D) 天才である彼の能力を使えば、これくらいわけないことだ。

6. 環境問題が深刻になっ<u>てきて</u>、企業ももうこれを無視する<u>わけにはいけず</u>、関心を持つ
   (A)   (B)   (C)
   <u>ようになった</u>。
   (D)

7. 毎日<u>百回以上</u>腕立て伏せを<u>すれば</u>、腕の筋肉が<u>強くなる</u><u>わけにはいかない</u>。
      (A)   (B)   (C)   (D)

8. 二人は4年間も<u>同じ部屋</u>で暮らして<u>いた</u>のだから、けんか<u>した</u>日もあった<u>もの</u>です。
              (A)   (B)   (C)   (D)

9. 今日は朝から体の<u>調子</u>があまりよくない。熱が<u>出て</u>会社には行けないという
                (A)   (B)
   <u>わけにはいかない</u>が、やはり風邪<u>気味</u>である。
   (C)   (D)

10. <u>真相が解明されていない</u>以上、北朝鮮<u>による</u>犯行を断定する表現を<u>使った</u>わけにはいか
    (A)   (B)   (C)   (D)
    ない。

11. 彼は元歌手だったのだから、歌が_____わけがない。
    (A) 下手   (B) 下手だ
    (C) 下手な   (D) 下手で

12. 私たちは彼のした無責任な行動を見逃す_____にはいかないのである。
    (A) こと   (B) もの   (C) わけ   (D) はず

13. バスがなかなか来ませんね。もうそろそろ来る_____なんですが。
    (A) もの   (B) はず   (C) こと   (D) つもり

14. 小さい子供にこんなに難しい問題ができる_____。
    (A) わけだ   (B) わけがない
    (C) わけがある   (D) わけないとはいえない

15. 東京の地価は少し下がったが、まだすべてのサラリーマンが買えるようになった＿＿＿＿＿＿＿＿。

(A) だけではない
(B) わけではない
(C) ものではない
(D) どころではない

16. もう7時なのに…。でも、疲れたからといって私一人早く帰る＿＿＿＿＿＿＿＿。

(A) わけだ
(B) はずがない
(C) わけがあるまい
(D) わけにはいかない

17. A 玄関の鍵、かけたの?
B うん、＿＿＿＿＿＿＿＿。

(A) かけたはずだけど
(B) かけたはずがないけど
(C) かけたわけではないけど
(D) かけたわけにはいかないけど

18. イラクを完全に再建するということが、10年以内に簡単にできる＿＿＿＿＿＿＿＿。

(A) べきではない
(B) にちがいない
(C) わけがない
(D) ものがない

19. A 山田君って会社辞めたそうよ。
B そう?どうりで＿＿＿＿＿＿＿＿ね。

(A) みかけないはずだ
(B) みかけないはずがない
(C) みかけないわけではない
(D) みかけないわけにはいかない

20. 明日からテストなので、＿＿＿＿＿＿＿＿わけにはいかない。

(A) 遊んだ
(B) 遊ぼう
(C) 遊んでいる
(D) 遊んでいない

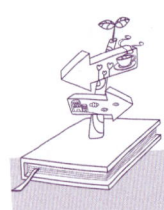

이것만은 확인하고 넘어가자

1. 「わけ」와 「はず」는 의미 파악이 가장 중요하다. 주로 오문정정이나 문말을 채우는 문제로 출제되므로 확실하게 의미를 파악해 두자.
2. 「～ないわけではない」는 부분적으로 어떤 사실을 긍정하는 표현임을 기억해 두자.
3. 「わけ」와 「はず」는 바꾸어 쓸 수 있는 상황도 많지만, 「わけにはいかない」처럼 「わけ」만 사용할 수 있는 용법은 따로 외워 두어야 한다.

쉬.어.가.기

- **スクープ** | 특종 기사

  スクープ！女優Aさんと歌手Bさん、あした結婚！
  특종! 여배우 A 씨와 가수 B 씨 내일 결혼!

  일본의 연예 신문을 보면 자주 등장하는 말이 「スクープ」라는 단어이다. 이 말은 '신문이나 잡지 등의 특종기사'라는 의미로 주로 충격적인 사건이나 속보 등을 전할 때 자주 사용하는 말이다.

- **引き籠もる** | 틀어 박히다

  最近何もしないでただ家に引き籠もっている子供が増えている。
  최근 아무것도 하지 않고 단지 집에 틀어박혀 있는 아이가 늘고 있다.

  「引き籠もる」는 '틀어 박히다'라는 의미의 동사이다. 그런데 최근 일본에서는 학교와 사회에 적응하지 못하고 집에만 오면 자신의 방으로 들어가 틀어 박혀 있는 사람이 급증하고 있다고 한다. 이것은 나중에 우울증이나 자살과도 연결되어 심각한 사회 문제가 되고 있는 실정이다.

19 나는 문장에서 こと가 한 일을 알고 있다

「こと」는 쉽지도 어렵지도 않은 형식명사이다.

지금까지 다양한 형식명사에 관해서 공부해 왔는데, 이 장에서는 형식명사의 원조이자 두목격인 「こと」에 대해서 알아 보려고 한다. 「こと」는 초급 단계에서 「もの」와 함께 등장한다. 즉 초급수준에서 「こと」는 추상적인 일에 사용하고 「もの」는 구체적인 사물에 사용한다고 배웠을 것이다. 물론 일리있는 말이다. 하지만 「もの」가 항상 구체적인 사물에 사용하는 것이 아니듯이 「こと」에도 뭔가 특별한 용법이 있는 것은 아닐까? 정답은 아쉽게도 '절대 없다'이다. 「こと」는 단독으로 사용되든 구문 형식으로 사용되든 추상적인 상황에만 사용할 수 있는 형식명사이다. 이것만 기억해 두면 「もの」와의 구분은 쉽게 할 수 있을 것이다. 하지만 그렇다고 「こと」를 만만하게 봐서는 절대 안 된다. 「こと」가 사용된 표현을 예문을 중심으로 살펴 보기로 하자.

예 あなたは日本へ行った<u>ことがありますか</u>。

위의 예문은 초급자라도 어디서 많이 본 듯한 예문일 것이다. 「(た)ことがある」라는 표현은 과거의 경험을 나타내는 표현이라고 배워 왔을 것이다. 그런데 이런 문장이 오문정정 문제로 출제되면 다른 부분에 신경을 쓰다가 그만 과거형에 접속된다는 사실을 잊어 버리기 쉽다. 그렇기 때문에 얄밉게도 JPT 시험에는 자주 출제되고 있다.

예 毎日1時間運動をする<u>ことにしている</u>。

위의 예문도 구문 형식으로 많이 사용되는 표현이다. 「ことにする」는 '~하기로 하다'라는 의미를 나타내는 말로서 일상회화에서도 빈번하게 들을 수 있는 말이다. 하지만 이런 표현을 모르는 사람이 위의 문장을 해석하면 어떻게 될까? '매일 1시간 운동을 하는 것에 하고 있다(?)'라는 뭔가 어색한 해석이 되어 버릴 것이다. 이와 같이 다른 형식명사처럼 「こと」에도 나름대로의 용법이 몇 가지 존재한다. 「こと」의 용법은 그렇게 많지 않아서 13가지만 다 외우면 그걸로 끝이다. 거듭해서 말하지만 결코 쉽지도, 또 결코 어렵지도 않은 것이 「こと」이다.

쉽지도 어렵지도 않는 こと의 13가지 용법

1. 동사의 과거형 + ことがある | ~한 적이 있다(과거의 경험)

경험을 나타낼 때에는 반드시 과거형에 접속한다.(현재형 접속과 의미 차이에 주의)

> 예) あなたは海外旅行をしたことがありますか。
> 당신은 해외 여행을 한 적이 있습니까?

2. 동사의 현재형 + ことがある | ~하는 경우가 있다 (때때로 어떤 동작이나 상태가 발생함을 나타낸다.)

> 예) 朝早く起きることもあります。 아침에 일찍 일어날 때도 있습니다.

3. 동사의 현재 긍정형 + ことはない | ~하는 일은 없다, ~할 필요는 없다

> 예) 私は決して友達を裏切ることはありません。
> 나는 결코 친구를 배신하는 일은 없습니다.

4. 동사의 현재 부정형 + ことはない | ~하지 않는 것은 아니다(때때로 그러한 경우가 있음을 나타낸다.)

> 예) 梅干は好きではないが、食べないことはない。
> 우메보시는 좋아하지 않지만 안 먹는 것은 아니다.

5. 동사의 현재형 + ことになる | ~하게 되다

주체의 의지와 상관없이 결정되는, 또는 결정된 결과를 나타낸다.

> 예) 今度結婚することになりました。 이번에 결혼하게 되었습니다.

암기 「ことになる」는 주어의 의지와 상관없이 결정된다는 의미를 나타내지만, 비슷한 의미인 「ようになる」는 주체의 의지가 들어간 표현이라고 할 수 있다.

6 동사의 현재형 + ことにする | ~하기로 하다 (주체의 의해 결정됨을 나타낸다.)

예
就職することにしました。 취직하기로 했습니다.

7 동사의 현재형 + ことになっている | ~하기로 되어 있다, ~할 예정이다

예
今日山田さんと三時に会うことになっている。
오늘 야마다 씨와 3시에 만나기로 되어 있다.(만날 예정이다)

8 동사의 현재형 + ことにしている | ~하기로 하고 있다

규칙이나 습관을 나타내는 표현으로, 「ことにしている」는 부정형으로 절대 사용하지 않는다.

예
私は毎日運動することにしている。 나는 매일 운동하기로 하고 있다.

9 동사의 현재형 + ことだ | ~해야 한다(충고, 명령, 주장)

예
休みには勉強のことを忘れて、十分に楽しむことだ。
쉴 때에는 공부를 잊고, 충분히 즐겨야만 한다.

10 ということだ・とのことだ | ~라고 한다(전해 들은 말을 나타내는 전문의 용법)

예
部長は今日出勤しないとのことです。
부장님은 오늘 출근하지 않는다고 합니다.

⑲ 나는 문장에서 こと가 한 일을 알고 있다

11 감정을 나타내는 い형용사나 동사 + ことに | ~하게도

일어난 일에 대한 화자의 감정을 강조해서 나타낸다.

> **예**
> うれしい<u>ことに</u>、あした旧友に会えるんです。
> 기쁘게도 내일 옛 친구를 만날 수 있습니다.

12 ことだから | ~이기 때문에

사람을 나타내는 명사에 접속해 어떤 개인의 성격이나 행동패턴에 대해서 말할 때 사용한다.

> **예**
> 真面目な彼の<u>ことだから</u>、いつも勉強しているにちがいない。
> 성실한 그이기 때문에, 항상 공부하고 있음에 틀림없다.

13 ことなしに | ~하는 일 없이

'다른 가능성도 있지만 그렇게 하지 않고' 라는 의미를 나타내며, 뒤에는 그 가능성을 부정하는 표현이 온다.

> **예**
> 大きなリスクを負う<u>ことなしに</u>、インターネット上で情報の発信ができるようになった。
> 큰 위험을 입는 일 없이, 인터넷상에서 정보의 발신이 가능하게 되었다.

형식명사 중에서도 가장 광범위하게 출제되는 부분이 바로「こと」의 용법이다. 기타 정리된 용법 이외에「~ことなく(~하는 일 없이)」「~こととて(~라서, ~이기 때문에)」「~のことで(~에 대해서)」「~のことか(~인가, ~것인가)」 등의 표현도 함께 정리해 두기 바란다.

점수를 마구마구 올려 주는 문제

1. 努力することなしに成功はあり得ない。

   (A) 努力しても成功する確率は低い。
   (B) 努力しなくても必ず成功できる。
   (C) 努力をしなければ成功できない。
   (D) 努力とは関係なく成功の可能性はある。

2. 部長からして事態を把握していなかったから、君だけが責任を取ることはない。

   (A) 責任をとりかねない
   (B) 責任をとりようがない
   (C) 責任を取ってもかまわない
   (D) 責任を取るにはおよばない

3. 彼は来月から日本へ出張することになっている。

   (A) 出張が決まっている
   (B) 出張に行ってもいい
   (C) 出張するかもしれない
   (D) 出張するかどうかわからない

4. 日本語が上手になりたければ一生懸命勉強することだ。

   (A) 健康を取り戻すためにはまずよく眠ることだ。
   (B) 中村さんは今日急用ができて来られないということです。
   (C) 本人さえ満足していればけっこうなことではないでしょうか。
   (D) 色々な国の人と話ができるなんて本当に羨ましいことだね。

5. 三日も何も飲まずに、よく我慢できたことだ。

   (A) 他人の陰口は言わないことだ。
   (B) 彼女はまだ本当に若くて、羨ましいことだ。
   (C) 大人ならいつまでもくよくよ悩まないことだ。
   (D) がんになりたくなかったら、タバコは止めることだ。

6. あなたは海外旅行を した ものがありますか。
   　　　(A)　　　　(B)　(C)　(D)

7. 私は健康のために、毎朝30分ぐらいジョギングをすることになった。
   　　　　　(A)　　(B)　　　(C)　　　　　　　(D)

8. お医者さんが大丈夫だと言ったから、心配するものはない。
   　　(A)　　　　(B)　　　(C)　　(D)

9. 朝寝坊の鈴木君のものだから、今日の授業もまた遅刻するにちがいない。
   　　(A)　　　　(B)　　　　　　(C)　　　　　(D)

10. 子供の教育にとって、一番大切なことは何でも自分でやるものです。
    　　　(A)　　　　　(B)(C)　　　　　(D)

11. 今の時代を恨みたいと思う人もいるだろうが、まずは思い切り汗をかいて働いてみる
    　　　　(A)　　　　　　　　　　　　　　　(B)　　　　(C)
    ものだ。
    (D)

12. 私に謝るものはありません。昔のあなたの愛すらもただ私は素直にありがたいだけです。
    　　(A)　　　　　　　　　(B)　　　　　　(C)　　　　(D)

13. 山田先生は海外出張中です。つまり、明日の授業はないというものです。
    　　　　(A)　　(B)　　　　　　　　(C)　　　　(D)

14. 大学院での勉強に嫌気がさし、就職する_____。
    (A) ことになった　　　　　　(B) ことにした
    (C) ことにきた　　　　　　　(D) ことにやった

15. その本なら子供の時に_____ことがあります。
    (A) 読む　　　　　　　　　(B) 読み
    (C) 読んだ　　　　　　　　(D) 読もう

16. 二人の夫婦関係がいつまでも変わる_____続くことを祈っております。
   (A) ことに
   (B) ことだから
   (C) ことなしに
   (D) ことになって

17. 留学生宛の荷物が寮に届いたが、冬休み中の_____連絡が取れなかった。
   (A) ことに
   (B) こととて
   (C) ことでは
   (D) ことにして

18. スポーツというのは自分で実際にやってみないことには、その面白さは_____。
   (A) わからないだろう
   (B) わかりかねない
   (C) わかるだろう
   (D) わかるはずだ

19. 時間に正確な彼女の_____、もうすぐ来ますよ。
   (A) ことに
   (B) ということで
   (C) ことにして
   (D) ことだから

20. 驚いた_____、彼はバツイチだった。
   (A) ものに
   (B) ことに
   (C) だけに
   (D) こそ

이것만은 확인하고 넘어가자

1. 「こと」는 추상적인 일에만 사용하는 형식명사이다.
2. 「こと」는 정답 찾기, 오문 정정, 공란 메우기 등 거의 독해 전 분야에 걸쳐 고르게 출제되고 있으므로 반드시 용법을 알아 두자.
3. 자주 출제되는 용법으로는 「ことにする」, 「ことになる」, 「~(た)ことがある」 등이 있다.

쉬 . 어 . 가 . 기

- **バリアフリー** | 장벽을 없앰

  現代社会(げんだいしゃかい)で共(とも)に生(い)きていくためには、私(わたし)たち一人一人(ひとりひとり)の心(こころ)のバリアを崩(くず)すバリアフリーが必要(ひつよう)だ。

  현대사회에서 함께 살아가기 위해서는, 우리들 한 사람 한 사람의 마음의 벽을 허무는 일이 필요하다.

  예전에, 태어날 때부터 사지가 없어 전기휠체어를 타고 다니는 장애인이 모든 난관을 극복하고 대학에 합격해 '오체불만족'이라는 책을 출판, 일본에서 크게 화제를 모은 적이 있다. 그가 그 책에서 가장 강조한 것은 장애자를 특별한 눈으로 보지 말라, 즉 서로 마음의 벽을 허물자는 「バリアフリー」였다. 이 말은 그 후에 일상 생활 용어로 거의 정착되었으며, 지금도 광범위하게 사용되고 있다.

- **詰(つ)める** | 자리를 좁히다

  すみませんが、ちょっと詰めてくださいませんか。
  죄송합니다만, 조금 (좌석을) 당겨 주시지 않겠습니까?

  「詰める」라는 동사는 원래 '채우다, 메우다'라는 뜻이다. 하지만 일상 회화에서 좌석이나 자리가 비좁을 경우에도 「詰めてください」라고 한다. 즉 공간이 좁으니 옆으로 조금 당겨 달라는 표현이다. 일본 현지에 가서도 바로 사용할 수 있는 유용한 표현이므로 외워 두기 바란다.

20 나는 문장에서 もの가 한 일을 알고 있다

형식명사 もの에는 뭔가 특별한 것이 있다.

19과에서 형식명사「こと」의 용법에 대해서 알아 보았다. 그런데 형식명사 중에서도 가장 용법이 어려운 것은 아마도「もの」일 것이다. 하지만 대부분의 학습자들이「もの」에는 '것'이라는 형식명사로서의 용법만 알고 있는 경우가 의외로 많다. 과연 그럴까? 아래 예문에서는「もの」가 어떤 의미로 사용되었는지 보도록 하자.

> **예** そんなところに二度と行くものか。

아무리 해석을 해 보아도 어딘가 어색한 문장인 듯 하다. 그러나,「もの」의 용법을 알고 있는 사람이라면 쉽게 해석 할 수 있을 것이다. 문말에 사용되는「ものか」는 반어나 역설로 사용되어 '~할까보냐'라는 의미이다. 오히려 단순명사보다도 해석이 더 어려운 것이 형식명사이다. 절대 만만하게 봐서는 안 되는 부분이다.

> **예** お金は大切にするものだ。

위의 예문은 왠지 해석이 될 듯 하면서도 되지 않는 문장이다. 단순히 '것'으로 해석하면 의미전달이 충분하지 않다는 것을 느낄 수 있을 것이다.「ものだ」는 도덕적이거나 사회적인 상식을 이야기할 때 사용하는 표현이다. 그런데 이「ものだ」앞에 과거형이 오면 의미가 어떻게 변할까?

> **예** 昔はここでよく遊んだものだ。

위의 예문은 두 번째 예문과는 전혀 다른 용법으로 사용되고 있다. 즉, 과거형 뒤의「ものだ」는 과거의 습관적인 행동을 나타낼 때 사용하는 표현이다. 이처럼 비슷해 보이는「ものだ」라도 앞의 접속에 따라 의미가 달라지는 것이다. 사실「もの」의 용법은 9가지 정도밖에 되지 않는다. 하지만 시험에 자주 출제되는 것은 그만큼 사람들이 잘 틀리기 때문이다. 이제는 틀리지 말자! 아니 틀려서는 안 된다!

지금도 출제되는 もの의 용법

1 ～ものだから・～もので | ～이므로(개인적인 이유를 들어 변명할 때 많이 쓰이는 표현)

> 예
> A：どうして遅刻したの？ 왜 지각했니?
> B：目覚まし時計が壊れていた<u>ものだから</u>。 자명종이 고장나서요.
> 今日は忙しかった<u>もので</u>、返事をするのがつい遅くなってしまった。
> 오늘은 바빠서, 답변을 하는 것이 그만 늦어져 버렸다.

암기 비슷한 형태인「ことだから」와 오문 정정 파트에서 바꾸어 출제되는 경우가 있으므로 의미 차이를 확실히 익혀 두도록 하자.

2 ～ものか | ～할까보냐(상대방의 말, 생각 등을 강하게 반대, 부정하는 기분을 말할 때 쓰는 표현)

> 예
> あんな無礼な人と二度と話をする<u>ものか</u>。
> 저런 무례한 사람과 두 번 다시 이야기를 할까보냐!

3 ～ものがある | ～인 것이 있다, 정말 ～하다

> 예
> 彼の演奏にはすごい<u>ものがある</u>。 그의 연주에는 굉장한 것이 있다. (정말 굉장하다)

4 ～(た)ものだ | ～하곤 했다(과거에 자주 하곤 했던 일이 생각나 그리워하는 기분으로 말할 때 쓴다)

> 예
> 小学校時代、あの公園でよく遊んだ<u>ものだ</u>。
> 초등학교 시절, 저 공원에서 자주 놀곤 했다.

암기 「もの」의 용법 중에서도 가장 출제가 많이 되는 부분이다. 반드시 암기해 두도록 하자.

5 ～ものだ・～ものではない | ～인 법이다, ～인 것은 아니다

개인의 의견보다 도덕적, 사회적 상식, 진리, 본성, 습성 등을 말할 때 사용하는 표현이다.

> **예**
> お金(かね)はいつも大切(たいせつ)にするものだ。 돈은 항상 소중히 해야 하는 것이다.

6 ～ものなら | ～라면

대체로 거의 실현 불가능한 것을 '만약 가능하다면'이라고 가정함을 나타낸다.
뒷문장에는 희망이나 명령 등 말하는 사람의 의지를 나타내는 표현이 온다.

> **예**
> できるものなら、鳥(とり)になって空(そら)を飛(と)んでみたい。
> 가능하다면, 새가 되어서 하늘을 날아 보고 싶다.

7 ～ものの | ～이지만('～은 사실이지만, 그러나'라는 뜻으로 일단 인정하고 그것과는 상반, 모순된 일이 뒤에 전개됨을 나타낸다)

> **예**
> 立春(りっしゅん)とはいうものの、まだ寒(さむ)い。 입춘이라고 하지만, 아직 춥다.

8 ～ものを | ～것을(불만, 원망, 후회, 유감의 기분)

> **예**
> あの時(とき)、薬(くすり)さえあれば彼(かれ)は助(たす)かったものを。
> 그 때, 약만 있었다면 그는 살았을 것을.

9 ～をものともせず | ～을 아랑곳하지 않고(뒤에는 주로 그 문제를 해결한다는 의미의 표현이 온다.)

> **예**
> 新(あたら)しい市長(しちょう)は議員(ぎいん)の批判(ひはん)をものともせず、改革(かいかく)を進(すす)めていった。
> 새 시장은 의원의 비판을 아랑곳하지 않고 개혁을 진행시켜 갔다.

「もの」의 용법은 시험에서는 다양한 형태로 묻고 있다. 주로 나오는 것이「ものか」,「ものだ」,「ものなら」의 용법과 같은 의미를 찾는 것이고, 그 다음이 오문 정정에서 주로 나오는 과거의 습관적인 경험을 나타내는「～たものだ」라는 표현이다. 기타 다른 용법들도 간혹 출제되므로 함께 익혀 두자.

점수를 마구마구 올려 주는 문제

1. こんなまずい食べ物を<u>二度と食べるものか</u>。
   - (A) 決して食べない
   - (B) 必ず食べるべきだ
   - (C) たまには食べてみたい
   - (D) 二度ぐらいは食べるだろう

2. 周囲の<u>反対をものともせず</u>、二人は結婚した。
   - (A) 反対をよそに
   - (B) 反対すればするほど
   - (C) 反対にこだわりながら
   - (D) 反対しないにもかかわらず

3. <u>いい薬さえあれば、彼は助かったものを</u>。
   - (A) いい薬があって彼は助かった
   - (B) いい薬がなくても彼は助かった
   - (C) いい薬があったのに、彼は助からなかった
   - (D) いい薬があったら彼は助かったかもしれない

4. 金というのはすぐなくなる<u>もの</u>だ。
   - (A) この写真は彼女の<u>もの</u>だ。
   - (B) この部屋には色々な<u>もの</u>がある。
   - (C) どうぞ、好きな<u>もの</u>を取ってください。
   - (D) 人の心はなかなかわからない<u>もの</u>だ。

5. 幼い頃はよくみんなで近くの公園に遊びに行った<u>もの</u>だ。
   - (A) 彼女は見違えるほどきれいになった<u>もの</u>だ。
   - (B) 人間の人生なんて本当に果敢ない<u>もの</u>だ。
   - (C) 学生の頃は週末になるとよく映画館に行った<u>もの</u>だ。
   - (D) こんなに不況が長引いている時によく就職できた<u>もの</u>だね。

6. 学生というのは本来真面目なだけだ。遊んでばかりいてはいけない。
   (A)　　　　　　(B)　　　　(C)　　　　　(D)

7. 貯金したお金で新しいパソコンを買ったものか、使い方がさっぱりわからない。
   　　　　(A)　　　　　　　　　(B)　　　(C)　　(D)

8. ここまで歩いていらっしゃったのですか。電話をくだされば車でお迎えにまいりました
   　　　　　(A)　　　　　　　　　　　(B)　　　　　　　　(C)

   はずを。
   (D)

9. 昔、ここで友達と一緒によく遊んだ_____。
   (A) ことだ　　　　　　　　(B) ものだ
   (C) だけだ　　　　　　　　(D) ばかりだ

10. この間見た映画は胸に響く_____。
    (A) ものか　　　　　　　　(B) ものだ
    (C) ものの　　　　　　　　(D) ものがあった

11. できる_____、過去に戻ってもう一度人生をやり直したい。
    (A) ものを　　　　　　　　(B) ものか
    (C) ものなら　　　　　　　(D) ものだから

12. 風邪を引いてしまった_____、昨日は勉強できませんでした。
    (A) ものだから　　　　　　(B) ことだから
    (C) だけだから　　　　　　(D) ばかりだから

13. 彼はいい大学を出た_____、就職せず毎日ぶらぶらしている。
    (A) ものを　　　　　　　　(B) ものか
    (C) ものの　　　　　　　　(D) ものなら

14. 背の低い人は背の高い人より「人に負ける_____」という気持ちが強いそうだ。
    (A) ものだ
    (B) ものの
    (C) ものを
    (D) ものか

15. 大切なものはいつも失った時に気付く_____です。
    (A) もの
    (B) だけ
    (C) ところ
    (D) ばかり

16. 彼は世間の噂を_____、自らの信念を貫き通し、研究を完成させた。
    (A) のみならず
    (B) ものともせず
    (C) とあって
    (D) いかんによって

17. 再びそんな大地震が起きる_____、大部分の建物は崩れてしまうだろう。
    (A) ものなら
    (B) わけなら
    (C) はずなら
    (D) ところなら

18. 人間は年を取ると、体が弱くなる_____だ。
    (A) こと
    (B) もの
    (C) ほど
    (D) ところ

19. 住宅建設は増加の傾向にある_____、個人消費は横這いの状態である。
    (A) ので
    (B) し
    (C) ものの
    (D) つつ

20. そんなことならもっと早く私に話してくれたらよかった_____。
    (A) ものを
    (B) ものの
    (C) ものか
    (D) もので

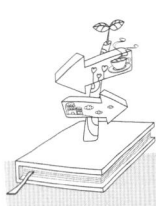

이것만은 확인하고 넘어가자

1. 「もの」는 「こと」와의 용법 구분이 제일 중요하다.
2. 「もの」도 「こと」처럼 독해 전분야에 걸쳐 출제되고 있으므로 용법을 다 익혀 두도록 하자.
3. 자주 출제되는 용법으로는 「ものだ」, 「ものか」, 「ものなら」 등이 있다.

쉬.어.가.기

● **ローン** | 융자, 대출

ねえねえ、聞いた？山田さんってローンのせいで首が回らないんだって。
너 들었니? 야마다 씨 융자 때문에 아주 힘들대.

「ローン(loan)」이라는 말은 일본에서 잠깐이라도 생활을 한 사람이라면 누구나 아는 단어이다. 영어에서 파생된 말로, 이는 영어의 의미와 같이 '융자, 대출'이란 뜻이다. 이「ローン」의 종류는 주택자금융자를 비롯해서 아주 다양한데 대책없이 돈을 빌려 다 갚지 못해 자살을 하는 사람도 많다고 하니 남의 나라 일이 아닌 것 같다. 최근 우리나라에서도 무분별한 카드 발행이 사회적 문제가 되고 있는데, 과연 카드가 자신에게 쓸모가 있는지 한 번쯤은 생각해 볼 필요가 있다.

● **生み棄て** | 아이를 낳자마자 버림

生み棄てなど、青少年の性意識が問題になっているそうだ。
갓난아기를 버리는 등, 청소년의 성의식이 문제가 되고 있다고 한다.

성에 대해서 개방적인 일본은 첫경험과 임신의 나이가 우리나라에 비해 훨씬 빠르다. 그에 따른 부작용으로 성지식이 없는 중고생들이 임신을 하여, 공중 화장실에서 아이를 낳고 바로 버리는 이른바「生み棄て」가 사회적으로 큰 문제가 되고 있다. 심지어 지하철의 락커 안에서도 갓난아이가 발견된다고 하니 놀라지 않을 수 없다.「過(す)ぎたるはなお及(およ)ばざるが如(ごと)し！」옛말에 지나친 것은 모자람만 못하다고 했거늘……

제 3 장

외우면 무조건 맞추는 문제

21. 관용구는 이유가 있어 출제된다.
22. 속담은 이유가 있어 출제된다.
23. 시험에 자주 출제되는 표현들
24. 시험에 자주 출제되는 문법 표현
25. 시험에 자주 출제되는 カタカナ
26. 부사는 의미와 한자를 동시에
27. 한방으로 간단히 끝내는 접속사
28. 의미가 많아본들 답이 뻔한 다의어
29. 명사는 이것만 알아 두자.
30. 결코 어렵지 않은 의성어·의태어
31. 독해의 완성 독해문!!

21 관용구는 이유가 있어 출제된다

관용구의 역할은 실제 회화를 더욱 풍부하게 만드는 것이다.

일본어를 공부하다 보면 수많은 관용구를 접하게 된다. 누구나 '과연 이 많은 관용구를 다 외울 필요가 있을까?'라고 한 번 정도는 의문을 가진 적이 있을 것이다. 그렇다면 우리는 왜 관용구를 배워야 하는 것일까? 외국어를 잘 한다고 하는 가장 큰 기준으로 그 나라 사람다운 표현을 어떻게 적재적소에 구사할 줄 아느냐 하는 점을 꼽을 수 있다. 일본어 학습에서도 역시 이러한 관용적인 표현을 어떻게 구사하느냐가 실력 판단의 척도가 될 수 있는 것이다. 그럼 실제로 관용 표현이 어떻게 사용되는지 예문을 통해서 알아 보도록 하자.

예 どこで油を売っていたの?

어머니가 놀다가 늦게 들어온 아이에게 하는 말이다. 그런데「油(あぶら)を売(う)る」라는 관용구를 모르는 사람이라면 위의 문장을 전혀 이해할 수 없을 것이다. 이 아이는 기름장수의 아이란 말인가? 물론 아니다.「油を売る」는 우리말로 '게으름을 피우다'라는 의미의 관용구이다. 이처럼 관용구에 대한 이해가 부족하면 실제 회화에서 많은 오해가 발생할 수 있다. 예문을 하나 더 보도록 하자.

예 その仕事には本当に骨を折った。

위의 예문에서「骨(ほね)を折(お)る」는 물론 '골절하다'라는 의미로 사용될 수도 있으나, 문맥상 '고생하다, 수고하다'라는 관용적 의미가 더 적당할 것이다. 자, 그럼 시험에도 자주 출제되고 꼭 외워 두어야만 하는 관용구에는 어떤 것들이 있는지 알아 보도록 하자.

자주 출제되는 필수 관용구

- 身(み)に染(し)みる 절실하게 느끼다, 사무치다
- 会社(かいしゃ)が潰(つぶ)れる 회사가 망하다
- 喉(のど)から手(て)が出(で)る 몹시 갖고 싶다
- 足(あし)が出(で)る 적자를 보다, 손해를 보다
- 油(あぶら)を売(う)る 잡담으로 시간을 보내다
- 呆気(あっけ)にとられる 어이없다, 어안이 벙벙하다
- 相槌(あいづち)を打(う)つ 맞장구를 치다
- お茶(ちゃ)を濁(にご)す 어물어물 넘기다
- 鯖(さば)を読(よ)む 수량을 속이다
- 一目置(いちもくお)く 상대가 자신보다 고수임을 인정하다
- 棚(たな)に上(あ)げる 제쳐놓다, 보류하다
- 歯(は)が立(た)たない 당해내지 못하다
- 朝飯前(あさめしまえ) 식은 죽 먹기, 누워서 떡 먹기
- 首(くび)を傾(かし)げる 의심스럽게 생각하다
- 鰻登(うなぎのぼ)り 물가나 사람의 지위가 올라감
- 自腹(じばら)を切(き)る 자신이 돈을 지불하다
- 愛想(あいそ)が尽(つ)きる 정나미가 떨어지다
- 根(ね)も葉(は)もない 아무런 근거가 없다
- 愚痴(ぐち)をこぼす 푸념을 늘어놓다
- 図(ず)に乗(の)る 생각처럼 되어 우쭐대다
- しのぎを削(けず)る 극심하게 경쟁하다, 싸우다
- 板(いた)に付(つ)く 잘 어울리다, 제격이다
- 顔(かお)が広(ひろ)い 발이 넓다
- 手(て)を抜(ぬ)く 일을 겉날리다
- ピリオドを打(う)つ 종지부를 찍다
- 口(くち)が堅(かた)い 비밀을 잘 지키다, 입이 무겁다
- 飲(の)み込(こ)みが早(はや)い 이해가 빠르다
- 昼寝(ひるね)をする 낮잠을 자다
- 口(くち)を出(だ)す 말참견을 하다

- 鼻(はな)にかける 뽐내다
- 骨(ほね)を折(お)る 힘쓰다, 고생하다
- 案(あん)の定(じょう) 아니나 다를까, 생각한 대로
- 目(め)が回(まわ)る 몹시 바쁘다
- 天気(てんき)が崩(くず)れる 날씨가 나빠지다
- 取(と)り付(つ)く島(しま)が(も)ない 의지할 데가(도) 없다
- 役(やく)に立(た)つ 도움이 되다
- 軌道(きどう)に乗(の)る 궤도에 오르다
- 台無(だいな)し 노력한 보람이 없음
- 見掛(みか)け倒(だお)し 빛 좋은 개살구
- 耳(みみ)を澄(す)ます 귀를 기울이다
- 時間(じかん)をつぶす 시간을 때우다
- ダイヤが乱(みだ)れる (열차 등의) 운행계획이 틀어지다
- 歯止(はど)めをかける 제동을 걸다
- 顔(かお)をつぶす 체면을 손상시키다
- 水入(みずい)らず (남이 끼지 않은) 집안끼리
- どこ吹(ふ)く風(かぜ) 어디 개가 짖느냐 한다

예

今月は買い物をしすぎて足が出てしまった。
이번 달은 쇼핑을 너무 많이 해서 적자가 나 버렸다.

木村さんは顔が広いので、知り合いが多いです。
기무라 씨는 발이 넓기 때문에, 아는 사람이 많습니다.

彼は先生の顔をつぶすようなことをする人ではない。
그는 선생님의 체면을 손상시킬 일을 할 사람이 아니다.

耳をすませば、虫の鳴き声が微かに聞こえてくる。
귀를 기울이면, 벌레 우는 소리가 희미하게 들려 온다.

관용구는 주로 의미를 묻는 문제나 적절한 관용구를 찾는 문제로 출제된다. 그런데 최근에는 관용 표현에서 동사의 자리를 비워 놓고 알맞은 동사를 찾는 문제도 자주 출제되고 있으니 동사까지 꼼꼼히 봐 두어야 한다.

점수를 마구마구 올려 주는 문제

1. 高橋さんは口が堅い人です。
   - (A) 高橋さんはおしゃべりです
   - (B) 高橋さんは口数が少ない人です
   - (C) 高橋さんは秘密をよく守る人です
   - (D) 高橋さんは厳しい言葉をよく言う人です

2. こんな問題は彼には朝飯前だ。
   - (A) とても難しい
   - (B) 理解できない
   - (C) 早くした方がいい
   - (D) とても容易なことだ

3. ベテランの山田選手も彼には一目置いた。
   - (A) 力を認めた
   - (B) 目をそらした
   - (C) 背を向いた
   - (D) 図に乗った

4. 彼ときたら、自分のことは棚に上げて人のことばかり責めている。
   - (A) 気にして
   - (B) 関心を持って
   - (C) 高いところにおいて
   - (D) そのままにしておいて

5. 今度の旅行は家族水入らずで行ってきた。
   - (A) 家族だけで
   - (B) 家族を除いて
   - (C) 家族とは関係なく
   - (D) 他の人も一緒に

6. 深刻なデフレ不況が続いているので、企業は生き残りにしのぎを削っている。
   - (A) 挑戦している
   - (B) 社員を首にしている
   - (C) 激しく競争している
   - (D) 費用を削減している

7. 日曜日には普通部屋で音楽を聞いたり、昼寝を寝たりします。
   (A)　　　　　(B)　　　　(C)　　　　　　(D)

8. 彼ときたら、私の仕事について何も知らないくせに、何かあるといつも手を出す。
                (A)　　　　　　　　(B)　　　　　(C)　　　　　　(D)

9. いろいろな病気にかかって初めて、健康の大切さが頭に染みた。
   (A)　　　　　　　(B)　　　　　　　(C)　　　(D)

10. 山田君ときたら、ろくに仕事もせず、いつも文句をこぼしてばかりいる。
        (A)　(B)　　　　　　　　　　(C)　　　　　　(D)

11. 彼はいつも試合で優勝したのを_____にかけている。
    (A) 口　　　　　(B) 鼻　　　　(C) 耳　　　　(D) 目

12. 昼の地震の影響で大幅にダイヤが_____しまった。
    (A) 打って　　(B) 切って　　(C) 破って　　(D) 乱れて

13. 退屈だったので、彼が来るまで待合室で雑誌を読みながら時間を_____。
    (A) さした　　　　　　　　(B) つぶした
    (C) おろした　　　　　　　(D) まわした

14. 民衆の反乱によって、独裁政権も遂にピリオドを_____。
    (A) 打たれた　　　　　　　(B) かけられた
    (C) 破られた　　　　　　　(D) 取られた

15. 彼が集めてくれた資料は本当に役に_____。
    (A) 立った　　　　　　　　(B) 残った
    (C) した　　　　　　　　　(D) 余った

16. 天気予報によると、明日は天気が＿＿＿＿そうだ。
(A) 切れる　　　　　　　(B) 壊れる
(C) 崩れる　　　　　　　(D) 破れる

17. 今度の出来事で、今までの努力が＿＿＿＿になってしまった。
(A) 台無し　　　　　　　(B) うなぎ登り
(C) 朝飯前　　　　　　　(D) 引っ切り無し

18. 私の意見に鈴木さんは「それはいいですね」と相槌を＿＿＿＿くれた。
(A) 打って
(B) 殴って
(C) 叩いて
(D) やって

19. あの人の言うことには、私はいつも＿＿＿＿を傾けてしまう。
(A) 頭
(B) 首
(C) 体
(D) 口

20. 彼の語学力には誰も＿＿＿＿が立たない。
(A) 口
(B) 歯
(C) 耳
(D) 顔

이것만은 확인하고 넘어가자

1. 관용구는 의미 파악이 가장 중요하다. 그리고 상황에 따라 어떠한 관용구가 사용될 수 있는지 익혀 두는 것도 필요하다.
2. 최근의 출제 경향은 관용구의 동사 부분을 묻는 문제가 의외로 많이 출제되고 있기 때문에, 동사에 대한 확실한 점검이 필요하다.
3. 기타 관용구도 출제될 가능성이 있으므로 부록 부분을 꼼꼼히 정리해 두도록 하자.

쉬.어.가.기

● 急^{きゅう}に・突然^{とつぜん} | 갑자기

「急に」와「突然」은 우리말로 둘 다 '갑자기'란 뜻이고 대부분 같이 쓰일 때가 많다. 그러나 일의 결과는 같을지 모르나「突然」은「急に」보다 '깜짝 놀랐다'라는 뉘앙스를 표현하고 싶을 때 더 많이 쓰는 표현이다. 이에 반해「急に」는 예기치 않은 일이 단시간에 일어났을 때 사용한다.

急^{きゅう}な事^{こと}で何^{なん}の用意^{ようい}もできませんでした。
갑작스러운 일이라 아무런 준비도 못 했습니다.

突然のことで本当^{ほんとう}にびっくりしました。
갑작스러운 일이라 정말 깜짝 놀랐습니다.

22 속담은 이유가 있어 출제된다

**속담은 '살아가는 지혜의 보자기'라고
할 수 있는 것이다.**

외국어를 배우는 데 있어서, 어휘나 문법만으로 그 외국어를 구사하기는 아주 힘들다. 자유자재로 외국어를 구사하기 위해서는 그 나라의 문화적 배경이나 문화, 그 정신세계까지 알고 있지 않으면 안 되는 것이다. 그런 의미에서 일본어를 학습할 때에는 일본인들이 일상생활에서 자주 사용하는 속담에 대한 이해도 필요하다고 할 수 있다. 왜냐하면 대부분의 속담은 그것이 성립되기까지의 유래를 갖고 있고, 그 유래에는 그들의 문화나 정신세계까지 포함되어 있기 때문이다. 그런데 대부분의 학습자들은 일본도 한자 문화권이고 우리나라에서 전래된 말이 많으므로, 속담도 당연히 비슷할 것이라고 생각해 버리는 경향이 있다. 물론 우리나라와 동일한 속담도 분명히 존재한다.

> **예**
> 猿も木から落ちる。 원숭이도 나무에서 떨어진다.

위의 속담은 우리나라의 속담과 동일하게 사용되는 경우이다. 나무를 잘 타는 원숭이도 때로는 나무에서 떨어지듯이 어떤 분야에 능숙한 사람이라도 때로는 실수를 한다는 의미이다. 그런데 일본어에는 같은 의미로 사용되는 또다른 속담이 있다.

> **예**
> 弘法にも筆の誤り。 원숭이도 나무에서 떨어진다.

위의 속담의 유래를 아는 사람은 많지 않을 것이다. 「弘法(こうぼう)」란 일본의 유명한 스님 중의 한 사람인 홍법대사를 지칭하는 말이다. 이 홍법대사는 서예에도 아주 조예가 깊었다고 전해지는데, 어느 날 「應天門(おうてんもん)」이라는 절의 현판의 글을 쓰게 되었다. 그런데 쓰고 나서 보니 응(應) 자에 점 하나가 빠져 있었다고 한다. 이처럼 서예의 달인이었던 홍법대사도 때로는 실수를 했다는 유래에서 우리가 현재 사용하고 있는 '원숭이도 나무에서 떨어진다' 라는 의미가 생겨난 것이다.

위의 예에서처럼 일본어에는 우리나라와 같은 속담도 있는 반면, 그 배경이나 문화를 모르면 전혀 이해할 수 없는 속담도 분명히 존재한다. JPT 시험에서 속담의 유래까지 묻는 일은 없지만, 그 유래를 알고 있으면 훨씬 이해도 쉽고 빨리 외워질 것이다. 그래도 시간이 부족한 사람들을 위해서 일본인이 자주 사용하는 속담을 정리해 두었다. 모쪼록 다 외워서 틀리는 일이 없도록 하자.

자주 출제되는 필수 속담

- 泣(な)き面(つら)に蜂(はち) 설상가상
- 後(あと)の祭(まつ)り 소 잃고 외양간 고친다
- 百聞(ひゃくぶん)は一見(いっけん)に如(し)かず 백문이 불여일견
- どんぐりの背競(せいくら)べ 도토리 키재기
- 猫(ねこ)に小判(こばん) 돼지 목에 진주=豚(ぶた)に真珠(しんじゅ)
- 噂(うわさ)をすれば影(かげ)がさす 호랑이도 제 말하면 온다
- 月(つき)とすっぽん 하늘과 땅 차이=雲泥(うんでい)の差(さ)
- のれんに腕押(うでお)し 아무런 효과가 없음
- 知(し)らぬが仏(ほとけ) 모르는 게 약
- 絵(え)に描(か)いたもち 그림의 떡=高嶺(たかね)の花(はな)
- 灯台(とうだい)もと暗(くら)し 등잔 밑이 어둡다
- 身(み)から出(で)たさび 자업자득=自業自得(じごうじとく)
- 焼(や)け石(いし)に水(みず) 언발에 오줌누기
- 医者(いしゃ)の不養生(ふようじょう) 언행이 일치하지 않다
- 釈迦(しゃか)に説法(せっぽう) 아무 소용이 없음
- 雨垂(あまだ)れ石(いし)を穿(うが)つ 작은 힘이라도 계속하면 성공한다
- 言(い)わぬが花(はな) 말하지 않는 것이 약이다
- 花(はな)より団子(だんご) 금강산도 식후경
- 二階(にかい)から目薬(めぐすり) 전혀 효과가 없음
- あぶ蜂取(はちと)らず 욕심을 내다가 모두 놓치게 되다
- 七転(ななころ)び八起(やお)き 칠전팔기
- 無(な)くて七癖(ななくせ) 누구라도 버릇이 없는 사람은 없다
- 棚(たな)からぼたもち 굴러들어온 호박
- 石(いし)の上(うえ)にも三年(さんねん) 참고 해 나가면 보상을 받는다
- 鶴(つる)の一声(ひとこえ) 권위자의 말 한 마디
- 河童(かっぱ)の川流(かわなが)れ 원숭이도 나무에서 떨어진다
- 塵(ちり)も積(つ)もれば山(やま)となる 티끌 모아 태산
- 仏(ほとけ)の顔(かお)も三度(さんど) 참는 데도 한계가 있다

- 安物買(やすものが)いの銭失(ぜにうしな)い　싼 게 비지떡
- 濡(ぬ)れ手(て)で粟(あわ)　고생하지 않고 이익을 얻다
- 馬耳東風(ばじとうふう)　소 귀에 경읽기
- 一寸(いっすん)の虫(むし)にも五分(ごぶ)の魂(たましい)
  지렁이도 밟으면 꿈틀한다
- 三日坊主(みっかぼうず)　작심삼일
- 人(ひと)の噂(うわさ)も七十五日(しちじゅうごにち)
  소문은 오래가지 않는다
- 雀(すずめ)の涙(なみだ)　새발의 피＝蚊(か)の涙(なみだ)
- 寝耳(ねみみ)に水(みず)　아닌 밤중에 홍두깨
- 備(そな)えあれば憂(うれ)い無(な)し　유비무환
- 飼(か)い犬(いぬ)に手(て)を噛(か)まれる　믿는 도끼에 발등 찍히다
- 井(い)の中(なか)の蛙(かわず)　우물 안 개구리
- 二束三文(にそくさんもん)　싸구려

예

いくら万全(ばんぜん)の準備(じゅんび)をしても、中身(なかみ)がなかったら、二階(にかい)から目薬(めぐすり)だ。
아무리 만전의 준비를 해도, 내용이 없으면 아무 소용이 없다.

7回(かい)落(お)ちて8回目(かいめ)にようやく合格(ごうかく)。これが本当(ほんとう)の七転(ななころ)び八起(やお)きだね。
7번 떨어지고 8번째에 겨우 합격. 이것이 진정한 칠전팔기구나.

最近(さいきん)の政治家(せいじか)なんてどんぐりの背競(せいくら)べだと思(おも)うので、別(べつ)に総理(そうり)が一人(ひとり)悪(わる)いというわけではないと思(おも)う。
최근의 정치가는 도토리 키재기라고 생각하기 때문에, 특별히 총리가 혼자 나쁜 것은 아니라고 생각한다.

JPT 시험에서 속담 부분은 아직까지 출제 빈도가 미비하다. 하지만 이제까지 주로 관용구 위주로 출제되었던 만큼 앞으로는 많이 출제될 것으로 예상된다. 만약 출제된다면 출제 형태는 의미를 직접 묻는 문제와 빈 칸에 속담을 넣는 문제로 출제될 것이다. 외울 때에는 우리말과 비슷한 형태로 사용되는 속담보다는 의미파악이 힘든 속담 위주로 보기 바란다.

점수를 마구마구 올려 주는 문제

1. 当時デジタルカメラは、庶民には気軽に手が届かない高嶺の花だった。
   (A) 絵に描いたもち
   (B) 月とすっぽん
   (C) 焼け石に水
   (D) 棚からぼたもち

2. 彼は二人の女性を追い求め、結局二人とも失ってしまった。本当にあぶ蜂取らずだなあ。
   (A) 知らぬが仏
   (B) 七転び八起き
   (C) ちりも積もれば山となる
   (D) 二兎を追う者は一兎をも得ず

3. 彼がそんな病気にかかったのは自業自得だと思う。
   (A) 鬼に金棒
   (B) 濡手で粟
   (C) 身から出たさび
   (D) 猿も木から落ちる

4. 試験に落ちてから後悔してみたところで、もう 前の祭りである。
        (A)   (B)   (C) (D)

5. いくらいいシステムを導入しても、それを使いこなせなければ 絵のもち となる。
        (A)   (B)   (C) (D)

6. この話を聞いたら、パニックに陥るかもしれないよ。＿＿＿＿＿＿だよ。
   (A) 後の祭り
   (B) 知らぬが仏
   (C) あばたもえくぼ
   (D) 河童の川流れ

7. いくらいい物をあげても、その価値を知らなければ＿＿＿＿＿＿だろう。
   (A) 猫に小判
   (B) 三日坊主
   (C) 一石二鳥
   (D) 言わぬが花

8. そんなに気にしなくてもいいですよ。人の噂も_____だと言うじゃないですか。
   (A) 十五日　　　　　　　　　(B) 三十五日
   (C) 五十五日　　　　　　　　(D) 七十五日

9. 引っ越しする時、古い家具などを_____で売った。
   (A) 一石二鳥　　　　　　　　(B) 言語道断
   (C) 二束三文　　　　　　　　(D) 自業自得

10. 先生の死の知らせは_____で、すぐには信じられませんでした。
    (A) 寝耳に水　　　　　　　　(B) たなからぼたもち
    (C) 焼け石に水　　　　　　　(D) 二階から目薬

11. 決まった以上、今更後悔しても_____だ。
    (A) 後の祭り　　　　　　　　(B) 泣き面に蜂
    (C) 石の上にも三年　　　　　(D) 河童の川流れ

12. 李さんの日本語の実力も大分上手になった。一年前に比べると、本当に_____だ。
    (A) 雲泥の差　　　　　　　　(B) 泣き面に蜂
    (C) 井の中の蛙　　　　　　　(D) 猿も木から落ちる

13. 皮肉的な言い方はもう止めて。_____だよ。
    (A) 釈迦に説法　　　　　　　(B) 知らぬが仏
    (C) 灯台もと暗し　　　　　　(D) 仏の顔も三度

14. 私が持っているお金は金持ちに比べたら、_____。
    (A) 雀の涙だ　　　　　　　　(B) 花より団子だ
    (C) あばたもえくぼだ　　　　(D) 月とすっぽんだ

15. ひらがなもわからない人にそんなに難しいことを聞いてみても_____ですよ。
    (A) 馬耳東風　　　　　　　　(B) のれんに腕押し
    (C) 雨垂れ石を穿つ　　　　　(D) 医者の不養生

16. 彼女は私の話を聞いて泣いてしまった。_____だったかもしれない。
    (A) 無くて七癖　　　　　　　(B) 同じ穴の狢
    (C) 言わぬが花　　　　　　　(D) 七転び八起き

17. _____の上にも三年。一生懸命に勉強したのだから、今度こそ合格してみせる。
    (A) 板　　　(B) 岩　　　(C) 石　　　(D) 木

18. 始めたばかりなのに、もう止めてしまったなんて、本当に_____だよ。
    (A) 三日坊主　　　　　　　　(B) 灯台もと暗し
    (C) どんぐりの背競べ　　　　(D) 噂をすれば影がさす

19. _____と言うじゃない？諦めずに頑張ってみてよ。
    (A) 濡れ手で粟　　　　　　　(B) 棚からぼたもち
    (C) 雨垂れ石を穿つ　　　　　(D) 一寸の虫にも五分の魂

20. 今度の講演を聞いて、いかに自分が_____だったのかつくづく感じた。
    (A) 花より団子　　　　　　　(B) 井の中の蛙
    (C) 七転び八起き　　　　　　(D) 飼い犬に手を噛まれる

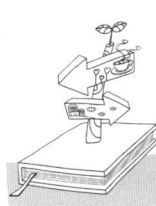

이것만은 확인하고 넘어가자

1. JPT 시험의 특성상 속담의 출제빈도는 그리 높지 않지만, 앞으로 출제될 가능성은 충분히 있다.
2. 대부분의 속담 문제는 적절한 속담을 넣는 문제의 형식으로 출제된다. 실제로 최근에는 「馬耳東風」라는 속담을 찾는 문제가 출제되었다.
3. 정리한 속담 외의 속담도 기회가 있으면 외워 두도록 하자.

쉬.어.가.기

● たぶん・きっと | 아마・틀림없이

　「たぶん」과 「きっと」는 거의 확신감에 찬 추측의 뜻으로 쓰이는 부사지만, 그 강도에는 약간의 차이가 있다. 「たぶん」은 확실치는 않지만 자기 생각으로는 어느 정도 자신 있는 추측 '아마(~일 것이다)'라는 의미를 나타낸다. 한편「きっと」는 이미 확인한 절대 사실은 아니지만 자신의 예상을 거의 100%에 가깝게 믿고 있을 경우에 쓰여 '반드시, 꼭'이라는 의미로 사용된다.

　彼はたぶんあしたのパーティーに行くに違いない。
　그는 아마 내일 파티에 갈 것이다.

　今度の試験には、この問題がきっと出ると思う。
　이번 시험에는 이 문제가 꼭 나올 거라고 생각해.

23 시험에 자주 출제되는 표현들

한 번 나온 표현은 시험에 또 나온다.

JPT 시험에 응시하는 사람들에게 이런 질문을 해 본 적이 있다. "JPT 시험의 각 파트가 어떤 의도로 출제되는지 알고 계십니까?" 대답은 '아니요'였다. 필자는 대부분의 응시자가 각 파트에서 무엇을 요구하는지조차 모르는 상태에서 시험을 응시하고 있다는 사실에 놀라지 않을 수 없었다. 예를 들어 '오문 정정'은 단순히 틀린 부분을 찾는 것이 아니라 전체 문장에서 어색한 부분이 왜 어색하며, 자연스러운 문장으로 바꾸면 어떻게 되는가까지 묻고 있다고 할 수 있다. 즉, 그런 방법을 통해 간접적으로 작문 실력을 테스트하는 것이다. 그렇다면 오문 정정 파트에서 고득점을 올리려면 어떻게 해야 할까? 당연히 평소에 꾸준히 많은 작문을 해 봐야 할 것이다. 이런 기본적인 것조차 모르고 고득점을 바란다면 그것은 눈을 감고 시험을 치는 것과 마찬가지이다.

서론이 조금 길어졌는데, 이 장에서는 단기간에 JPT 시험에서 고득점을 올리는 가장 효과적인 방법에 대해 조금 설명하고자 한다. 우선 가장 중요한 것은 평소에 부단히 일본어 공부를 하는 것이고, 그 다음은 각 파트의 출제 경향에 맞추어 공부를 하는 것이다. 이렇게 공부를 하고 몇 번의 시험을 응시한 사람이라면 나름대로 시험의 규칙을 찾을 수 있을 것이다. 그것은 다름아닌 문제의 유사성이다. 그래서 이 책의 풍부한 유제는 실전에서도 분명히 도움이 된다고 믿어 의심치 않는다.

JPT 시험에서 나온 문제는 또 나올 가능성이 높다. 물론 똑같이 출제되는 일은 없겠지만, 어쨌든 시험에 자주 나오는 표현은 언제든지 다시 나올 수 있다는 것이다. 우리가 공략해야 할 점은 바로 이것이다. 이 장에서는 그러한 표현들을 중심으로 고득점의 길을 제시하려고 한다. 끝으로 한 가지 당부하고 싶은 점은 쉽다고 절대 그냥 넘어가서는 안 된다. 알고 있는 표현이라도 제대로 작문을 할 수 있을 때까지 많은 연습을 해 보기 바란다. 그렇게 연습을 하면 머지않아 JPT 990점의 길도 보일 것이다.

시험에 자주 출제되는 표현 25

① 동사의 ます형 + 得る | ~할 수 있다
   예 彼の経験談は十分にあり得る話である。
   그의 경험담은 충분히 있을 수 있는 이야기이다.

② 동사의 ます형 + 得ない | ~할 수 없다
   예 彼が他の女性を愛するなんて、あり得ないことだ。
   그가 다른 여성을 사랑하다니 있을 수 없는 일이다.

③ いくら~ても(でも・であれ・だって) | 아무리 ~라도
   예 いくら願ってもできないことはできないですよ。
   아무리 원해도 안 되는 것은 안 됩니다.

④ 동사의 ます형 + 立て | 갓 ~한, 막 ~한
   예 夏は取り立ての魚のさしみに限る。
   여름에는 갓 잡은 생선회가 제일이다.

⑤ 동사의 ます형 + かねる | ~하기 힘들다
   예 その意見には賛成しかねます。
   그 의견에는 찬성하기 힘듭니다.

⑥ 동사의 ます형 + かねない | ~일지도 모른다
   예 彼のレポートをよく読んでみると、誤解を招きかねない部分が多数あった。
   그의 보고서를 잘 읽어 보니, 오해를 받을지도 모르는 부분이 다수 있었다.

⑦ まるで~(の)ようだ | 마치 ~같다
   예 彼女の踊りはまるで一羽の白鳥のようだ。
   그녀의 춤은 마치 한 마리의 백조와 같다.

⑧ ~と~とどちらが | ~와 ~중 어느 쪽이
   예 あなたは紅茶とコーヒーとどちらが好きですか。
   당신은 홍차와 커피 중 어느 쪽을 좋아합니까?

⑨ 동사의 ます형 + ようがない ｜ ~할 수 없다, ~할 방법이 없다
　예 その国の情報が無ければ行きたくても行きようがないだろう。
　　그 나라의 정보가 없으면 가고 싶어도 갈 방법이 없을 것이다.

⑩ 동사의 ます형 + 放題 ｜ 마음대로 ~함
　예 この店は食べ放題だから、存分に食べてください。
　　이 가게는 마음대로 먹어도 되니까, 마음껏 드십시오.

⑪ ~てもいい ｜ ~해도 좋다 (허가)
　예 机の上のボールペン、使ってもいいですか。
　　책상 위의 볼펜, 사용해도 좋습니까?

⑫ ~なければならない ｜ ~하지 않으면 안 된다
　예 約束したからには、やらなければならない。
　　약속한 이상은 하지 않으면 안 된다.

⑬ ~(の)ふりをする ｜ ~인 체 하다
　예 彼は知っているくせに、知らないふりをしている。
　　그는 알고 있는 주제에, 모르는 체 하고 있다.

⑭ ~につき ｜ ~에 대해서, ~당
　예 食費は一人につき、3千円かかります。
　　식비는 한 사람당 3천엔이 듭니다.

⑮ 동사의 ます형 + がたい ｜ ~하기 힘들다
　예 彼がそんなことをするとは、信じがたい話だ。
　　그가 그런 일을 하다니, 믿기 힘든 이야기이다.

⑯ 동사의 ます형 + にくい ｜ ~하기 어렵다 (하려고 하면 할 수 있다는 뜻 포함)
　예 山田先生の授業は難しくてわかりにくいです。
　　야마다 선생님의 수업은 어려워서 알아듣기 힘듭니다.

⑰ 동사의 ます형 + づらい ｜ ~하기 힘들다, ~하는 것이 거북하다
　예 悩むのは、何か言いづらいことがあるからです。
　　괴로워하는 것은 뭔가 말하기 힘든 일이 있기 때문입니다.

⑱ **동사의 ます형＋やすい** | ~하기 쉽다, ~하기 편하다
  예 誰もがわかりやすい文章を書きたがるが、そんなに簡単にはできない。
    누구나가 알기 쉬운 문장을 쓰고 싶어하지만, 그렇게 간단히 쓸 수 없다.

⑲ **たとえ～ても(でも・であれ・だって)** | 설사 ~일지라도, 설령 ~라도
  예 たとえ大統領といっても、法律を勝手に変えてはいけない。
    설사 대통령이라고 해도, 법률을 마음대로 바꾸어서는 안 된다.

⑳ **～おきに** | ~걸러서, ~간격으로
  예 ここはバスが5分おきに来ます。
    여기는 버스가 5분 간격으로 옵니다.

㉑ **～度に** | ~때마다
  예 今も『神田川』を歌う度に、あの風景が蘇るんです。
    지금도 「칸다가와」를 부를 때마다 그 풍경이 되살아납니다.

㉒ **동사의 ない형＋ざるを得ない** | ~하지 않을 수 없다, ~해야만 한다
  예 せっかく母が作った料理だから、食べざるを得なかった。
    모처럼 어머니께서 만든 요리이니까, 먹지 않을 수 없었다.

㉓ **～ようになる** | ~하게 되다
  예 努力を惜しまず練習したら、1ヶ月で25m泳げるようになった。
    노력을 아끼지 않고 연습했더니 1개월만에 25미터를 헤엄칠 수 있게 되었다.

㉔ **～てはいけない** | ~해서는 안 된다
  예 許可なしにここを通ってはいけない。
    허가 없이 여기를 통과해서는 안 된다.

㉕ **동사의 ます형＋がちだ** | ~하기 쉽다 (그러한 경향이 강하다)
  예 小学生の頃の先生は怒りがちなタイプの先生だった。
    초등학교 시절의 선생님은 화를 잘 내는 타입의 선생님이었다.

점수를 마구마구 올려 주는 문제

1. すみませんが、ここでタバコを吸ってもいいですか。
   - (A) よく吸っていますか
   - (B) 吸ってもかまいませんか
   - (C) 吸ったことがありますか
   - (D) 吸わない方がいいですか

2. どこにいるのかわからなくて連絡の取りようがない。
   - (A) 連絡を取りたくない
   - (B) 連絡を取る方法がない
   - (C) 連絡を取ってほしい
   - (D) 連絡を取ろうともしない

3. 彼は日本人のふりをしている。
   - (A) 彼は本当の日本人だ。
   - (B) 彼は日本人ではない。
   - (C) 彼は日本人らしくない。
   - (D) 彼は日本人に違いない。

4. 今日のパーティーは飲み放題ですから、好きなだけ飲んでください。
   - (A) 飲み物しかありませんから
   - (B) 存分に飲んでもいいですから
   - (C) 勝手に飲んでは駄目ですから
   - (D) 飲み物が好きな人が多いですから

5. あのパン屋では焼き立てのパンだけ売っています。
   - (A) 焼きかけのパン
   - (B) 焼きっぱなしのパン
   - (C) 焼き上がったばかりのパン
   - (D) 焼いてから時間が経ったパン

6. その仕事は私一人の力では<u>とても成し得ないこと</u>でした。
   (A) 到底できないことでした
   (B) すぐできるかもしれません
   (C) 簡単にできることでした。
   (D) できるかどうかわかりません

7. こうなってしまった以上、<u>彼を解雇しなければならない</u>。
   (A) 彼を解雇せざるを得ない
   (B) 彼を解雇することは難しい
   (C) 彼を解雇する必要はない
   (D) 彼を解雇するわけにはいかない

8. 今度の旅行の会費は一人<u>につき</u>5千円です。
   (A) 当たり　　　(B) おきに　　　(C) ごとに　　　(D) たびに

9. 残念ながら、その問題は<u>答えかねます</u>。
   (A) もう答えました
   (B) 答えられません
   (C) 答えたとは言えません
   (D) 答えなかったとは限りません

10. その問題は先生が<u>わかる</u><u>やすく</u><u>説明してくださった</u>ので、すぐ<u>理解できました</u>。
    　　　　　　　　(A)　　(B)　　　　　(C)　　　　　　　　　(D)

11. 就職率は日本<u>の</u><u>方</u>が高い<u>わけ</u>ですが、日本<u>と</u>韓国と会社が多いのはどこですか。
    　　　　　　(A)　(B)　　　　(C)　　　　(D)

12. 友達に電話を<u>すると</u>、<u>どうしても</u>長話に<u>なり</u><u>気味</u>で、いつも父親に文句を<u>言われる</u>。
    　　　　　　(A)　　　　(B)　　　　　(C)　(D)

13. <u>この辞書</u>、<u>もし</u>今<u>使わなかったら</u>、ちょっと<u>お借りしては</u>いいですか。
    　(A)　　　(B)　　　(C)　　　　　　　　　(D)

14. 作業を進めるに際しては、万が一爆発でもすれば大惨事を招きかねるので、安全確保
    　　　　　(A)　　　　　(B)　　　　　　　　　　　　(C)
    を最優先 すべきだろう。
    　　　　　(D)

15. ＿＿＿＿＿＿おしどり夫婦でも喧嘩はします。
    (A) いくら　　　　　　　　(B) まさか
    (C) いきなり　　　　　　　(D) あらかじめ

16. 最初は苦手だったが、毎日練習したら上手に＿＿＿＿＿ようになった。
    (A) 泳げる　　　　　　　　(B) 泳がない
    (C) 泳いでくる　　　　　　(D) 泳いでいく

17. 娘が泣きながら頼んだので、その男に＿＿＿＿＿ざるを得なかった。
    (A) 会う　　(B) 会い　　(C) 会わ　　(D) 会え

18. あの本は漢字が多くて＿＿＿＿＿にくいです。
    (A) 読む　　(B) 読み　　(C) 読め　　(D) 読んで

19. 両チームは殴り合いになり＿＿＿＿＿険悪な雰囲気だった。
    (A) かねる　　(B) がたい　　(C) にくい　　(D) かねない

20. ここでは、燃えるゴミは一日＿＿＿＿＿集めています。
    (A) おきに　　(B) たびに　　(C) ことに　　(D) だけに

이것만은 확인하고 넘어가자

1. JPT 시험은 문제은행에서 문제를 뽑아서 만드는 시험이라는 것을 기억해 두자. 시험에 출제된 표현은 언젠가 반드시 다시 출제된다.

2. 대부분의 문제가 '정답 찾기' 파트에서 출제되며, '공란 메우기'에는 호응 관계를 나타내는 표현들이 주로 출제된다.

3. 자주 출제되는 표현으로는 「いくら~ても」,「~なければならない」,「~がち」,「~ざるを得ない」 등이 있다.

쉬.어.가.기

● ~につれて・~にしたがって | ~함에 따라

「~につれて」와 「~にしたがって」를 각각 한자로 적으면, 「~に連(つ)れて」, 「~に従(したが)って」가 된다. 즉, 두 표현 모두 원래는 공간적인 의미로 사용되었다는 것을 알 수 있다. 「つれて」는 「AがBを連れて」에서 알 수 있는 것처럼, 두 가지 사물이 동시에 이동하는 것을 나타내는 말이고, 「したがって」는 「AがBにしたがって」에서 알 수 있는 것처럼, 어떤 사물이 다른 사물의 뒤를 이어서 이동하는 것을 나타내는 말이다. 이것이 시간적인 순서에 의해 사용된 예가 「年(とし)を重(かさ)ねるにつれて」나 「年を重ねるにしたがって」 등의 표현이다. 「~につれて」와 「~にしたがって」는 시간적인 의미로 사용되는 경우에는 의미에 차이가 없지만, 「~につれて」 쪽이 다소 문어적인 표현이라고 할 수 있다. 그러나, 「~にしたがって」가 원래 공간적인 의미의 용법을 가지는 것에 반해, 「~につれて」에는 그러한 용법이 없다.

太郎(たろう)にしたがって (○) / 太郎につれて (×)

太郎の計画(けいかく)にしたがって (○) / 太郎の計画につれて (×)

24 시험에 자주 출제되는 문법 표현

문법에 자신 있는 사람들도 틀리는 문법이 있다.

JPT 시험의 전 부분에 걸쳐서 출제될 확률이 가장 높은 것을 꼽으라면 누구나가 문법 표현을 꼽을 것이다. 매 시험마다 빠짐없이 두 문제 이상씩 출제되고 있지만, 실제로 다 맞추는 사람은 드물다. 이유는 간단하다. 문법 표현이 워낙 많기 때문이다. 그나마 일본어능력시험을 준비한 적이 있는 사람이라면 쉽게 맞출 수 있는 부분도 많지만, 혼자서 독학으로 공부한 사람들에게는 대부분이 너무나도 생소한 표현이고 이해되지 않는 표현도 많다.

> **예**
> 彼女が太った原因は、ストレスにほかならない。

위의 예문에 사용된 「〜にほかならない」라는 표현을 정확하게 해석하는 사람은 아마도 드물 것이다. 어쩌면 왠만큼 공부를 했다고 자부하는 사람들 중에서도 이 표현을 처음 본 사람이 있을지도 모른다. 왜냐하면, 딱딱한 문어체적인 표현이기 때문에 시중에 나온 책에는 잘 쓰이지 않는 경우도 있기 때문이다. 「〜にほかならない」는 '〜임이 틀림없다'라는 의미이다. 예문을 하나 더 보도록 하자.

> **예**
> この街は年末ともなるといっそう忙しくなる。

위의 예문에 사용된「ともなると」라는 표현도 일상 회화에서는 좀처럼 들어보기 힘든 표현이다. 하지만 이런 표현이 JPT 시험에는 꾸준히 출제되고 있다. 왜냐하면 비록 일상 회화에서는 자주 사용되지 않을지 몰라도 일본어적인 면에서는 반드시 알아 두어야 하는 표현이기 때문이다.

문법 표현은 솔직히 이해가 필요없다. 왜 이런 표현이 되었냐는 질문에 속 시원히 대답해 줄 사람이 과연 몇이나 있을까? 이제 선택은 하나이다. 자주 출제되는 문법 표현을 무조건 외워서 다 맞추든지, 포기를 하고 10점을 버리든지 둘 중의 하나를 선택할 수 밖에 없다.

자주 출제되는 문법 표현 30

① ~とはいえ | ~라고는 해도 =~といえども
   예 子供とはいえ、そんなことをするとは、信じられない。
   아이라고는 해도, 그런 일을 하다니, 믿을 수 없다.

② ~(よ)うにも+가능형+ない | ~하려고 해도 ~할 수 없다
   예 荷物が重くて持とうにも持てなかった。
   짐이 무거워서 들려고 해도 들 수 없었다.

③ ~はおろか | ~은커녕 =~どころか
   예 2年前日本に来たにもかかわらず、カタカナはおろかひらがなも書けないとは。
   2년 전에 일본에 왔음에도 불구하고, 가타카나는커녕 히라가나도 쓸 수 없다니.

④ ~ときたら | ~로 말하자면
   예 うちの息子ときたら、ろくに勉強もしないでゲームばかりしている。
   우리 아들로 말하자면, 제대로 공부도 하지 않고 게임만 하고 있다.

⑤ ~をよそに | ~을 아랑곳하지 않고 =~をものともせず
   예 彼女は両親の反対をよそに彼と結婚した。
   그녀는 부모님의 반대를 아랑곳하지 않고 그와 결혼했다.

⑥ ~によって | ~에 의해, ~에 따라
   예 国によって言葉や習慣が違う。
   나라에 따라 말이나 습관이 다르다.

⑦ ~からには | ~한 이상은 =~以上は, ~上は
   예 約束したからには、守らなければなりません。
   약속한 이상은 지키지 않으면 안 됩니다.

⑧ ~(た)ところで | ~해 봤자, ~한들
   예 急いだところで、今からでは間に合わないだろう。
   서두른다고 해도, 지금으로선 시간에 맞출 수 없을 것이다.

⑨ ~とあって | ~이기 때문에
　例 もうすぐ期末試験とあって学生たちは熱心に勉強している。
　　　이제 곧 기말시험이기 때문에 학생들은 열심히 공부하고 있다.

⑩ ~ともなれば(~ともなると) | ~쯤 되면, ~라면 당연히
　例 超一流レストランともなれば、値段も高いだろう。
　　　초일류 레스토랑쯤 되면, 가격도 비쌀 것이다.

⑪ ~からといって | ~라고 해서
　例 先生になったからといって、全部知っているとは限らない。
　　　선생님이 되었다고 해서, 전부 알고 있다고는 볼 수 없다.

⑫ ~をおいて | ~을 제외하고 =~をのぞいて
　例 山田君をおいてこの問題の正解を知っている人はいないだろう。
　　　야마다 군을 제외하고 이 문제의 정답을 알고 있는 사람은 없을 것이다.

⑬ ~かたわら | ~하는 한편 =~一方で
　例 彼女は先生をするかたわら、家事もきちんとやっている。
　　　그녀는 선생님을 하는 한편, 집안일도 확실하게 하고 있다.

⑭ ~もさることながら | ~도 물론이지만 =~はもちろん(のこと), ~はもとより
　例 彼女は外見もさることながら、性格もとてもいいです。
　　　그녀는 외견은 물론이고 성격도 매우 좋습니다.

⑮ ~をめぐって | ~을 둘러싸고
　例 原子力発電所の建設をめぐって様々な意見が出た。
　　　원자력발전소 건설을 둘러싸고 여러 가지 의견이 나왔다.

⑯ 명사+めく | ~다워지다
　例 雪がとけはじめ、この地域もようやく春めいてきた。
　　　눈이 녹기 시작해, 이 지역도 겨우 봄다워져 왔다.

⑰ ~そばから | ~하자마자 바로
　例 うちの子供は片付けるそばから部屋を散らかす。
　　　우리집 아이는 치우자마자 바로 방을 어지럽힌다.

⑱ ~どころか | ~은커녕
예 彼は毎日1時間どころか30分も勉強しない。
그는 매일 1시간은커녕 30분도 공부하지 않는다.

⑲ ~において | ~에 있어서
예 運動においては彼の方が上だ。
운동에 있어서는 그 쪽이 위다.

⑳ ~を皮切りに | ~을 시작으로
예 今度のコンサートは東京を皮切りに全国10カ所で行われる。
이번 콘서트는 도쿄를 시작으로 전국 10개소에서 행해진다.

㉑ ~きらいがある | ~할 우려가 있다, ~인 경향이 있다
예 最近主人はお酒を飲みすぎるきらいがある。
최근 남편은 과음하는 경향이 있다.

㉒ ~(た)挙げ句 | ~한 끝에 =~(た)末
예 彼は親にさんざん迷惑をかけた挙げ句、自殺してしまった。
그는 부모님에게 아주 많이 폐를 끼친 끝에 자살해 버렸다.

㉓ ~をもって | ~으로, ~으로써
예 身をもって体験することこそ、本物の知識と言えるだろう。
몸소 체험하는 것이야말로, 진정한 지식이라고 말할 수 있을 것이다.

㉔ ~(た)以上 | ~한 이상
예 やると決めた以上、最後までがんばります。
한다고 결정한 이상, 끝까지 분발하겠습니다.

㉕ ~に過ぎない | ~에 지나지 않다
예 彼の主張はあくまでも理論に過ぎない。
그의 주장은 어디까지나 이론에 지나지 않는다.

㉖ ~(た)とたん | ~하자마자
예 彼は家を出たとたん、事故に遭った。
그는 집을 나오자마자 사고를 당했다.

㉗ ～にほかならない ｜ (바로) ～인 것이다
예 子供を叱るということは親の愛にほかならない。
아이를 꾸짖는다고 하는 것은 바로 부모의 사랑인 것이다.

㉘ ～に違いない ｜ ～임에 틀림없다 ＝～に相違ない
예 外国に行ったことがないから、彼女の話はうそに違いない。
외국에 간 적이 없기 때문에, 그녀의 이야기는 거짓말임에 틀림없다.

㉙ ～をもとにして ｜ ～을 근거로 해서, ～을 기초로 해서 ＝～にもとづいて
예 この小説は歴史的な事件をもとにして書かれた。
이 소설은 역사적 사건을 기초로 해서 쓰여졌다.

㉚ ～や否や ｜ ～하자마자 ＝～が早いか
예 ベルが鳴るや否や、彼は教室を飛び出していった。
벨이 울리자마자, 그는 교실을 뛰쳐나갔다.

점수를 마구마구 올려 주는 문제

1. 最近主人はお酒を飲みすぎるきらいがある。
   - (A) お酒を飲む機会が少ない
   - (B) お酒を飲みすぎる傾向がある
   - (C) お酒を飲まないことにしている
   - (D) お酒をあまり飲まないから安心だ

2. この報告書は一字たりとも間違えてはいけない。
   - (A) 一字とはいえ
   - (B) 一字をおいて
   - (C) 一字はおろか
   - (D) 一字からというもの

3. 彼は周囲の反対をよそに、計画通り作業を進めていった。
   - (A) 軽蔑して
   - (B) 無視して
   - (C) 気にして
   - (D) 反対して

4. 色々な証拠から推理すると、彼が今度の事件の犯人に相違ありません。
   - (A) 違いがありません
   - (B) 違いはありません
   - (C) 違いありません
   - (D) 間違いはありません

5. 小説ならではの楽しみをもたらしてくれる作家は、この人において他に存在しない
      (A)   (B)   (C) (D)
   と思う。

6. 人間は色々な言葉を知っていることにおいて、感情や思考自体が複雑で緻密なものに
        (A)   (B) (C)
   なっていく。
    (D)

7. 彼は本の著者<u>として</u>多忙な生活を送る<u>そばから</u>、日本の大学<u>での</u>勉強にも真剣に
　　　　　　(A)　　　　　　　　　　(B)　　　　　　　　　(C)

<u>取り組んで</u>います。
　　(D)

8. その歌手は演奏活動の_____子供向けの本も書いているそうだ。

　　(A) そばから　　　　　　　　(B) かたわら
　　(C) からして　　　　　　　　(D) からといって

9. あの店は味もさること_____、値段も本当に安い。

　　(A) ながら　　　　　　　　　(B) であれ
　　(C) とともに　　　　　　　　(D) でなく

10. ゴルフ場の建設_____、住民と建築会社が戦っている。

　　(A) をめぐって　　　　　　　(B) をおいて
　　(C) を皮切りに　　　　　　　(D) をもって

11. 仕事を片付ける_____次の仕事が入ってくるので、体が持ちません。

　　(A) なり　　　　　　　　　　(B) とたん
　　(C) ゆえに　　　　　　　　　(D) そばから

12. 超一流レストラン_____、きっと値段も高いだろう。

　　(A) ならでは　　　　　　　　(B) ともなれば
　　(C) はさておいて　　　　　　(D) に至っては

13. 有名に_____とたん、彼女は横柄な態度を取るようになった。

　　(A) なる　　　　　　　　　　(B) なり
　　(C) なった　　　　　　　　　(D) なれる

14. 色々考えた＿＿＿＿、私は彼女と別れることにした。
    (A) 以上　　　　　　　　　　(B) 挙げ句
    (C) ところで　　　　　　　　(D) とはいえ

15. 彼が試合で優勝できたのは弛まぬ努力の結果＿＿＿＿。
    (A) にたえない　　　　　　　(B) にあたらない
    (C) にとどまらない　　　　　(D) にほかならない

16. 約束した＿＿＿＿、最後までやるつもりです。
    (A) 以上　　(B) なり　　(C) きり　　(D) さえ

17. あくまでも彼の主張は、実現可能性の低い理論＿＿＿＿。
    (A) に過ぎない　　　　　　　(B) きらいがある
    (C) とは限らない　　　　　　(D) でも差し支えない

18. 昨日の会議では、部長の発言＿＿＿＿、反対意見が続出した。
    (A) めぐって　　　　　　　　(B) において
    (C) どころか　　　　　　　　(D) を皮切りに

19. 厳しい冬も終わり、この辺りもようやく春＿＿＿＿きた。
    (A) めいて　　　　　　　　　(B) らしく
    (C) っぽく　　　　　　　　　(D) そうに

20. あのレストラン＿＿＿＿、味はすごくいいけど、サービスが悪い。
    (A) をよそに　　　　　　　　(B) だからこそ
    (C) ときたら　　　　　　　　(D) といえども

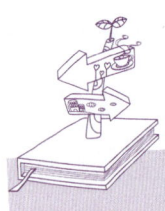

이것만은 확인하고 넘어가자

1. JPT 시험에서 문법 표현은 매번 반드시 출제되는 표현이므로 반드시 다 암기하고 있어야 한다.

2. 대부분의 문제가 '공란 메우기' 파트에서 출제되는데, 간혹 '오문 정정' 파트에서 출제되는 경우도 있으니 비슷한 의미의 표현들은 용법을 구분해 두어야 한다.

3. 실제로 출제되거나 자주 나오는 표현으로는 「～をめぐって」, 「～(た)とたん」, 「～とはいえ」, 「～ようにも～ない」, 「～以上」, 「～ともなると」 등이 있다.

쉬.어.가.기

● そして・それから・それで | 그리고, 그래서

「そして」, 「それから」, 「それで」는 모두 순접의 접속 표현처럼 느껴진다. 따라서, 세 개의 접속사가 같은 문맥에서 동등하게 사용되는가 하면, 그렇지는 않다. 밑의 문장처럼 원인을 나타내는 문맥에서 「それで」는 사용할 수 있지만, 「そして」, 「それから」는 사용할 수 없다.

太郎は昨日花子と喧嘩した。それで機嫌が悪いのだ。(○)

太郎は昨日花子と喧嘩した。そして／それから機嫌が悪いのだ。(×)
타로는 어제 하나코와 싸움을 했다. 그래서 기분이 나쁜 것이다.

「そして」와 「それから」 중 아래 문장처럼 사물을 열거할 경우에는 「それから」를 사용한다.

リンゴとオレンジと、それから苺を買ってきました。(○)

リンゴとオレンジと、そして苺を買ってきました。(×)
사과와 오렌지, 그리고 딸기를 사 왔습니다.

한편, 행위를 열거할 경우에는

歯を磨き、顔を洗い、それから髭を剃った。(○)

歯を磨き、顔を洗い、そして髭を剃った。(○)
이를 닦고 세수를 하고, 그리고 수염을 깎았다.

처럼 어느 쪽도 사용할 수 있지만, 그와 같은 경우에도 아래와 같은 차이가 있다.

遊びに行きたいのなら、宿題をして、それから出掛けなさい。(○)

遊びに行きたいのなら、宿題をして、そして出掛けなさい。(×)
놀러 가고 싶다면, 숙제를 하고 그리고 나서 나가거라.

25 시험에 자주 출제되는 カタカナ

**올바른 외래어의 사용은 일본어 실력의
또다른 척도가 될 수 있다.**

일본과 관련된 서적이나 기타 매체를 보면 무수히 많은 カタカナ가 등장한다. 그런데 대부분 국적을 알 수 없는 말들이 많다. 영어에서 온 말이 대부분을 차지하지만 일본어 음운의 특성상 모음의 부족으로 인해 표현할 수 있는 발음에 한계가 있기 때문에 한국인이 カタカナ를 듣고 바로 이해하기란 거의 무리에 가깝다. 다음 예문의 단어들이 어떤 의미인지 한번 맞춰 보자.

> 예 マクドナルド・ツアー・カラオケ

일단 기본적으로 カタカナ를 읽을 수 있는 사람이라면 처음의 단어는 쉽게 이해가 될 것이다. 미국의 대표적인 브랜드인 '맥도날드'의 일본어 발음이다. 그런데 두 번째 단어는 아무리 발음을 해 보아도 의미파악이 결코 쉽지 않다. 「ツアー」는 영어의 'tour'에서 나온 말로 '여행'을 의미하는 단어이다. 마지막으로 세 번째 단어는 일본어와 외래어가 합해져서 만들어진 단어이다. カタカナ로「カラオケ(가라오케)」라고 표기하면 쉽게 이해가 되지만 원래는 한자와 외래어의 조합에서 만들어진 단어이다. 기존의 외래어만으로도 머리가 아픈데, 일본인들은 새로운 단어 만들기를 좋아하는 것 같다. 최근에 만들어져 빈번하게 사용되고 있는 カタカナ를 몇 개 살펴보도록 하자.

> 예 プリクラ・テレクラ・セクハラ

위의 단어들은 영어에는 존재하지 않는 외래어이다. 우선 처음에 나오는「プリクラ」는 우리나라에도 들어와 있는 '스티커 사진'을 의미한다. 영어의 'print'에 'club'이라는 단어가 결합된 합성어이다. 두 번째「テレクラ」는 흔히 말하는 '전화방'이란 의미로 'telephone'에 'club'이라는 단어가 결합되어 만들어졌다. 마지막의「セクハラ」는 '성희롱'이라는 의미를 나타낸다. 이처럼 カタカナ에는 우리들이 쉽게 이해할 수 있는 표현도 있지만 전혀 이해할 수 없는 새로운 표현도 다수 존재한다. JPT 시험에서도 カタカナ가 출제 되지만 절대 어려운 표현을 묻는 문제는 없다. 기본적으로 일본인이라면 누구나 알 수 있는 표현들 위주로 출제되고 있다. 다만 비슷한 의미의 표현들은 구분해 둘 필요가 있다.

자주 출제되는 カタカナ

- ナンセンス 넌센스
- ハンサム 잘생김, 미남
- マンネリ 천편일률
- ユニーク 독특함
- セクハラ 성희롱
- アイデア 아이디어
- プログラム 프로그램
- ペット 애완동물
- ロマンチック 로맨틱
- プライド 자존심
- プライベート 사적, 개인적
- マラソン 마라톤
- アイドル 우상
- ファッション 패션
- イメージ 이미지
- オリンピック 올림픽
- ベテラン 베테랑
- トレーニング 훈련
- コピー 복사
- エチケット 에티켓
- ターゲット 타겟, 표적
- アルバイト 아르바이트
- カロリー 칼로리
- ワンクッション 충격을 완화시키는 한 단계
- ストレス 스트레스
- ストライキ 파업
- ブーム 유행, 인기
- コンパ 회합, 모임, 뒷풀이
- スケジュール 스케줄, 일정
- ブランド 상품명, 상표
- ローン 융자, 대부
- コーナー 매장, 코너
- リサイクル 재활용
- アンケート 설문 조사
- デザイン 디자인
- ルーズ 느슨한
- デリケート 민감한
- トラブル 문제
- バーゲン 바겐세일
- グッズ 상품
- リストラ 구조조정, 정리해고
- キャリア 경력
- コメント 코멘트, 논평
- メディア 미디어, 대중매체
- ビール 맥주
- マナー 매너, 몸가짐, 태도
- ツアー 투어
- トラウマ 정신적 외상
- カテゴリー 카테고리
- アイロニー 아이러니
- メリット 장점, 이점
- ピリオド 종지부

> **예**
> いくら考えてみてもいい<u>アイデア</u>が出てこない。
> 아무리 생각해 봐도 좋은 생각이 나오지 않는다.
> 街で面白い<u>アンケート</u>調査をしていた。
> 거리에서 재미있는 설문 조사를 하고 있었다.
> この商品は<u>デザイン</u>は気に入るが、色は気に入らない。
> 이 상품은 디자인은 마음에 들지만, 색깔이 마음에 들지 않는다.
> 誰もが<u>ロマンチック</u>な恋愛を夢見る。
> 누구나가 로맨틱한 연애를 꿈꾼다.
> 最近日本では<u>ペット</u>を飼っている家が増えている。
> 최근 일본에서는 애완동물을 기르고 있는 집이 늘어나고 있다.

JPT 시험에서 カタカナ는 출제 비율이 그리 높지 않은 파트이다. 하지만 최근 일본에서는 외래어 사용이 급증하고 있기 때문에, 이에 따라 생활 속에서도 많은 カタカナ를 사용하고 있는 실정이다. 기본적인 단어들은 모두 외워 두길 바라며, 더불어 비슷한 의미의 단어는 용법과 쓰임새를 구분해 두도록 하자.

점수를 마구마구 올려 주는 문제

1. 弛まぬ努力をしたその選手は、結局オリンピクで金メダルを三つも獲得した。
　　　(A)　　　　(B)　　　　　(C)　　　　　　　　(D)

2. マラソーン競技では体力はもちろんのこと、持久力もとても大切である。
　　(A)　　　　(B)　　　　(C)　　　　　　(D)

3. 真夏の夜、生ビルをぐいぐいと飲み干した時の爽快感は最高である。
　　　(A)　(B)　　(C)　　　　　　　　　　　(D)

4. 加藤さんは性格も明るいし、それに_____もあって、親しみやすい人である。
　　(A) ユーモア　　　　　　　(B) アドバイス
　　(C) アクセス　　　　　　　(D) スキャンダル

5. あの店の店員は_____で、優しい人です。
　　(A) ブーム　　　　　　　　(B) ハンサム
　　(C) プレゼント　　　　　　(D) ペット

6. 私は来週まで_____が詰まっていて、休む暇もないです。
　　(A) ファン　　　　　　　　(B) スケジュール
　　(C) サイン　　　　　　　　(D) コーナー

7. いい製品を作り売ることで会社の_____は上がるだろう。
　　(A) イメージ　　　　　　　(B) バリア
　　(C) アイドル　　　　　　　(D) イミテーション

8. お肌の_____な赤ちゃんに紫外線は本当によくないそうだ。
　　(A) デリケート　　　　　　(B) ロマンチック
　　(C) プレッシャー　　　　　(D) アイロニー

9. ただ言われたままにするのは_____が許さない。
   (A) プライド (B) フレンド
   (C) ブライド (D) プライベート

10. 公害や資源節約という観点から_____運動は注目を集めている。
    (A) リッチ (B) リストラ
    (C) バーゲン (D) リサイクル

11. この学校には経験豊かな_____の先生が多いです。
    (A) タレント (B) ベテラン
    (C) キャリア (D) キャプテン

12. 最近、海外旅行をする韓国人の_____が悪いとよく言われています。
    (A) マナー (B) ムード
    (C) ルール (D) ストライキ

13. 十人がやってもできなかったことを一人でできるなんて、それは_____ですよ。
    (A) クイズ (B) スピーチ
    (C) エピソード (D) ナンセンス

14. このダイエット食品は20代の若い女性を_____にして作ったものです。
    (A) ユニーク (B) アイドル
    (C) トラウマ (D) ターゲット

15. まだ政府の公式的な_____は出ておりません。
    (A) コメント (B) リスク
    (C) トラブル (D) エチケット

16. 最近、対人関係での悩みで＿＿＿＿＿＿がたまっている。
    (A) ピリオド　　　　　　　　(B) ストレス
    (C) デザイン　　　　　　　　(D) グッズ

17. わが社の商品は全部＿＿＿＿＿＿によって分類されています。
    (A) ヒステリー　　　　　　　(B) カテゴリー
    (C) アイロニー　　　　　　　(D) アンケート

18. マーガリンはバターより＿＿＿＿＿＿が少ないと思われるかもしれないが、ほぼ同じだそうだ。
    (A) カロリー　　　　　　　　(B) メリット
    (C) アルバイト　　　　　　　(D) プログラム

19. これは単調になりがちな毎日の学習に刺激を与え、＿＿＿＿＿＿に陥るのを防ぐのに役に立つと思う。
    (A) パニック　　　　　　　　(B) マンネリ
    (C) ストレス　　　　　　　　(D) カタログ

20. 今その話をしたらパニックに陥るかもしれないから、＿＿＿＿＿＿置いた後で言った方がいいだろう。
    (A) タスク　　　　　　　　　(B) ダメージ
    (C) ワンクッション　　　　　(D) ストライプ

이것만은 확인하고 넘어가자

1. 「カタカナ」는 JPT 시험에서 일 년에 두 번 정도 출제되고 있다. 비중은 크지 않지만 가끔씩 나오는 부분이므로 이번 기회에 전부 외워 두도록 하자.

2. 최근 일본인의 외래어 사용이 급증함에 따라 새로 생성된 「カタカナ」도 함께 들어가 있으니 외워두기 바란다. 특히 독해보다도 청해에서 「カタカナ」가 출제되면 상당히 이해하기 힘들기 때문에 평소에 꾸준히 사용해 보는 것이 좋다.

3. 가장 최근에 출제된 문제로는 「ナンセンス」와 「ハンサム」가 있는데, 두 표현 모두 실제 일본인이 자주 사용하는 표현이다. 이처럼 「カタカナ」는 일본인이 자주 사용하는 표현 중심으로 공부하기 바란다.

쉬 . 어 . 가 . 기

- **せっかく・わざわざ** | 모처럼, 일부러

  「せっかく」와 「わざわざ」는 의미상으로는 '굳이 무언가를 한다'로 똑같기 때문에, 다음과 같은 문장에서는 어느 것을 써도 상관이 없다.

  せっかく／わざわざ来てもらったのに留守にしていて悪かったね。
  모처럼 왔는데 아무도 없어서 미안해.

  그런데, 둘은 뉘앙스면에서 차이가 있다. 우선 「せっかく」는 뒤에 이어지는 내용이 바람직한 것으로서 평가받고 있다는 것을 나타내고, 「わざわざ」는 뒤에 이어지는 내용이 곤란하거나 노력이 필요한 것으로, 원래 할 필요가 없다는 뉘앙스가 있다. 또, 다음과 같은 문장에서는 「せっかく」와 「わざわざ」를 교체해 쓸 수 없다.

  せっかく鎌倉に来たのだから、長谷まで足を伸ばそう。
  모처럼 가마쿠라까지 왔으니 하세까지 가 보자.

  彼がわざわざ出向くからには何か理由があるはずだ。
  그가 일부러 나간 데에는 뭔가 이유가 있을 터이다.

26 부사는 의미와 한자를 동시에

**매번 빠짐없이 출제되는 부사에는
어떤 것이 있을까?**

　　　　　　　　　　JPT 시험에서 문법 표현과 함께 매번 빠지지 않고 출제되고 있는 것이 부사이다. 그만큼 중요하다는 얘기도 되겠지만, 일상 생활에서 일본인이 부사를 많이 사용하고 있다는 증거도 될 것이다. 품사로 볼 때 부사의 기본적인 역할은 동사나 형용사 등의 용언을 수식해 보다 의미를 풍부하게 하는 것이다. 우선은 문장에서 부사가 어떻게 사용되고 있는지 알아볼 필요가 있다.

> **예**
> ただ触(さわ)ってみただけなのに、壊(こわ)れてしまった、まったく…
> 最近(さいきん)の製品(せいひん)は…。

　　　　　　　　　위의 예문에는 부사가 모두 두 군데 사용되고 있다. 「ただ」와 「まったく」인데, 여기서 질문을 하나 해 보자. 위의 두 부사의 한자를 알고 있는가? 모른다면 부사에 대한 이해가 부족한 사람이다. 아니 JPT 시험의 최근 출제 경향을 전혀 모르는 사람이다. 최근 부사 부분에서 가장 두드러진 특징 중에 하나가 직접적인 부사보다는 한자를 묻는 문제가 많이 출제되고 있다는 점이다. 이런 출제 경향도 모르고 어떻게 고득점을 올릴 수 있을까? 그럼 실력 테스트 차원에서 다음 보기 중에서 한자의 정확한 발음을 아는 부사가 과연 몇 개나 되는지 스스로의 실력을 점검해 보자.

> **예**
> 却って・折角・殆んど・敢えて・碌に・滅多に・余程・専ら・大分・辛うじて・尽く

　　　　　　　　　5개 이상 모르는 사람은 부사에 대해서 공부를 다시 해야 한다. 거듭 말하지만 최근의 출제 경향은 단순한 의미보다는 한자 위주이다.

자주 출제되는 필수 부사

- 却(かえ)って 도리어, 오히려
- 尽(ことごと)く 전부, 모두, 모조리
- 全(まった)く 정말, 완전히, 전혀
- 果(は)たして 과연
- 恐(おそ)らく 아마, 필시
- 殊(こと)に 특히
- 丸(まる)で 마치, 전혀
- 前以(まえもっ)て 미리, 사전에
- 確(たし)か 확실히, 분명히
- 殆(ほとん)ど 거의, 대부분
- 早速(さっそく) 당장, 즉시
- ほっと 휴~, 안심하는 모양
- しばしば 자주
- ぐっすり 푹, 편안히
- ぽっかり 뚝, 짝, 뻥, 두둥실
- あいにく 공교롭게도
- まさか 설마
- つい 그만, 자신도 모르게
- ざっと 대충, 대강
- ちっとも 조금도, 전혀
- きっと 꼭, 틀림없이
- 一斉(いっせい)に 일제히
- 徐々(じょじょ)に 서서히
- 今更(いまさら) 이제와서
- やっと 겨우, 간신히
- できるだけ 가능한 한
- 未(いま)だに 아직까지

- 大分(だいぶ) 꽤, 상당히
- 常(つね)に 항상, 늘
- 折角(せっかく) 모처럼, 일부러
- 少(すく)なくとも 적어도
- 必(かなら)ず 꼭, 반드시
- 辛(かろ)うじて 겨우, 간신히
- 是非(ぜひ) 제발, 꼭
- 専(もっぱ)ら 오로지, 전적으로
- 多分(たぶん) 아마, 대개
- 碌(ろく)に 제대로, 충분히
- 敢(あ)えて 굳이, 감히
- うっかり 무심코, 멍청히, 깜박
- すっと 상쾌함, 개운함
- てっきり 틀림없이, 꼭
- そっくり 전부, 몽땅
- しきりに 자꾸, 자주, 빈번히
- あっさり 담백하게, 시원스럽게
- なにしろ 어쨌든, 여하튼
- ぎっしり 가득, 잔뜩
- わざわざ 일부러, 특별히
- すっかり 완전히
- ひっきりなしに 끊임없이
- 主(おも)に 주로
- 直(じか)に 직접
- ひたすら 오로지
- 一概(いちがい)に 일괄적으로
- まもなく 곧, 머지않아

예

都合(つごう)がよろしければ是非(ぜひ)訪問(ほうもん)してください。
형편이 좋으시다면 꼭 방문해 주십시오.

昨夜(ゆうべ)はぐっすり寝(ね)た。
어제는 푹 잤다.

朝(あさ)起(お)きて新聞(しんぶん)をざっと読(よ)んだ。
아침에 일어나서 신문을 대충 읽었다.

彼(かれ)が犯人(はんにん)だという証拠(しょうこ)は未(いま)だに見(み)つかっていない。
그가 범인이라고 하는 증거는 아직까지 발견되지 않았다.

子供(こども)の将来(しょうらい)を考(かんが)えて両親(りょうしん)は敢(あ)えてその意見(いけん)に反対(はんたい)した。
아이의 장래를 생각해서 부모님은 굳이 그 의견을 반대했다.

走(はし)って行(い)ったので、辛(かろ)うじて電車(でんしゃ)の時間(じかん)に間(ま)に合(あ)った。
뛰어서 갔기 때문에, 겨우 전철 시간에 맞추었다.

JPT 시험에서 부사는 매번 한 문제 이상씩 출제되고 있다. 그렇게 어려운 부사를 요구하는 문제는 그다지 없기 때문에 쉽게 맞출 수가 있을 것이다. 그런데 최근에는 단순히 부사를 묻는 문제가 아니라 한자까지 묻는 문제가 늘어나고 있다. 따라서 평소에 자주 사용하는 부사는 반드시 한자도 함께 익혀 두어야 한다.

점수를 마구마구 올려 주는 문제

1. その問題は先生と前以て相談した方がいい。
   - (A) 予め
   - (B) 急に
   - (C) ちっとも
   - (D) ひたすら

2. 今年は作柄が殊によくないので、とても心配だ。
   - (A) げんに
   - (B) さらに
   - (C) とくに
   - (D) つねに

3. 仕事はできるだけ早めに始めるように心掛けましょう。
   - (A) なるべく
   - (B) ろくに
   - (C) あえて
   - (D) うっかり

4. わざわざ手に入れたのだから、役に立つように有効に使わなければならない。
   　　(A)　　　(B)　　　　　　(C)　　　　　　　　　　(D)

5. 彼女は持ち物や身ぶりなどから考えて、必ず日本人観光客に違いない。
   　　　　　(A)　　　　(B)　　　　(C)　　　　　　(D)

6. 昨日は大変だったと思いますが、_____眠れましたか。
   - (A) ぎっしり
   - (B) はっきり
   - (C) ぐっすり
   - (D) あっさり

7. _____彼が試験に落ちるとは、想像もできなかった。
   - (A) たしか
   - (B) まさか
   - (C) あくまで
   - (D) たぶん

8. この地域では同じような盗難事件が＿＿＿＿＿起こっている。
   (A) かならず　　　　　　　　　(B) ざっと
   (C) わざと　　　　　　　　　　(D) しばしば

9. 申し訳ありません。＿＿＿＿＿部長は席を外しておりますが。
   (A) あいにく　　　　　　　　　(B) まるで
   (C) かえって　　　　　　　　　(D) まえもって

10. その作家は5年間努力した挙げ句、＿＿＿＿＿原稿を完成しました。
    (A) やっと　　　　　　　　　　(B) きっと
    (C) かっと　　　　　　　　　　(D) はっと

11. うちの主人ときたら、週末になると＿＿＿＿＿庭ばかりいじっている。
    (A) 専ら　　　　　　　　　　　(B) 必ずしも
    (C) 次々に　　　　　　　　　　(D) 思い切って

12. ここは車が＿＿＿＿＿通っているので、気を付けてください。
    (A) 一向に　　　　　　　　　　(B) さっぱり
    (C) なにしろ　　　　　　　　　(D) ひっきりなしに

13. 今まで沈黙を続けていた被告は＿＿＿＿＿口を開いた。
    (A) 徐々に　　　　　　　　　　(B) 案の定
    (C) むしろ　　　　　　　　　　(D) そもそも

14. 司法試験に合格するために、＿＿＿＿＿毎日10時間以上は勉強すべきだと思う。
    (A) すくなくとも　　　　　　　(B) なかなか
    (C) よほど　　　　　　　　　　(D) めったに

15. 難しい手術が無事に成功したというのを聞いて_____した。
    (A) ほっと   (B) てっきり
    (C) そっくり   (D) ぼうっと

16. 太るとわかっていながら、あまりにも美味しそうなケーキだったので_____食べてしまった。
    (A) つい   (B) せっかく
    (C) すでに   (D) ひょっとしたら

17. 空を見上げると、_____と雲が浮かんでいた。
    (A) ぎっしり   (B) ぽっかり
    (C) きっちり   (D) がっかり

18. この会社は_____子供向けの本を扱っているそうだ。
    (A) まもなく   (B) おもに
    (C) いまだに   (D) おもむろに

19. 信号が青になると、車が_____動き出した。
    (A) 一斉に   (B) 度々
    (C) 辛うじて   (D) 一概に

20. 英語を毎日一年間勉強すれば上手になると言われたが、_____どの程度まで上手になれるのだろうか。
    (A) たとえ   (B) いきなり
    (C) はたして   (D) ほとんど

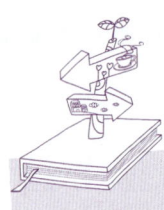

이것만은 확인하고 넘어가자

1. 부사는 매 시험마다 반드시 출제되고 있으므로 완벽한 이해가 필요하다. 외울 때에는 반드시 한자도 함께 외우도록 하자.

2. 비슷한 의미의 부사는 구분해서 외울 필요가 있다. 어떤 상황에서 사용할 수 없는지를 알아야 '오문 정정' 파트에 부사가 나와도 당황하지 않는다.

3. 자주 출제되는 부사로는 「まさか」, 「ぎっしり」, 「すくなくとも」, 「ぽっかり」, 「ぜひ」 등이 있다.

쉬 . 어 . 가 . 기

● 帰(かえ)る · 戻(もど)る │ 돌아가다

「帰る」와 「戻る」는 둘 다 원래 있던 장소에서의 이동을 나타낸다는 점에서는 동일하다. 그러나 「帰る」가 지점 A(현재 있는 장소)에서 지점 B(원래 있던 장소)로의 직선적인 이동을 나타내는 것에 비해, 「戻る」는 지점 B(원래 있던 장소)에서 지점 A(현재 있는 장소)로의 이동을 염두해 두고, 지점 A에서 B로의 이동을 나타내고 있는 것처럼 느껴진다. 즉, 「帰る」가 직선적인 이동이라면, 「戻る」는 U자형 이동을 나타낸다고 할 수 있다. 따라서, 「戻る」는 지점 A에 머물러 있는 기간이 짧다는 것을 함축하고 있다고 말할 수 있다. 바꿔 말하면, 「戻る」에는 지점 B가 그 사물이 원래 속한 장소라는 뉘앙스가 있는 것이다. 다음의 예를 보면 쉽게 이해가 될 것이다.

　　Aさんはいますか。 A씨 있습니까?
　→ いや、さっき家(いえ)に帰(かえ)りましたよ。(○)
　→ いや、さっき家に戻(もど)りましたよ。(×)
　　아니오, 조금 전에 집에 돌아갔습니다.

또 다음과 같은 물음에 대해서는 양쪽 다 사용이 가능하다.

　　ご主人(しゅじん)はご在宅(ざいたく)ですか。 남편께서는 집에 계십니까?
　→ ええ、今(いま)帰ったところです。
　→ ええ、今戻ったところです。
　　예, 지금 막 돌아왔습니다.

27 한방으로 간단히 끝내는 접속사

먼저 전체적인 의미 파악을 해야
접속사를 알 수 있다.

JPT 시험에서 접속사 문제만큼 쉬운 문제도 없다. 그러나 접속사의 대부분이 순수 독해 파트에서 출제되기 때문에, 시간 배분에 실패해 놓치는 사람들이 의외로 많다. 우선은 보기에 접속사가 있으면 반드시 전후 문맥을 한 문장만이라도 읽어 보자. 그러면 쉽게 답을 찾을 수 있을 것이다. 한편 이 접속사가 '공란 메우기'에 출제되면 상당히 까다로울 수 있다. 다음 예문에 알맞은 접속사를 함께 생각해 보자.

> **예** この書類に 住所(しょるい じゅうしょ) _____ 名前(なまえ)を書(か)いてください。

위의 예문에서 우선 생각할 수 있는 접속사가「または」나「および」정도가 될 것이다. 두 접속사는 '또는'이라는 의미의 대등의 접속사이다. 이런 간단한 문장이라면 누구나 맞출 수 있을 것이다. 그럼 수준을 조금 높여서 같은 대등의 접속사 간에는 어떤 의미 차이가 있는지 알아 보도록 하자.

> **예** ビールにしますか。_____ 焼酎(しょうちゅう)にしますか。

위의 예문에서 과연「または」나「および」를 사용할 수 있을까? 언뜻 보기에는 될 것도 같지만, 가장 적절한 접속사는「それとも」이다.「それとも」는 주로 의문문에 사용되며, 두 가지 중에서 한 가지를 선택할 때 사용하는 접속사이다. 이처럼 비슷한 대등의 접속사에도 의미의 차이는 분명히 존재한다. 접속사 부분은 출제 비중이 낮다고 절대 간과해서는 안 된다. 남들이 다 맞추는 문제는 기본적으로 맞춰야 고득점을 올릴 수 있다.

한방으로 간단히 끝내는 접속사

1 대등 | 내용 추가나 두 가지 이상을 함께 이야기할 때

- そして・それから 그리고, 그 다음
- また 또
- あるいは 또는
- そのうえ・それに・しかも 게다가
- ならびに・および 및
- それとも 그렇지 않으면(의문문에서만 사용)

2 화제를 바꿀 때

- (それ)では 그렇다면
- ところで・さて 그런데

3 앞 문장과 뒷 문장을 이어줌 원인·결과의 관계, 서로 상반되는 내용

- だから・したがって 그러므로
- それで 그래서(＝そこで)
- しかし・ところが 그러나
- (それ)でも 그래도
- ただし 다만(＝もっとも)
- すると 그러자
- それなのに 그럼에도 불구하고

4 내용을 요약함

- つまり 즉
- すなわち 즉, 다시 말하면
- ようするに 즉, 요약하면

5 기타 접속사

- なお 덧붙여, 또한
- ないし(は) 내지(는)

예

時計(とけい)が壊(こわ)れてしまった。それで、新(あたら)しいのを買(か)った。
시계가 부서져 버렸다. 그래서 새로운 것을 샀다.

雨(あめ)が降(ふ)っているが、それでも試合(しあい)は続(つづ)けるそうだ。
비가 내리고 있지만, 그래도 시합은 계속한다고 한다.

蓋(ふた)を開(あ)けてみた。すると、中(なか)から化(ば)け物(もの)が出(で)てきた。
뚜껑을 열어 보았다. 그러자, 안에서 괴물이 튀어나왔다.

JPT 시험에서 접속사는 주로 순수 독해 문제에서 자주 출제되고 있다. 하지만 간혹 '공란 메우기' 문제에도 출제되므로 암기할 필요가 있다. 그렇게 어려운 부분이 아니므로 이번 기회에 확실히 이해하고 넘어가도록 하자.

점수를 마구마구 올려 주는 문제

1. この欄に住所および名前をお書きください。
   - (A) 住所と名前を
   - (B) 住所か名前を
   - (C) 住所または名前を
   - (D) 住所あるいは名前を

2. 私の家は駅から近いです。そして、静かなところです。
   - (A) 私の家は駅から近くて静かなところです
   - (B) 私の家は駅から近いですが、静かではありません
   - (C) 私の家は駅から近くても静かなところではありません
   - (D) 私の家は駅から近いですが、静かなのかどうかよくわかりません

3. あの学生は頭脳明晰で背も高い。しかも、女の子に人気があるのも当たり前だ。
   (A)　　　　(B)　(C)　　　　　　　　　　　(D)

4. いきなり気温が下がって寒くなってきた。それにしても雨も降ってきた。
   (A)　　　(B)　　　　(C)　　(D)

5. 私はその噂を誰にも話していません。それに、あの人は知らないはずだ。
      (A)　　　　　(B)　　(C)　　　　　　(D)

6. 彼はいつも穏やかで親切な紳士である。それで、お酒を一滴でも飲んだが最後、手が
          (A)　　　　　　　　　(B)　　　　　　　(C)
   つけられなくなる。
        (D)

7. 詳しいことは経理部＿＿＿＿事務室にお問い合わせください。
   - (A) なお
   - (B) ないし
   - (C) もっとも
   - (D) しかしながら

8. 外は土砂降りでした。_____出掛けることにしました。
   (A) そこで
   (B) それでも
   (C) そのうえ
   (D) だから

9. この商品は安い。_____、品質があまりよくない。
   (A) ところが
   (B) あるいは
   (C) それに
   (D) そこで

10. 鈴木さんは昨日奥さんとけんかしたそうだ。_____今日機嫌が悪いのだ。
    (A) それで
    (B) すると
    (C) しかし
    (D) あるいは

11. 昨日、ライバルの中村高校に敗れてしまった。_____監督は私たちを励ましてくれた。
    (A) そして
    (B) でも
    (C) さて
    (D) つまり

12. 日本を象徴する人、_____天皇は日本人にとって一体どんな存在だろうか。
    (A) ところで
    (B) すると
    (C) すなわち
    (D) それで

13. 私は市場に行ってリンゴとオレンジと、_____いちごを買って来ました。
    (A) それで
    (B) ようするに
    (C) ただし
    (D) それから

14. この体育館は会員_____その家族に限り、使用することができる。
    (A) それに
    (B) その上
    (C) しかし
    (D) あるいは

15. この市場は安いし、＿＿＿＿品物も多いので、いつも混んでいます。
(A) それで
(B) だから
(C) でも
(D) それに

16. 小林さんは隣の部屋のドアをノックしました。＿＿＿＿、中から「はい」という声がしました。
(A) すると
(B) および
(C) それでは
(D) ようするに

17. 彼女は美人で、＿＿＿＿成績も優秀な学生です。
(A) それとも
(B) そのうえ
(C) そのかわり
(D) それなら

18. この駐車場はデパートに来た人なら誰でも利用できます。＿＿＿＿、時間は2時間だけです。
(A) だから
(B) ただし
(C) つまり
(D) すなわち

19. 申請書類に氏名＿＿＿＿会社名を書いてください。
(A) および
(B) そのうえ
(C) すると
(D) ところが

20. 今年の米作は大豊作が見込まれる。＿＿＿＿、台風の被害がなければの話であるが。
(A) しかも
(B) さて
(C) ようするに
(D) もっとも

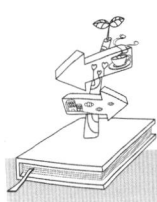

이것만은 확인하고 넘어가자

1. 접속사는 우선 문장의 전체적인 의미를 파악한 후 찾아야 실수하는 일이 없다.
2. 비슷한 의미로 사용되더라도 문장의 내용에 따라 용법이 달라지므로 비슷한 접속사는 쓰임새의 구분이 반드시 필요하다.
3. 최근에는 역접의 「でも」, 첨가의 「そのうえ」, 요약의 「すなわち」 등의 접속사가 자주 출제되고 있다.

쉬.어.가.기

● さて・ところで | 그런데(화제 전환의 접속사)

「さて」와 「ところで」는 모두 화제를 전환하는 접속사라는 공통점이 있다. 하지만 「さて」와 「ところで」는 선행문맥(선행하는 문장이나 상황)과의 관계에 있어서 차이가 나타난다.

우선 「さて」는 선행문맥의 내용을 받아서 그것을 요약하거나 무언가를 진술하는 문장에서 사용된다. 이에 반해 「ところで」는 선행문맥과 관련이 없는 내용을 뒤에 이어서 전환하는 역할을 한다. 또 「ところで」를 사용한 문장은 이야기하는 사람이 듣는 사람의 준비가 다 되기를 기다리면서 듣는 사람과 어떤 화제로 이야기를 하고 있다는 의미를 나타내기도 한다.

長男と次男は二歳違いです。次男と三男は三歳違いです。
장남과 차남은 두 살 차이입니다. 차남과 삼남은 세 살 차이입니다.

さて長男と三男はいくつ違いでしょう。
그러면 장남과 삼남은 몇 살 차이일까요?

これで講義を終了します。ところで皆さん、この後お時間はおありでしょうか。
이것으로 강의를 끝내겠습니다. 그런데 여러분, 이 후에 시간이 있으십니까?

28 의미가 많아본들 답이 뻔한 다의어

**JPT 시험에서 매번 반드시 출제되는 다의어!
이젠 포기하지 말자!**

일본어의 특징 중의 하나가 동음이의어와 함께 같은 단어지만 의미가 상당히 많은 다의어가 존재한다는 것이다. 이는 음수의 제한으로 나타낼 수 있는 단어에 한계가 있기 때문에 나타나는 어쩔 수 없는 현상이라고 할 수 있다.

> **예** 足がいたい・足が出た・足が早い・足を奪われる

위의 예문에서 「足(あし)」는 다양한 의미로 사용되고 있다. 처음에 나오는 「足」는 '다리'를 의미하고, 두 번째 나오는 「足」는 '적자, 손해'라는 의미이며, 세 번째의 「足」는 '음식이 상함'이라는 의미로 사용되고 있다. 마지막에 사용된 「足」는 '교통 수단'을 의미하고 있다. 이처럼 「足」라는 단어 하나만으로도 무수히 많은 의미를 표현할 수 있다. 다음은 형용사를 예로 들어 보자.

> **예** このくつはきつい／この仕事はきつい

위의 예문에서 「きつい」라는 い형용사는 각각 다른 의미로 사용되고 있다. 처음에 나오는 「きつい」는 '꽉 끼다'라는 의미이고, 두 번째 나오는 「きつい」는 '힘들다'라는 의미로 사용되었다.

서두에서 말했던 것처럼 일본어에는 무수히 많은 다의어가 존재하기 때문에 시험에도 비중있게 출제되고 있다. 하지만 쉽게 푸는 방법은 있다. 시험에 다의어가 출제되면 반드시 먼저 자신이 아는 의미를 전부 적어 놓고 문제를 풀기 바란다. 미리 의미를 적어 놓고 문제를 풀어야지 바로 문제를 보면 지문에 구애를 받기 때문에 정확한 의미를 알기 힘들다. 아무쪼록 쉽지 않은 다의어지만, 꼭 나오는 문제이기 때문에 정리하고 넘어가길 바란다.

자주 출제되는 다의어

- とは 정의, 놀람, 인용
- 顔(かお) 얼굴, 안면, 체면, 표정
- 足(あし) 다리, 교통 수단, 보조, 발길, 드나듦, 출입
- 口(くち) 입, 입구, 말, 일자리
- 道(みち) 길, 도로, 일의 분야, 도리, 진리
- うち 집, 안, 내가 소속한 집단, (~うちに의 형태로) ~하는 동안에
- うまい 잘하다, 능숙하다, 맛있다
- きつい 힘들다, 괴롭다, 옷이 꽉 끼다
- きわめる 극한에 이르다, 깊이 연구하다, 극도로 ~하다, 다하다
- あつい 두껍다, 뜨겁다, 덥다, 위독하다
- つつ ~하면서, ~인데도, (~つつある의 형태로) 계속 ~하다
- ~っぽい ~인 경향이 있다, ~같다, 그러한 색을 띠다
- かける 쓰다, 걸치다, 노력을 들이다, 소비하다, 수고하다
- 当(あた)る 들어맞다, 당첨되다, 담당하다, 해당하다
- 回(まわ)る 돌다, 퍼지다, 순번이 돌아오다, 잘 작용하다
- 乗(の)る 타다, 오르다, 응하다, 여세를 몰다, 우쭐해지다
- とる 잡다, 뽑다, 취하다, 붙잡다, 찍다
- ひく 당기다, 빼다, 찾다, 연주하다
- たつ 출발하다, 서다, 끊다, 경과하다
- もつ 가지다, 들다, 구성하다, 부담하다
- おさめる 거두어들이다, 납부하다, 다스리다, 수양하다
- おかす 저지르다, 침해하다, 무릅쓰다
- ください 주십시오, ~해 주십시오(~てください), 경어(お+ます형+ください의 형태)

다의어는 매 시험마다 반드시 한 문제 이상 출제되고 있다. 주로 '정답 찾기' 문제로 출제되는데, 평소에 문장을 통해 정확한 용법을 구분해 두지 않으면 정답을 찾기가 상당히 까다로운 부분이다. 다의어는 나올 때마다 노트에 따로 정리해 두는 습관을 들이도록 하자.

점수를 마구마구 올려 주는 문제

1. 会社はそのビジネスから手を<u>ひいた</u>。
   - (A) 5から3を<u>ひく</u>と2になる。
   - (B) 子供がピアノを<u>ひいて</u>いる。
   - (C) 父は会社から身を<u>ひいた</u>。
   - (D) わからないところがあって辞書を<u>ひいて</u>みた。

2. 藤原さんは運転が本当に<u>うまい</u>です。
   - (A) あの店の料理は<u>うまい</u>です。
   - (B) 仕事は<u>うまく</u>いっていますか。
   - (C) 韓国の焼き肉は本当に<u>うまい</u>です。
   - (D) 私はコンピューターの操作が<u>うまい</u>です。

3. この服はきれいだが、ちょっと<u>きつい</u>。
   - (A) 彼は私の手を<u>きつく</u>握りました。
   - (B) スカートが<u>きつくて</u>いけません。
   - (C) 給料が上がらないので、生活が<u>きつい</u>です。
   - (D) 大久保さんは性格が<u>きつくて</u>付き合いにくいです。

4. <u>口</u>に合わないかもしれませんが、どうぞ召し上がってください。
   - (A) <u>口</u>のうまい人は気を付けた方がいいよ。
   - (B) 琵琶湖の美しさは<u>口</u>には表せないほどだった。
   - (C) 彼は<u>口</u>が奢っているから、こんなものは食べないと思う。
   - (D) 人の注意をする前に、まず自分の<u>口</u>を慎んだ方がよさそうだ。

5. 彼は毒が<u>まわって</u>既に動けない状態だった。
   - (A) 彼女は酔いが<u>まわって</u>顔が真っ赤になっていた。
   - (B) 彼は夜10時を<u>まわった</u>時にやっと着いたそうだ。
   - (C) 鈴木君はそんなに知恵が<u>まわる</u>人ではなかった。
   - (D) その部屋は扇風機が<u>まわって</u>いたが、ちょっと暑かった。

6. 今日ちょっと相談に<u>のって</u>もらいたいことがあるのだが。
   (A) 私はやむを得ず彼の誘いに<u>のった</u>。
   (B) 今度の仕事は全然気が<u>のらない</u>。
   (C) この島は小さすぎて地図にも<u>のって</u>いない。
   (D) こんな豪華な旅客船は今まで<u>のった</u>ことがなかった。

7. 予想が<u>当たって</u>会場は大盛況だった。
   (A) 天気予報が<u>当たり</u>、いい天気になった。
   (B) この言葉に<u>当たる</u>単語が日本語にはないようだ。
   (C) この家は日が<u>当たらない</u>ので、買わない方がいい。
   (D) 生の魚は<u>当たり</u>やすいから、焼いて食べてください。

8. ビールを三本<u>ください</u>。
   (A) お上がり<u>ください</u>。
   (B) きれいな花を<u>ください</u>。
   (C) 部屋を出る時は電気を消して<u>ください</u>。
   (D) 理解できないので、もう一度説明して<u>ください</u>。

9. パソコン<u>とは</u>個人で使える小型のコンピューターのことだ。
   (A) あの人がこんなうそを吐く<u>とは</u>。
   (B) 私にとって家族<u>とは</u>一体何なのだろうか。
   (C) ベテラン登山家の彼が遭難する<u>とは</u>。
   (D) 先輩に「お前」<u>とは</u>、生意気なやつだな。

10. 先日はいろいろと迷惑を<u>かけて</u>しまいました。
    (A) 後ろから声を<u>かけて</u>も彼は気が付かず、応答がなかった。
    (B) あなたはゲームでお金を<u>かける</u>のは悪いことだと思いますか。
    (C) 自分に<u>かけて</u>いるものが何であるかを知ることは大切です。
    (D) 技術を大切にしたいと思う想いから、少しでも手間を<u>かける</u>仕事をしたい。

11. 食事の後布団に寝転んでテレビを見ているうちに眠ってしまった。
    (A) うちでは父が一番の甘党なのだ。
    (B) 大体うちにいる時はテレビが付けっぱなしだ。
    (C) 仕事というのは最初のうちは相当の我慢をしなければならない。
    (D) うちの社長ときたら、冗談なのか真面目なのか、わからない時がある。

12. 長引いている不景気で客の足が跡絶えた。
    (A) 今月買い物をしすぎて足が出てしまった。
    (B) 生物は足が早いから、すぐ食べた方がいい。
    (C) 労働組合のストライキで市民の足が奪われた。
    (D) 昔はよく行ったが、忙しくて足が遠退いてしまった。

13. いくら頑張っても、この道で成功するのはやはり厳しい。
    (A) 郵便局はこの道をまっすぐ行くとあります。
    (B) この仕事はあなたに向かないから、他の道を考えた方がいい。
    (C) たとえ人の道に背くことであれ、今回だけは絶対に諦めない。
    (D) みんな全力を尽くしているが、解決の道はまだ見つかっていない。

14. 彼は飽きっぽい性格で、何をやってもすぐ止めてしまう。
    (A) 彼女は黒っぽい服を着ていた。
    (B) あの人はいつも忘れっぽくて困る。
    (C) このジュースは水っぽくてまずい。
    (D) そんなことで怒るなんて子供っぽいね。

15. そんなに時間やお金をかけたのに、結局無駄だった。
    (A) あの眼鏡をかけている人は誰なの?
    (B) 先生にいろいろ迷惑をかけてしまった。
    (C) この薬は生涯をかけて完成したものだ。
    (D) そのサッカー選手は足に保険をかけたそうだ。

16. 部品は遅くても火曜日までにはおさめます。

    (A) 税金をおさめるのは国民の義務の一つである。
    (B) 彼がすべての暴徒をおさめて政権を奪い取った。
    (C) その病をおさめる方法は未だに見つかっていない。
    (D) 彼は何でも知っているが、実は小学校1年しかおさめていない。

17. 重大な過失をおかした以上、ただでは済まないだろう。

    (A) 犯罪をおかした者でも人権というのはあると思う。
    (B) たとえ政府とはいえ、国民の権利をおかしてはいけない。
    (C) 救援隊は危険をおかしてその人たちをみんな救出した。
    (D) 北朝鮮の戦闘機が韓国の領空をおかしたのが今、外交問題になっている。

18. 私の顔に免じて許してください。

    (A) 佐藤さんは顔が広いから、知り合いが多い。
    (B) 話を聞いていた彼女は悲しそうに顔を曇らせた。
    (C) 顔に覚えはあるけど、名前が思い出せない。
    (D) 母の顔を立てるため、しぶしぶお見合いをした。

19. 悪いと知りつつも、彼にうそをついてしまった。

    (A) 景気回復への期待感は高まりつつある。
    (B) 最近結婚しない独身女性が増えつつある。
    (C) 彼女は涙を流しつつ今までの経緯を語った。
    (D) やってはいけないと思いつつも、またやってしまった。

20. その事件の真相をきわめるのは容易ではなかった。

    (A) イラクはアメリカとの戦争で混乱をきわめていた。
    (B) 科学とは世界のあらゆる真理をきわめる学問である。
    (C) 頼まれて受け入れてしまったが、今度の仕事は困難をきわめた。
    (D) 3時間も登って頂上をきわめた時の壮快感は途中の疲れを吹きとばしてくれた。

이것만은 확인하고 넘어가자

1. 다의어는 정답 찾기 문제 중에서 가장 어렵고 까다로운 부분이다. 평소에 많은 문장을 보고 의미를 구분하는 것이 가장 좋은 방법이다.
2. 출제 영역은 명사에서부터 동사, 조동사에 이르기까지 거의 모든 품사에서 출제되고 있다.
3. 그 중에서도 가장 출제빈도가 높은 것은 동사이다. 실제로 「とる」, 「ひく」, 「のる」 등의 표현이 출제되었다.

쉬.어.가.기

● 準備(じゅんび)・支度(したく)・用意(ようい) | 준비

　이 표현들은 작문을 할 때 틀리기 쉬운 표현들인데 비슷하게 사용되는 것 같지만 의미면에서는 상당한 차이가 있다. 먼저 「準備」는 규모가 크고 대대적인 행사나 여행・시험 등을 잘 치르기 위하여 여러 가지 배려와 과정 등을 거쳐서 계획적이며 단계적으로 하는 준비를 가리킨다.
　다음으로 「支度」는 극히 대상이 한정되어 있으며, 보다 일상적인 일에 쓰인다. 예를 들어 「旅行(りょこう)の準備をする」가 일정 확인 및 여러 가지 물품을 챙기는 일을 의미한다면, 「旅行の支度をする」는 여행을 곧 떠나기 전에 앞서 등산복으로 갈아입는다거나, 문단속 등을 챙긴다는 의미이다.
　마지막으로 「用意」는 이미 다 준비되어 바로 행동으로 옮길 수 있는 상태를 의미하며, 「準備」와 같이 오랜 과정을 요하지 않는다. 가령 비가 올 경우에 바로 쓸 수 있도록 우비, 우산 등을 챙긴다는 의미의 준비는 「用意」가 적당하다.

　　旅行の準備をする。 여행 준비를 하다.
　　食事(しょくじ)の支度をする。 식사 준비를 준비하다.
　　傘(かさ)を用意する。 우산을 준비하다.

29 명사는 이것만 알아 두자

**명사는 구분이 제일 중요하다.
나누고 또 나누자!**

앞에서 형식명사에 관해서는 자세하게 살펴보았다. 이제 지겨울 법도 하지만 JPT 시험에서 명사가 꾸준히 출제되고 있는 만큼 명사를 좀 더 공부해 둘 필요가 있다. 대부분의 명사 문제는 점수를 거저 준다. 실제로 JPT 시험에서 파본 검사 시간에 문제를 대충 훑어보면 '정답 찾기' 파트에는 명사 문제가 거의 없다. 그런데, '오문 정정' 파트로 넘어가면 「つもり」나 「よてい」를 교묘하게 바꾸어 놓거나 「ところ」 앞의 접속을 엉뚱한 형태로 해 놓거나 해서 사람을 혼동되게 만든다. 그나마 '공란 메우기' 파트에서는 기본적인 명사의 발음이나 한자를 찾는 문제가 나와 안심하게 된다. 여기서 명사 문제가 끝나면 얼마나 좋을까! 뒤로 가 보면 이번에는 접두어나 접미어 문제가 튀어나와 우리를 또 힘들게 만든다. 어쨌든 명사는 묻는 형태만 다를 뿐 독해의 전 부분에서 고르게 출제되고 있다. 이 과에서는 시험에 가장 많이 출제되는 명사를 중심으로 문제를 공략하려고 한다. 우선 형식명사의 구분부터 해 보도록 하자.

> **예** 遠(とお)くからピアノを弾(ひ)いている _____ が聞(き)こえる。

위의 밑줄에 들어갈 형식명사는 「もの」, 「こと」, 「の」 중에서 어느 것일까? 쉬운 듯 하면서도 쉽지 않은 문제이다. 결론부터 얘기하자면 「聞こえる」처럼 사람의 시각이나 청각을 나타내는 동사 앞에서는 「の」밖에 사용할 수 없다. 그럼 다음으로 자주 출제되는 「つもり」에 대해서 알아보자. 다음 예문을 「つもり」에 주의해서 한번 해석해 보기 바란다.

> **예** 高級(こうきゅう)レストランに行(い)ったつもりで、貯金(ちょきん)しました。

해석이 되는가? 「つもり」는 기본적으로 '생각, 작정'이라는 의미로 사용되는 명사이지만, 앞에 과거형이 오면 의미가 전혀 달라진다. 위의 문장을 해석하면 '고급 레스토랑에 간 셈 치고 저금했습니다'라는 의미이다. 즉, 「동사의 과거형+つもりで」는 '~한 셈 치고'라는 의미를 나타낸다. 이처럼 명사는 쉬운 듯하면서도 쉽지 않다. 고득점을 올리려면 이런 명사를 구분하고 또 구분해서 사용해야만 한다.

기본만 알면 다 맞추는 명사

1 もの・こと・の

- 구체적인 명사나 사물, 눈에 보이는 '것'은 「もの」와 「の」 둘 다 사용 가능하다.
- 대치될 명사가 있는 경우에는 「の」만 사용 가능하다.
- 대치될 명사가 없는 경우에는 「もの」와 「こと」만 사용 가능하다.
- 「見る」, 「見える」, 「聞く」, 「聞こえる」 등 시각이나 청각을 나타내는 동사 앞에서는 「の」만 사용 가능하다.
- 동적인 장면이나 지금 현재 행해지는 장면에서는 「の」만 사용 가능하다.

> **예**
> 今日学校を休んだのは風邪を引いたからです。
> 오늘 학교를 쉰 것은 감기에 걸렸기 때문입니다.
> 誰かが泣いているのが聞こえる。
> 누군가가 울고 있는 소리가 들린다.

2 つもり・予定

- 「つもり」는 의지, 의도를 나타내는 표현으로 화자의 의지나 제3자의 의지 모두에 가능하다.
- 「동사의 현재형+つもりで」는 '~할 생각으로'라는 의미로 사용된다.
- 「동사의 과거형+つもりで」는 '~한 셈 치고, ~했다고 생각하고'라는 의미로 어떤 행위를 하는 전제로서의 가정을 의미한다.
- 「予定」는 구체적인 일정이나 계획성이 있는 예정에 사용한다.

> **예**
> 死んだつもりでがんばれば、できないことはない。
> 죽은 셈 치고 노력하면 못 할 일은 없다.
> あした取引先のお客さんが来る予定です。
> 내일 거래처의 손님이 올 예정입니다.

암기 「つもり」 앞에 현재형이 올 때와 과거형이 올 때의 의미 차이는 주로 '오문 정정' 파트에서 바꾸어 출제된다. 간혹 '공란 메우기' 파트에서 앞의 접속 형태를 묻는 경우도 있다.

3 ところ

- 동작이 행해지는 장소나 상황을 나타낸다.
- 「기본형 + ところ」는 '~하려던 참'이라는 의미를 나타낸다.
- 「진행형 + ところ」는 '~하고 있는 중'이라는 의미를 나타낸다.
- 「과거형 + ところ」는 '막 ~하다'라는 의미를 나타낸다.

예
赤ちゃんが今寝たところだから、静かにしなさい。
아기가 지금 막 잠들었으니 조용히 해라.
今勉強しているところですから、邪魔しないでください。
지금 공부하고 있는 중이니까, 방해하지 마십시오.

암기 「お亡しいところを(바쁘실텐데)」,「~ところで(~해봤자)」,「危うく~ところだった(하마터면 ~할 뻔했다)」 등의 표현도 함께 기억해 두자.

4 うち

- 단순히 명사로 사용되면 '안, 집, 자신'을 나타낸다.
- 「~ているうちに」는 '~하는 동안에'라는 의미를 나타낸다.
- 「~ないうちに」는 '~하기 전에'라는 의미를 나타낸다.

예
太陽が出ているうちに洗濯をしよう。
해가 떠 있는 동안에 빨래를 해요.
桜が散らないうちに、花見に行きましょう。
벚꽃이 지기 전에, 꽃구경을 갑시다.

암기 「~ないうちに」는 반드시 해석에 주의를 해야 한다. 이 표현은 「~前に」와 바꾸어 쓸 수도 있다.

시험에서 명사는 의외로 자주 출제되고 있다. 가장 대표적인 위의 표현들 외에도 목적이나 이유를 나타내는 「ため」나 접두어·접미어에 대한 공부도 필요하다.

점수를 마구마구 올려 주는 문제

1. 今から昼ご飯を食べるところです。
   (A) もう食べました
   (B) 食べようとしています
   (C) 食べるしかありません
   (D) 食べるとは言えません

2. 危うくぶつかることだったが、幸い事故は免れた。
   　(A)　　　　(B)　　　　(C)　　　(D)

3. 昨日学校に行けなかったことは風邪を引いたからだ。
   (A)　　(B)　　　　(C)　　　　　　(D)

4. 今から出発するところで、最後の電車には間に合わないだろう。
   　(A)　　　(B)　　　　　　　(C)　　(D)

5. 子供は叱られると自分の悪いものは忘れて、他の人のせいにしがちだ。
   　　　(A)　　　　　(B)　　　　　　　(C)　　(D)

6. 死ぬつもりで努力すればできないことはありません。諦めないで頑張ってください。
   　(A)　　　　　(B)　　　(C)　　　　　　(D)

7. お口に合わないかもしれませんが、どうぞ、冷めない前に召し上がってください。
   　(A)　(B)　　　　　　　　　　　　　(C)　(D)

8. 隣の部屋で誰かがピアノを弾いている_____が聞こえる。
   (A) の　　　　　　　　　(B) もの
   (C) こと　　　　　　　　(D) ところ

9. A もしもし、山田さんいらっしゃいますか。
   B 申し訳ありませんが、ただ今お風呂に_____ところなんですが。
   (A) 入った　　　　　　　　(B) 入る
   (C) 入ろう　　　　　　　　(D) 入っている

10. 両親が元気な_____、新しい家でも建ててあげようと思っています。
    (A) なかに　　　　　　　　(B) あとに
    (C) うちに　　　　　　　　(D) ところに

11. 結婚の_____で折り入って相談したいことがありますが、お時間大丈夫でしょうか。
    (A) もの　　　　　　　　　(B) こと
    (C) つもり　　　　　　　　(D) ところ

12. 旅行に_____つもりで、そのお金を貯金しておくことにした。
    (A) 行く　　　　　　　　　(B) 行き
    (C) 行った　　　　　　　　(D) 行ったり

13. にこにこと笑っている_____を見ると、きっと合格したに違いない。
    (A) もの　　　　　　　　　(B) こと
    (C) うち　　　　　　　　　(D) ところ

14. 静かに。少し前に赤ちゃんがやっと_____ところなんだから。
    (A) 寝る　　　　　　　　　(B) 寝た
    (C) 寝て　　　　　　　　　(D) 寝ている

15. 子供たちが公園で遊んでいる_____が見える。
    (A) の　　　　　　　　　　(B) もの
    (C) こと　　　　　　　　　(D) ところ

16. 魚はなるべく＿＿＿＿＿＿うちに食べてください。
    (A) 新鮮
    (B) 新鮮な
    (C) 新鮮だ
    (D) 新鮮で

17. 私もちょうどそこに行こうと思った＿＿＿＿＿＿です。
    (A) もの
    (B) うち
    (C) ところ
    (D) よてい

18. お忙しい＿＿＿＿＿＿、わざわざ来ていただいて、誠にありがとうございます。
    (A) ところで
    (B) ところを
    (C) ところが
    (D) ところに

19. 忘れない＿＿＿＿＿＿、メモしておきましょう。
    (A) さきに
    (B) うちに
    (C) まえに
    (D) あとで

20. 札幌では来週から雪祭りが行われる＿＿＿＿＿＿だそうです。
    (A) もの
    (B) こと
    (C) ところ
    (D) よてい

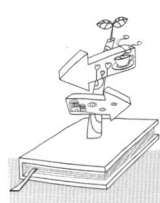

이것만은 확인하고 넘어가자

1. 명사 부분도 거의 매 시험에서 출제되고 있으므로 확실한 용법 구분이 필요하다.
2. 형식명사「もの・こと・の」의 구분은 '오문 정정' 파트나 '공란 메우기' 파트에 주로 출제된다.
3. 「つもり」는 잠정적인 사항의 예정에,「予定(よてい)」는 구체적인 사항에 사용하는 표현이다.
4. 「ところ」는 거의 대부분이 앞의 동사 형태를 묻는 문제이다.
5. 「~うちに」는 '~하는 동안에',「~ないうちに」는 '~하기 전에' 라는 의미이다.

쉬.어.가.기

- **とりあえず・一応(いちおう)** | 일단, 우선

「とりあえず」,「一応」는 '임시방편으로, 일단'이라는 의미일 때 같이 쓰이기도 하지만, '우선'이라는 의미로 쓰일 때는 뉘앙스의 차이가 있다. 먼저「とりあえず」는 '여러 가지 종류가 있지만 우선 처음에는 ~으로 하겠다'라는 의미를 나타낸다. 이에 반해「一応」는 '충분하지는 않지만 대충'이라는 의미를 나타낸다. 비슷한 듯하면서도 용법에서는 차이가 나므로 구분해서 사용하도록 하자.

　A　お客(きゃく)さん、何(なに)になさいますか。 손님 무엇으로 하시겠습니까?
　B　とりあえずビール。 우선은 맥주.
　一応覚(いちおうおぼ)えたが、まだよく分(わ)からない。 대충은 외웠지만 아직 잘 모르겠다.

결코 어렵지 않은 의성어 · 의태어

짧은 의성어 · 의태어 속에는 무한한
표현들이 들어 있다.

일본어를 공부하다 보면 어느 순간에 의성어·의태어란 것이 나타나 사람을 당황하게 만든다. 의미가 상당히 많은 것도 문제지만 비슷하게 생긴 것들이 워낙 많아서 학습자를 더욱 혼란스럽게 만든다. 그렇다고 시험에 출제되는 부분을 전혀 공부하지 않을 수도 없다. 이러지도 저러지도 못하는 부분이었던 의성어·의태어를 효과적으로 공부할 수 있는 방법은 없을까? 우선 의성어와 의태어는 왜 시험에 출제되는 것일까? 그 의문의 해결이 공부의 단서가 될 것이다. 다음 문장을 의성어나 의태어를 전혀 사용하지 않고 일본어로 바꾸면 어떻게 될까?

> **예**
> 오랫동안 걸어서 다리가 후들후들 떨린다.
> 長い時間歩いたので、足の力がなくなり、不安定に揺れている。
> 長い時間歩いたので、足がふらふらしている。

첫 번째 문장을 보면 상당히 문장이 긴 느낌이 들 것이다. 그런데 두 번째 문장은 장황한 설명을 「ふらふら」라는 의태어로 대체함으로써 문장도 간결하고 훨씬 의미전달이 쉬운 느낌이 든다. 이처럼 의성어나 의태어는 문장의 간결성과 특정 상황을 나타내는 말을 사용하여 정확한 의미 전달을 하는데 목적이 있다고 할 수 있을 것이다. 이러한 필요성에 대해 알았다 하더라도 유사한 형태의 표현이 많아서 혼동을 일으키기 쉬운 부분이 바로 의성어·의태어이다.

> **예**
> くすくす · ぐずぐず · うきうき · てきぱき · はきはき

위의 의성어·의태어는 비슷한 형태지만 의미는 전혀 다른 표현들이다.「くすくす」는 웃는 모양을,「ぐずぐず」는 꾸물거리는 모양을 나타낸다. 이처럼 탁점의 유무에 따라서도 상당히 의미가 달라지기 때문에 꼼꼼히 보지 않으면 틀리기 쉽다. 의성어·의태어의 효과적인 학습법은 우선 비슷한 상황에 사용되는 표현들을 모두 모아서 함께 암기하는 것이다. 그리고 나서 세부적인 의미의 차이를 공부해야 완벽한 이해가 가능할 것이다. 이런 고충을 덜어 주고자 대표적인 의성어와 의태어를 정리해 보았다. 시험은 이 범위 안에서 출제될 것이다.

자주 출제되는 필수 의성어·의태어

- いらいら 안달복달하며 초조한 모양
- ごろごろ 아무 일도 않고 노는 모양
- ぶらぶら 지향없이 거니는 모양
- くすくす 웃음을 억지로 참는 모양
- てきぱき 일을 척척 해내는 모양
- どしどし 쉴 새 없이 계속되는 모양
- ぷりぷり 몹시 성난 모양
- べたべた 끈적끈적 들러붙는 모양
- からから 바싹 마른 모양
- じめじめ 습기가 많은 모양
- はらはら 몹시 걱정되어 조바심하는 모양
- ぴりぴり 바늘에 찔린 듯이 아픈 모양
- へとへと 몹시 지쳐서 힘이 없는 모양
- ひしひし 사무치게 느껴지는 모양
- どさどさ 무거운 물건이 떨어지는 모양
- ぴんぴん 원기왕성한 모양
- ぎりぎり 빠듯한 모양
- きらきら 반짝반짝 빛나는 모양
- くよくよ 사소한 일을 걱정하는 모양
- すらすら 막힘없이 원활히 진행되는 모양
- ぞくぞく 추위를 느끼는 모양
- だらだら 액체가 줄줄 흐르는 모양
- するする 미끄러지는 모양
- すたすた 총총걸음으로 걷는 모양
- ぶかぶか 헐렁한 모양
- わくわく 기쁨이나 기대로 마음이 설레는 모양
- もくもく 연기 따위가 피어오르는 모양
- うかうか 마음이 안정되지 않거나 멍한 모양

- くどくど 같은 말을 반복하는 모양
- ぐらぐら 흔들흔들 흔들리는 모양
- ひそひそ 몰래 속삭이는 모양
- でこぼこ 울퉁불퉁한 모양
- どんどん 일이 순조롭게 진행되는 모양
- ぐずぐず 판단이나 행동이 느리고 굼뜬 모양
- ぶつぶつ 투덜투덜 불평을 하는 모양
- じろじろ 빤히 쳐다보는 모양
- ぐるぐる 빙글빙글 도는 모양
- ふわふわ 가볍게 뜨거나 움직이는 모양
- てくてく 터벅터벅 걷는 모양
- ちらちら 작은 것이 날리는 모양
- じりじり 조금씩 확실하게 나아가는 모양
- ぺらぺら 외국어를 유창하게 말하는 모양
- がちがち 단단한 물건이 잇따라 부딪치는 모양

예

道がよくわからなくて、何度も同じところをぐるぐる回った。
길을 잘 몰라서 몇 번이나 같은 곳을 빙글빙글 돌았다.

授業中に、となりの人とひそひそ話をしてはいけません。
수업 중에 옆 사람과 소근소근 이야기를 해서는 안 됩니다.

緊張して、言葉がすらすら出ませんね。
긴장을 해서 말이 술술 나오지 않는군요.

암기 비슷하게 생겼지만 탁점에 따라 의미가 달라지는 단어는 반드시 외워 두자.

JPT 시험에서 의성어·의태어는 상당히 자주 출제되는 부분이다. 문장 전체의 의미를 파악해야만 찾을 수 있는 문제가 대부분이기 때문에 정확한 의미와 용법을 숙지할 필요가 있다. 예문은 발음이 비슷한 표현들을 나열해 놓은 경우가 많으므로 탁점의 유무에 따라서 의미가 달라지는 의성어·의태어에 특히 주의하자.

점수를 마구마구 올려 주는 문제

1. なかなか電車が来ないので、苛々した。
   (A) いらいら　　　　　　　　　(B) むかむか
   (C) まごまご　　　　　　　　　(D) めらめら

2. 家を出て初めて、両親のありがたさを痛切に感じました。
   (A) はっきり　　　　　　　　　(B) さんざん
   (C) ぴりぴり　　　　　　　　　(D) ひしひし

3. 何を買うともなくデパートの中をごろごろしていたら、友人に会った。
        (A)   (B)   (C)   (D)

4. 私の彼氏は運転がとても乱暴なので、事故でも 起こすのではないかと、いつもくらくら
                          (A)   (B)   (C)   (D)
   します。

5. 「この仕事はあなたにはとても無理です」と言われた彼は顔を真っ赤にして、ぴりぴり怒っ
                    (A)   (B)   (C)   (D)
   ていた。

6. 一番大切なのは働く喜びを感じることだと思う。うきうき働くのでなく、わくわくしなが
               (A)   (B)   (C)
   ら畑でも、海でも、会社でも働けようにしたいと思う。
                              (D)

7. 彼はいつも文句_____ばかり言っているので、気に入らない。
   (A) ぶつぶつ　　　　　　　　　(B) ごろごろ
   (C) しくしく　　　　　　　　　(D) くすくす

㉚ 결코 어렵지 않은 의성어·의태어 | 237

8. 2時間も運動したので、汗で下着が＿＿＿＿＿＿くっついた。
   - (A) へとへと
   - (B) べたべた
   - (C) ぺこぺこ
   - (D) ぶかぶか

9. 明日のデートのことを考えると、胸が＿＿＿＿＿＿する。
   - (A) はきはき
   - (B) わんわん
   - (C) にやにや
   - (D) わくわく

10. ＿＿＿＿＿＿言わないで、はっきり要点だけ言ってください。
    - (A) くどくど
    - (B) ひそひそ
    - (C) すらすら
    - (D) どんどん

11. 工事現場の担当者が＿＿＿＿＿＿やってくれたので、仕事が早く終わったと思います。
    - (A) うきうき
    - (B) てきぱき
    - (C) いきいき
    - (D) はきはき

12. 新製品を作ったばかりなのに、もう注文が＿＿＿＿＿＿入ってきます。
    - (A) どきどき
    - (B) ぐるぐる
    - (C) どしどし
    - (D) だらだら

13. 彼は会社を辞めてまだ＿＿＿＿＿＿しています。
    - (A) もじもじ
    - (B) どさどさ
    - (C) ひらひら
    - (D) ぶらぶら

14. 安定していた物価が＿＿＿＿＿＿上がっている。
    - (A) じめじめ
    - (B) のろのろ
    - (C) じりじり
    - (D) からから

15. 彼は英語が＿＿＿＿だから、本当に羨ましい。
    (A) ぺらぺら (B) ちらちら
    (C) でこぼこ (D) ぞくぞく

16. あまりにも寒くて、歯が＿＿＿＿いう。
    (A) がらがら (B) するする
    (C) がちがち (D) すたすた

17. ＿＿＿＿と暮らすうちに、年を取ってしまった。
    (A) うじうじ (B) うかうか
    (C) うろうろ (D) うきうき

18. 10時間以上の練習という強行軍でみんな＿＿＿＿になっていた。
    (A) へとへと (B) ずかずか
    (C) もじもじ (D) きらきら

19. 君が手伝ってくれたので、仕事が＿＿＿＿はかどったよ。
    (A) ぺこぺこ (B) どんどん
    (C) もくもく (D) にやにや

20. 彼には人の顔を＿＿＿＿見る悪い癖がある。
    (A) じろじろ (B) ふわふわ
    (C) ぞくぞく (D) こりごり

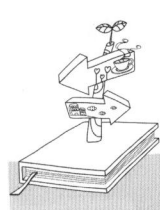
이것만은 확인하고 넘어가자

1. 의성어·의태어는 JPT 시험에 단골로 출제되는 부분이므로 완벽한 숙지가 필요하다.
2. 대부분 일상 회화에서 자주 사용하는 단어 위주로 출제되고 있으며, 간혹 발음이 비슷한 것을 나열해 놓고 알맞은 것을 찾는 문제로도 출제된다.
3. 의성어·의태어는 평소에 잘 사용하지 않는 사람들이 대부분이기 때문에, 고득점을 올리려면 평소에도 많은 의성어와 의태어를 사용하는 연습을 해야한다.

쉬.어.가.기

● 美(うつく)しい · きれいだ | 아름답다, 예쁘다

「美しい」는 시각적으로나 청각적으로 매우 아름답고, 예술적 가치가 있는 상태일 경우에 사용한다. 또 정신적으로나 도덕적으로 그 언행이 훌륭하여 다른 사람을 감동하게 하는 경우에 쓰이기도 한다.

　　絵(え)のように美しい景色(けしき)。그림처럼 아름다운 경치.
　　美しい友情(ゆうじょう)の話(はなし)。아름다운 우정 이야기.

「きれいだ」는 시각적, 청각적으로 깨끗하고 조화를 잘 이루고 있는 상태일 때 쓰인다. 「美しい」와는 다르게 예술적 가치는 문제가 되지 않는다. 그러나 청결한 상태, 또는 도덕에 어긋나지 않는 순수한 마음을 나타낼 때는 「美しい」를 쓸 수가 없다.

　　きれいな着物(きもの)。예쁜 기모노.
　　部屋(へや)をきれいに【美しく(×)】掃除(そうじ)する。방을 깨끗하게 청소하다.
　　きれいな【美しい(×)】勝負(しょうぶ)をする。깨끗한 승부를 하다.

참고로 「きれいに」의 꼴로 '남김없이, 완전히, 깨끗이' 라는 뜻으로도 쓰인다.

　　きれいに食(た)べてしまう。말끔히 먹어 버리다.

31 독해의 완성 독해문!!

독해 파트의 종합 선물세트 독해

독해 파트의 마지막 파트인 파트 8 독해문은 실제 시험에서 4문제짜리 지문이 6개, 3문제짜리 지문 2개 모두 8개의 독해문이 출제되고 있다. 독해문은 독해 파트의 종합 선물세트라고 할 수 있는데 앞선 파트에서 나오는 문법이나 어휘를 총 망라해서 출제되고 있다.

출제 유형을 보면 우선 공란 문제가 출제된다. 공란에 들어갈 적절한 어휘나 표현을 찾는 문제로 최근에는 3문제 정도가 출제되고 있다. 이 유형을 출제 빈도순으로 보면 관용 표현, 문법 표현, 한자어 순이다. 따라서 관용 표현 부분을 집중적으로 공부해 둘 필요가 있다.

두 번째 유형은 밑줄 문제인데 간혹 밑줄 부분의 이유를 묻는 문제가 출제되기도 하지만 「それ」나 「その」 등의 지시사로 나오는 경우가 대부분이다. 만약 실제 시험에서 이 유형의 문제가 출제되면 밑줄 앞부분만 유심히 잘 읽어보면 대부분이 정답이 나오므로 시간이 없을 경우에는 밑줄 앞부분만 읽고 정답을 찾고 넘어가도록 하자.

마지막 유형으로 내용 일치 문제가 출제된다. 본문에 등장하는 구체적인 내용과의 일치를 묻는 문제와 본문 전체의 내용 일치를 묻는 문제로 출제되는데 최근에는 매 시험 평균 2문제 정도가 출제되고 있다. 이 유형에 대한 공략은 일단 보기에 나오는 내용을 미리 읽어 두고 반드시 내용을 기억한 다음에 독해를 시작해야 한다. 그리고 독해를 읽으면서 보기에 나왔던 내용과의 일치 여부를 하나씩 따져 보면 되겠다. 다시 한 번 강조하지만 보기의 내용을 대충이라도 기억한 다음에 독해문을 읽어야만 나중에 다시 본문으로 올라가 확인하는 번거로움을 들 수 있으므로 보기 내용을 반드시 기억한 다음에 독해문을 읽도록 하자.

독해문은 독해 파트의 마지막 파트인 만큼 시간 배분이 가장 중요하다. 최근에는 전반적으로 내용 자체가 쉽게 출제되고 있지만 아무리 쉽게 출제된다고 해도 시간 배분에 실패하면 제 시간에 풀 수가 없을 것이다. 따라서 파트 5, 6, 7 70문제를 적어도 25분 이내에 푸는 연습을 평소에 꾸준해 해 두어야 독해문에서의 고득점이 가능하다. 평소의 연습만이 고득점으로 연결되는 지름길이라는 사실을 잊지 말기 바란다.

독해력을 쑥쑥 키워주는 어휘

1 일상생활 관련 어휘

- 食(た)べ物(もの) 음식물
- 久(ひさ)しぶりに 오랜만에
- ～と会(あ)う ~와 만나다
- 終(お)える 끝내다
- 食事(しょくじ) 식사
- 料理(りょうり) 요리
- 荷物(にもつ) 짐
- 重(おも)い 무겁다
- 缶詰(かんづ)め 통조림
- 冷蔵庫(れいぞうこ) 냉장고
- 包丁(ほうちょう) 부엌칼
- 電灯(でんとう) 전등
- 扇風機(せんぷうき) 선풍기
- 秤(はかり) 저울
- 器(うつわ) 그릇
- 栓抜(せんぬ)き 병따개
- 本棚(ほんだな) 책장
- 食卓(しょくたく) 식탁
- 布団(ふとん) 이불
- 将棋(しょうぎ) 장기
- 携帯電話(けいたいでんわ) 휴대전화
- 通(かよ)う 다니다
- 可能性(かのうせい) 가능성
- 利用(りよう) 이용
- 取(と)り組(く)む 몰두하다
- 普及(ふきゅう) 보급
- 資格(しかく) 자격

- 大好物(だいこうぶつ) 아주 좋아하는 음식
- 野菜(やさい) 야채
- 健康(けんこう) 건강
- 家族(かぞく) 가족
- 温泉(おんせん) 온천
- 生(なま)ゴミ 음식물 쓰레기
- 燃(も)えるゴミ 불에 타는 쓰레기
- 増(ふ)える 늘다
- 便利(べんり) 편리
- 変(か)わる 변하다
- 連(つ)れる 데리고 가다
- 朝刊(ちょうかん) 조간
- 届(とど)ける 갖다주다
- 公園(こうえん) 공원
- 思(おも)い出(で) 추억
- 氾濫(はんらん) 범람
- 情報(じょうほう) 정보
- 済(す)ませる 때우다, 해결하다
- 簡単(かんたん)に 간단히
- 仕事(しごと)に追(お)われる 일에 쫓기다
- 陳列棚(ちんれつだな) 진열장
- 案内(あんない) 안내
- 調(しら)べる 조사하다
- 経験(けいけん) 경험
- 知識(ちしき) 지식
- 意外(いがい)に 의외로
- 忙(いそが)しい 바쁘다

- 商品(しょうひん) 상품
- 店員(てんいん) 점원
- 売(う)り場(ば) 매장
- 番組(ばんぐみ) 프로그램
- 参考(さんこう) 참고
- 新(あたら)しい 새롭다
- 操作(そうさ) 조작
- 迷惑(めいわく) 폐
- 想像(そうぞう) 상상
- 明(あか)るい 밝다
- 認識(にんしき) 인식
- 守(まも)る 지키다
- 重要(じゅうよう) 중요
- 怒(いか)り 분노
- 定年(ていねん) 정년
- 機会(きかい) 기회
- 購入(こうにゅう) 구입
- 助(たす)かる 도움이 되다
- 相談(そうだん) 상담
- 退職(たいしょく) 퇴직
- 繰(く)り返(かえ)す 반복하다
- 挑戦(ちょうせん) 도전
- 感想(かんそう) 감상
- 褒(ほ)める 칭찬하다
- 賑(にぎ)わう 북적거리다
- 気(き)を使(つか)う 신경을 쓰다

2 기후 및 날씨 관련 어휘

- 晴(は)れ 맑음
- 空模様(そらもよう) 날씨
- 悪天候(あくてんこう) 악천후
- 吹雪(ふぶき) 눈보라
- 氷点下(ひょうてんか) 영하
- 摂氏(せっし) 섭씨
- 降雪量(こうせつりょう) 강설량
- 降水量(こうすいりょう) 강수량
- 洪水(こうずい) 홍수
- 伴(ともな)う 동반하다
- 天気(てんき)が崩(くず)れる 날씨가 나빠지다
- 霧(きり) 안개
- 空気(くうき) 공기
- 気圧(きあつ)の谷(たに) 기압골
- どんより 날씨가 잔뜩 흐린 모양
- 氷(こお)りが張(は)る 얼음이 얼다
- 波(なみ) 파도
- にわか雨(あめ) 소나기
- 雨戸(あまど) 빗문
- 肌寒(はださむ)い 쌀쌀하다
- 梅雨(つゆ)に入(はい)る 장마가 시작되다
- 梅雨前線(ばいうぜんせん) 장마전선
- 蒸(む)し暑(あつ)い 무덥다
- 湿(しめ)る 습기가 차다
- 最高気温(さいこうきおん) 최고기온
- 例年(れいねん) 예년
- 日照(ひで)り 가뭄
- 土砂降(どしゃぶ)り 비가 억수같이 내림
- 小雨(こさめ) 가랑비
- 気温(きおん)が下(さ)がる 기온이 내려가다
- 被害(ひがい) 피해
- 台風(たいふう) 태풍

- 雷(かみなり)が鳴(な)る 천둥이 치다
- 北上(ほくじょう) 북상
- 津波(つなみ) (지진 등에 의한) 해일
- 寒波(かんぱ) 한파
- 土砂崩(どしゃくず)れ 산사태
- 押(お)し寄(よ)せる 밀려들다
- ひょう 우박
- 天気図(てんきず) 기상도

3 회사 및 비즈니스 관련 어휘

- 支店(してん) 지점
- 部品(ぶひん) 부품
- 本店(ほんてん) 본점
- 新型(しんがた) 신형
- 株主(かぶぬし) 주주
- 不良品(ふりょうひん) 불량품
- 総会(そうかい) 총회
- カタログ 카탈로그
- 法人(ほうじん) 법인
- 見本(みほん) 견본
- 専務(せんむ) 전무
- 性能(せいのう) 성능
- 理事(りじ) 이사
- 付属品(ふぞくひん) 부속품
- 係長(かかりちょう) 계장
- 耐久性(たいきゅうせい) 내구성
- 通勤(つうきん) 통근
- 相場(そうば) 시세, 시가
- 出張(しゅっちょう) 출장
- 足踏(あしぶ)み 답보, 제자리
- 遅刻(ちこく) 지각
- 書(か)き留(と)め 등기우편
- 入社(にゅうしゃ) 입사
- 切(き)れ者(もの) 수완가
- 辞職(じしょく) 사직
- 大口(おおぐち) 큰 거래처
- 休職(きゅうしょく) 휴직
- 売上高(うりあげだか) 매상고
- 報酬(ほうしゅう) 보수
- 高騰(こうとう) 고등
- 昇進(しょうしん) 승진
- 低迷(ていめい) 침체
- 地位(ちい) 지위
- 円高(えんだか) 엔고
- 外回(そとまわ)り 외근
- 売(う)り込(こ)み 판매 공세
- 月給(げっきゅう) 월급
- 売(う)れ行(ゆ)き 팔림세
- 組織(そしき) 조직
- 天下(あまくだ)り 낙하산 인사

4 정치 및 경제 관련 어휘

- 国民(こくみん) 국민
- 国会(こっかい) 국회
- 改革(かいかく) 개혁
- 衆議院(しゅうぎいん) 중의원
- 参議院(さんぎいん) 참의원
- 内閣(ないかく) 내각
- 市役所(しやくしょ) 시청
- 区役所(くやくしょ) 구청
- 民法(みんぽう) 민법
- 行政(ぎょうせい) 행정
- 逮捕(たいほ) 체포
- 法律(ほうりつ) 법률
- 義務(ぎむ) 의무
- 納税(のうぜい) 납세
- 告訴(こくそ) 고소
- 条約(じょうやく) 조약
- 規則(きそく) 규칙
- 原告(げんこく) 원고
- 刑罰(けいばつ) 형벌
- 裁判(さいばん) 재판
- 輸出(ゆしゅつ) 수출
- 輸入(ゆにゅう) 수입
- 取引(とりひき) 거래
- 赤字(あかじ) 적자
- 黒字(くろじ) 흑자
- 為替(かわせ) 환
- 資本(しほん) 자본
- 融資(ゆうし) 융자
- 予算(よさん) 예산
- 決算(けっさん) 결산
- 発展(はってん) 발전
- 見通(みとお)し 전망
- 経費(けいひ) 경비
- 費用(ひよう) 비용
- 両替(りょうがえ) 환전
- 生産(せいさん) 생산
- 製造(せいぞう) 제조
- 品質(ひんしつ) 품질
- 維持(いじ) 유지
- 定価(ていか) 정가

점수를 마구마구 올려 주는 문제

Ⅶ 次の文を読んで、後の質問にもっとも適したものを(A)から(D)の中で一つ選びなさい。

1~4

　　受験生にとって、夏はまだ試験には間があるとはいうものの、＿＿①＿＿のはずである。夏を制する者は受験を制すると言われる。暑い日々が続くが、たゆまず努力を重ねてほしいものである。
　　実は私も一年浪人生活を送った。その夏のある日、同じ教室で勉強していたある先輩が「ここに5年もいることになろうとは思わなかったよなあ」とぼそっと言った。それを聞いて私はぞっとした。これは本当にやらなければ大変なことになると思った。
　　＿＿②＿＿、翌春その先輩も私も浪人生活に終止符を＿＿③＿＿ことが出来た。
　　懸命にがんばっている君、きっと勝利の女神は君に微笑む。

1. ＿＿①＿＿に入る言葉としてもっとも適当なものはどれですか。
   - (A) 二束三文
   - (B) 正念場
   - (C) 駄目押し
   - (D) 土壇場

2. ＿＿②＿＿に入る言葉としてもっとも適当なものはどれですか。
   - (A) 幸いなことに
   - (B) 残念ながら
   - (C) それはさておいて
   - (D) にもかかわらず

3. ＿＿③＿＿に入る動詞はどれですか。
   - (A) 叩
   - (B) 破る
   - (C) 打つ
   - (D) 切る

4. 本文で筆者が一番言いたいのは何だと思いますか。
   - (A) 同じ教室で勉強していたある先輩の話が参考になった。
   - (B) 一年間浪人生活を送ったことが、結局受験に役に立った。
   - (C) 夏は暑い日々が続くが、たゆまず努力を重ねてほしい。
   - (D) 受験生にとって、夏はまだ試験には間がある。

5~8

　毎週火曜日と金曜日は燃えるごみを出す日で、水曜日は燃えないごみを出す日だ。私が住んでいる静岡市は、ごみの分別をきちんとしている。特に、燃えるごみとペットボトルや缶を出す日は分けてある。ごみを入れる袋も指定されていて、必ずその袋に入れなければならない。
　ペットボトルの場合は、必ずふたを取り、ラベルを剥がし、きれいに洗ってから出す。生ごみも燃えるごみだけれど、＿＿＿①＿＿＿水分を切ってから出す。アルミ缶のふたは取って別に集めておく。集めたふたはリサイクルされ、そのお金で福祉施設に車いすを贈っているそうだ。

5. 本文に出ているペットボトルの捨て方ではないものはどれですか。
　(A) ふたを取ってから捨てる。
　(B) ラベルを剥がしてから捨てる。
　(C) 水分を切ってから捨てる。
　(D) きれいに洗ってから捨てる。

6. 本文の内容の中でリサイクルされるのは何ですか。
　(A) 生ごみ　　　　　　　　(B) ペットボトル
　(C) 缶　　　　　　　　　　(D) アルミ缶のふた

7. ＿＿①＿＿に入る言葉としてもっとも適当なものはどれですか。
　(A) なるべく　　　　　　　(B) まさか
　(C) どうも　　　　　　　　(D) いきなり

8. 本文の内容と合っていないものはどれですか。
　(A) 水曜日は燃えないごみを出す日である。
　(B) 生ごみはなるべく水分を切ってから出す。
　(C) ごみを入れる袋は決まっていない。
　(D) アルミ缶のふたはリサイクルされる。

9~11

　「春眠暁を覚えず」の気候はもっと早い時期だと思うが、最近、息子はよく眠る。そんな彼が先日友達の家にお泊まりに行った。きっと友達と二人で寝室に入ってもくすくす笑いながら、遅くまで寝なかったに違いない。しかも、翌日は朝早くから友達のお母さんに起こされて　　①　　そうだ。
　その日の午後、②散髪に行った彼がいつまで経ってもちっとも帰って来ない。1時間もあれば帰って来ると言ったのに、もう2時間近くになる。そろそろ心配だなあと思っていたところへ散髪屋さんから電話があった。
　「お宅の息子さんが散髪の途中で眠っちゃって、終わっても目を覚まさないんですよ。30分ぐらいそのまま待ってたんですけど、まだ眠っているので、迎えに来てもらえませんか?」
　日が暮れて家内と共に帰って来た彼は夕食をそそくさと済ませて、また眠ってしまった。息子よ、寝る子は育つというが、「少年老い易く学為り難し」であるぞよ。

9. 　①　　に入る言葉としてもっとも適当なものはどれですか。

(A) 目がなかった
(B) 目が肥えた
(C) 目が覚めた
(D) 目が届いた

10. ②散髪に行った彼がいつまで経ってもちっとも帰って来ない理由は何ですか。

(A) 散髪の途中眠ってしまったから。
(B) 友達の家で夜遅くまで寝なかったから。
(C) 友達の家にお泊まりに行ったから。
(D) 散髪するのに、結構時間がかかったから。

11. 本文の内容と合っているものはどれですか。

(A) 息子は先日友達の家にお泊まりに行った。
(B) 息子は友達の家で早く寝たから、朝早く起きることができた。
(C) 息子は散髪屋に行っても寝ないでがまんしていた。
(D) 息子は散髪屋から帰って来てから、色々話しながら夕食をゆっくり食べた。

12~14

　国際社会の進展に伴い、世界的共用語としての英語の役割は一層大きくなっている。またパソコンが世界的に普及する＿＿①＿＿インターネットで用いられる言語としての英語の必要性も従来より増加しつつある。そのためか、最近幼い時からの英語教育が必要だという声も出るようになった。しかし、それと同時に、英語以外の外国語に対する関心が次第に高まっているのも事実であり、今まではあまり人気のなかった外国語を学ぶ人が増えているのも事実である。

　文部省の資料によると、日本の大学では②約60強の言語を教えているそうだ。また民間にも50ヶ国語の講座を開いている大学国際語学アカデミーなどがあり、外国語に対する関心に素早く対応している。

　この語学学校では、ヨーロッパの言語よりアジアの言語の受講者の数の方が多くなり、特にタイ語、中国語、韓国語などに人気があるという。これにはビジネスのためという実用的な理由があるが、海外旅行などでアジア諸国に対する関心が大きくなってきたこととも深く関係がある。

12. ＿＿①＿＿に入るもっとも適当な言葉はどれですか。

　(A) にかぎって
　(B) をきっかけに
　(C) につれて
　(D) をよそに

13. ②約60強の言語とはどんな意味ですか。

　(A) 60より少ない言語
　(B) ちょうど60の言語
　(C) 60より多い言語
　(D) 60以下の言語

14. ヨーロッパの言語よりアジアの言語が人気があるのはなぜですか。

　(A) アジアの言語を学ぶことにやり甲斐があるから
　(B) アジアの言語がヨーロッパの言語より学びやすいから
　(C) ビジネスのための外国語の習得は欠かせないものだから
　(D) アジア諸国に対する関心が低くなったから

15~18

　ハトは平和の象徴と言われるが、人の生活とはあまり近くない方がよいらしい。引っ越したマンションは初めは人の生活臭が薄いせいか、ハトは寄って来なかったが、だんだんと人口が増え、生ゴミがベランダに出されるようになると、朝からグルーポッポッポとベランダで鳴く声がするようになった。
　ハトが寄り付くようになると、ふんのため　　①　　し、ベランダも汚れる。ふんが乾燥すると、その中に含まれているカビが病気の元になることもある。
　なんとかハトが寄らないようにする方法がないものかとインターネットで検索すると、大阪大学医学部皮膚科学教室のホームページにその方法が載っていた。
　ベランダの手すりの上に、釣り糸を張るというものだ。ハトの胸に当たるぐらいの高さが効果的とのことである。②早速やってみたが、ベランダのコーナーにうまく張るのが少しコツが要る。効果はありそうだが、釣り糸は伸びる傾向にあり、こころなしかダランとしているのが　　③　　。

15. 　①　に入る表現としてもっとも適当なものはどれですか。

(A) 洗濯物がよく干せる　　　　(B) 洗濯物がじゃまになる
(C) 洗濯物が干せなくなる　　　(D) 洗濯物がきれいになる

16. ②早速やってみたがは何を指していますか。

(A) インターネットで検索すること
(B) 大阪大学医学部皮膚科学教室のホームページにその方法が載っていたこと
(C) ハトが寄らないようにする方法を調べたこと
(D) ベランダの手すりの上に、釣り糸を張るということ

17. 　③　に入る慣用表現としてもっとも適当なものはどれですか。

(A) 気を使う　　　　(B) 気にかかる
(C) 気が多い　　　　(D) 気を失う

18. 本文の内容と合っているものはどれですか。

(A) ハトは人の生活と近い方がよいらしい。
(B) ハトのふんが乾燥すると、その中に含まれるカビが病気の元になる場合もある。
(C) 筆者は大阪大学医学部皮膚科学教室に電話をかけてみた。
(D) 釣り糸を張る時、ハトの胸に当たるぐらいの高さはあまり効果がない。

19~21

　寒い日が続いておりますが、みなさん　①　ありませんか。みなさんが　①　なくても、みなさんの愛車は結構ピンチだったりしていないでしょうか。乾燥した空気でホコリが舞う中を走ればボディに無数の傷が付くし、スキー場へ行けば行ったで下周りに汚れが集中するし…。

　北風が吹きすさぶ中、かじかんだ手を白い息で暖めながら愛車を洗っている方も多いのではないでしょうか？「冬の洗車って、面倒くさいなぁ…」とか「忙しくて洗ってる暇がないなぁ…」という方は結構多いはずです。そんなあなたにお勧めなのが、ボディコーティングなんですね。傷ついたり傷んでいるボディをすっかりきれいに蘇らせて、その後の洗車も楽になるんだったら、すごく嬉しくありません？

　今回は、究極のボディコーティングを目指す『High Lander』社にお邪魔して、②企業秘密漏洩スレスレのノウハウをたっぷり伝授していただきました。

19. 　①　に入る適当な表現はどれですか。

　(A) ご無沙汰　　(B) 差支え　　(C) 拝啓　　(D) お変り

20. ②企業秘密漏洩スレスレに一番近い表現はどれですか。

　(A) 企業秘密漏洩になってもおかしくないくらい
　(B) 企業秘密漏洩にはならないくらい
　(C) 企業秘密漏洩になるわけにはいかないくらい
　(D) 企業秘密漏洩になるはずのないくらい

21. この本文の次にはどんな内容が来ると思いますか。

　(A) High Lander社について
　(B) 車のボディコーティングについて
　(C) 寒い日に洗車せずに済むノウハウ
　(D) 企業秘密漏洩について

22~24

　世界遺産について知ってもらおうと、社団法人日本ユネスコ協会連盟が小学校高学年向けの教材を1000部作った。学校や教育団体などから希望を募り、無料で配布する。小中学校の「総合的な学習の時間」で世界遺産について取り組みたいと、同連盟に助言や資料を求める例が増えた____①____制作した。教材は「隊員パック」と名付けられ、世界遺産を紹介したビデオや地図、児童が意見などを書き込むノートがセットになっている。児童は隊員として、世界の歴史や自然、文化の多様性などについて学ぶ。
　教材は無料だが、送料は実費を____②____。応募や問い合わせは「(株)アストラカン・世界遺産隊員パックA係」(03・XXXX・XXXX)まで。締め切りは9月16日。応募者多数の場合は使い方などを審査した上で配布先を決める。

22. ____①____に入るもっとも適当な言葉はどれですか。
　(A) とは　　　(B) のに　　　(C) ため　　　(D) とも

23. ____②____に入るもっとも適当な表現はどれですか。
　(A) 負担しない　　　　　　　(B) 負担してもかまわない
　(C) 負担してあげる　　　　　(D) 負担してもらう

24. 本文の内容と合っているものはどれですか。
　(A) 今回、社団法人日本ユネスコ協会連盟が作った小学校高学年向けの教材は有料だ。
　(B) 教材、送料共に無料である。
　(C) この教材を受け取るためには9月16日までに応募しなければならない。
　(D) 応募者多数の場合は抽選で配布先を決める。

25~27

　今日、志賀島の海岸は大騒ぎでした。台風が通り過ぎた　①　で、波も荒かったけど、海水浴客が溺れて沖に流されたのです。ヘリコプターや巡視船や、水上バイクがたくさん出てそれはすごかったです。夏のシーズン、海の事故は毎年のようにありますが、今日の事故は例年にない捜査でした。お寺から見ていると、海面すれすれまでヘリが低空飛行して遭難者を探しているのです！2時間くらい探して見つかったらしいけど…。志賀島には危険なビーチがいくつもあります。島の人は絶対泳がないところでサーフィンをやったりしているから…危ないよ!!!
　海は恐いところですよ。私が小さい時、夏の夕方になると父に海に連れて行ってもらっていました。父は私を海の沖に連れて行って放り投げるんですよ!!海は　②　、恐いところでもあることを教えたかったのかもしれません。穏やかな海も時には恐ろしいものになるんですよね。自然というものは優しくもあり、厳しくもあるものなのです。

25. ___①___ に入るもっとも適当な言葉はどれですか。
　(A) だけ　　　(B) ばかり　　　(C) くらい　　　(D) ほど

26. ___②___ に入るもっとも適当な表現はどれですか。
　(A) 楽しいところでもあるし
　(B) 入ってはいけないところでもあるし
　(C) 危ないところでもあるし
　(D) さびしいところでもあるし

27. 本文の内容と合っているものはどれですか。
　(A) 志賀島には今日台風が上陸した。
　(B) 筆者は海は何の危険性もない安全な場所だと思っている。
　(C) 志賀島には危険なビーチが少ない。
　(D) 筆者は海が恐いところでもあると思っている。

28~30

　新聞が毎朝届く。
　パソコンの電源を入れて、立ち上がるまでの間、新聞の一面を眺めながらパンを食べる。パソコンが立ち上がったら、アサヒ・コムやZAKZAKなどネットニュースを覗く。その他、珍ニュースリンク集などにも目を____①____。そして、パソコンを終了させる。これが私の毎朝の日課である。
　このパターンをよく分析してみると、新聞は一面の見出し程度しか読んでいない。この他には見ない。仕事から帰ってよほど暇な時以外は、いきなり裏の番組面を見て、その時面白い番組が無ければ、社会面を見ることもある。通常は見ない。
　インターネットが普及するまで、朝は新聞を眺めるのが習慣だったが、インターネットが入ってからはその習慣もどこかに行ってしまった。習慣などというものは、____②____。さて私の場合、果たして新聞を取っている価値があるだろうか。無いと結論付ける。しかし、長年「新聞を取る」という習慣はなかなか変えられない。読まなくても取ってしまう。

28. ____①____ に入るもっとも適当な動詞はどれですか。
(A) つぶる　　(B) 通す　　(C) 回す　　(D) 肥やす

29. ____②____ に入るもっとも適当な文章はどれですか。
(A) 意外と簡単に変わってしまうものである
(B) 絶対変わらないものである
(C) 身につけさせるのが大変なものである
(D) 変えるわけにはいかないものである

30. 次の筆者についての説明の中で、正しいものはどれですか。
(A) 新聞社で働いている。
(B) 几帳面な性格の人である。
(C) インターネットの普及によって新聞をちゃんと読む習慣がなくなった。
(D) 今、自分にとって新聞は絶対に必要なものだと思っている。

31~33

　世の中、原子力反対派というのが存在する。そして勿論、賛成派もいる。反対、賛成、お互いがもう何十年も議論しているが、お互いが歩み寄って結論に到達したとは聞いていない。当面は平行線が続くのだろう。

　反対派の論理は代替エネルギーに関する論拠に乏しいことが弱点であり、賛成派は安全性と電力業界のモラルの悪さ、廃棄物の最終処分が①ネックになっている。それぞれ弱点を持っているので、議論は収束しない。

　さて、もしもこの原子力を止めるとすると、それに替わるエネルギーは現在では火力しかない。この火力の基になるのはご存知の石油や石炭、LNGガスなどの化石燃料である。これをがばがば使わないと、現在の電力需要は賄えない。原子力反対派は「水力、風力、波力、太陽光、地熱など総合的に代替すればいい」と主張する。原子力賛成派は「　　②　　」と反論する。お互いの言い分は両方とも正しいし、両方とも間違っていると私は思う。

31. ①ネックに一番近い意味を持つものはどれですか。
    (A) 首
    (B) 物事の障害となっている事柄
    (C) 話題の焦点
    (D) 費用

32. 　　②　　に入るもっとも適当な文章はどれですか。
    (A) どの発電方式も規模が小さくて採算性が合わない。
    (B) 原子力は廃棄物処理に費用がかかる。
    (C) 原子力は無限のエネルギーを引き出す超完全無欠の動力である。
    (D) 原子力を使えば核兵器も作れる。

33. 筆者は両派の意見についてどう思っていますか。
    (A) なんとも言えないことだと思っている。
    (B) 反対派の意見が正しいと思っている。
    (C) 賛成派の意見が正しいと思っている。
    (D) お互いが歩み寄って結論に到達するしかないと思っている。

34~37

　　アラビア半島の東側の国では、砂漠で羊が＿＿①＿＿するというのです。水のない砂漠でなぜ＿＿①＿＿するのでしょうか?
　　1982年前後からこの地域では、冬になると大雨が降るといいます。砂漠に水がもたらされるのだから、いかにも天の恵みと思いがちですが、実は違います。
　　砂漠は砂の下が固い粘土質になっていて、降った雨は地下に浸透せずにたまっていきます。豪雨ともなると排水施設もないために、巨大な池ができ、今までそんな水を経験したことのない羊たちは泳ぐこともできず、結局死んでいくという話なのです。私たちの常識からすれば、砂漠に池ができれば、羊なんかは溺死しても、人間のオアシスにはなるだろうと考えます。
　　＿＿②＿＿、砂漠の砂には大量の塩分が含まれているため、池は塩気の強い海水と同じになるのです。水分は大量に蓄えられても、生物が糧とできる水ではないので、草や木も生えず、人間も寄り付かない。
　　つまり砂漠に草木がないのは水が少ないからでなく、＿＿③＿＿。

34. ＿＿①＿＿に入るもっとも適当な言葉はどれですか。

(A) 餓死　　(B) 溺死　　(C) 凍死　　(D) 自殺

35. ＿＿②＿＿に入るもっとも適当な接続詞はどれですか。

(A) むしろ　　(B) だから　　(C) ところが　　(D) しかも

36. 本文の内容からみて、＿＿③＿＿に入るもっとも適当な文章はどれですか。

(A) 羊たちが全部食べてしまうからだということになります
(B) 塩分が砂に含まれているからだということになります
(C) 洪水ができてしまうからだということになります
(D) 砂の下が固い粘土質になっているからだということになります

37. 本文の内容と合っていないものはどれですか。

(A) 砂漠に水がもたらされるのは、あまりいいことではない。
(B) 砂漠に降った雨は地下に浸透しないで、たまっていく。
(C) 砂漠に池ができれば、人間にはオアシスになる。
(D) 砂漠の池は塩気の強い海水と同じになる。

38~40

　東京電力福島第一・第二原発全基が運転を停止した。運転再開の ① は立っておらず、このままでは真夏の電力消費のピーク時には電力不足が必至という。何だか東京電力のお詫びのCMもテレビで流れているが、一連のトラブル隠しには全く呆れて物が言えない。配管のひび割れを報告していないことから始まり、国の立ち入り調査の際も調査官の目を欺く行為を行っていたというから全く質が悪い。

　もし事故が発生すれば、福島県内から風に乗って汚染された空気が広範囲に広がるわけだから、東京近郊にある東電だって危険なのに、②こんなことを行っているという神経がまず理解できない。

　イラク問題の影になってしまっているが、この件に関してはもっとみんな怒るべきだと思う。とはいえ、今年の夏はいつにもまして節電に努めねばならない。大停電なんてなったら大変だから。無駄な電気は消しましょう!

38. ① に入るもっとも適当な言葉はどれですか。
　(A) めど　　　(B) はめ　　　(C) こつ　　　(D) まと

39. ②こんなことが指しているものはどれですか。
　(A) 真夏の電力消費のピーク時には電力不足が予想されること
　(B) もし事故が発生すれば、東京電力も危ないこと
　(C) 東京電力福島第一・第二原発全基が運転を停止したこと
　(D) 配管のひび割れを報告しなかったり、調査官の目を欺く行為を行ったりしていること

40. 本文の内容と合っていないものはどれですか。
　(A) 運転再開がいつになるかはまだよくわからない。
　(B) 筆者は東京電力のお詫びのCMが流れているのはいいことだと思っている。
　(C) 筆者は東京電力の運転停止にみんながもっと怒るべきだと思っている。
　(D) 筆者は今年の夏はいつにもまして節電に努めねばならないと言っている。

41~43

　中学生の時の作文そのままに化学の道を進み、ノーベル賞まで取った人は素晴らしいと思うし、その道をずっと続けられたことは、多分幸運もあっただろうと思う。人によっては、意を決してその道に入ったものの、___①___事情も起こりうる。
　私は子供の頃は飛行機に乗る人になりたかったのだが、しばらくして、飛行機を作る人に変わった。しかしそれも「事故を起こすと大変そうだなあ」と幼稚園生の私は考えて止めた。小学校の時の作文に「40才の私」というのがあって、私は「実験をする人になって、試験管を振ったり、モルモットを相手にしているかも知れない。」と書いたように思う。「医者になって」と書いたかどうかは覚えていない。
　色々な___②___があって、私は今、開業医の一人として仕事をしているが、たまにはねずみの相手をしている。（モルモットではなく、息子のペットのハムスターなのだが、ねずみには違いあるまい。）また先輩、友人の理解を得て、②少々試験管を振る機会が今もあるのは幸せなことである。

41. ___①___に入るもっとも適当な表現はどれですか。

(A) 断念しかねない　　　　　　(B) 断念せざるを得ない
(C) 断念しにくい　　　　　　　(D) 断念してもらう

42. ___②___に入るもっとも適当な表現はどれですか。

(A) 言語道断　　(B) 紆余曲折　　(C) 土壇場　　(D) 瀬戸際

43. ②少々試験管を振る機会が今もあるのは幸せなことであるの理由は何ですか。

(A) 試験管を振ったりするのが幼い時の夢の一つだったので。
(B) ねずみを殺す薬品を開発中だったので。
(C) 何かを振るのが好きだから。
(D) 先輩、友人の信頼を得たのがとても嬉しかったので。

44~46

　今年、阪神タイガースが18年ぶりにリーグ優勝すれば、全国に広がる経済効果は4124億円という試算をUFJ総合研究所が1日まとめた。全国的な効果をはじき出したのは初めてといい、プロ野球の効果としては史上最大級としている。これまで民間の研究機関などがまとめた試算は近畿圏で1000億円超程度とされていた。

　試算はBクラスが続いていた昨年までの通常の需要とは別に、今年新たに生まれる需要だけを積み上げた。直接効果としては球場の入場料収入や交通費の増加分が約23億円。百貨店や商店街での優勝セールが計62億円になる。

　最も大きいのは飲食の支出で、球団がまとめた数値を___①___に、全国の阪神ファンは1500万人と想定。勝利に酔いしれて一人当たり年間1万円使えば1500億円になると試算した。このほか球団のロゴ入り商品の売り上げなどを加え、直接効果は計1848億円とはじいた。これに、儲けた会社の社員が収入を他の消費に回したり、応援グッズの原材料を増産したりする生産誘発効果を加えれば、経済効果は4000億円を突破。飲食費を1人年1万5000円とすれば、6000億円にも達する。同総研は「日本シリーズの相手がダイエーなら、熱狂的なファンが多く、長距離の移動を伴うため経済効果が最大になる」と予測する。

44. ___①___に入るもっとも適当な言葉はどれですか。

(A) きっかけ　　(B) きずな　　(C) いしずえ　　(D) もと

45. 阪神タイガースがリーグ優勝した時、期待される経済効果ではないものはどれですか。

(A) 球場の入場料収入や交通費の増加
(B) 百貨店や商店街での優勝セール
(C) 飲食の支出
(D) ダイエーファンの交通費の増加

46. 本文の内容と合っているものはどれですか。

(A) 今年、阪神タイガースが優勝すれば球団史上初の優勝となる。
(B) 飲食費を1人年1万5000円とすれば経済効果は4000億円ぐらいになる。
(C) 阪神タイガースがリーグ優勝した場合、期待される経済効果は一人当りの年間の外食費によって大きく変わってくる。
(D) 阪神タイガースの日本シリーズの相手チームはダイエーだ。

47~49

　もうすぐ春だ。春と言えば桜、そして花粉症などが代名詞として挙げられる。ちなみに今は母の盛大なくしゃみを聞きながらこの文章を書いている。私もハウスダスト、そして小言のアレルギーである。小言アレルギーというのは私の造語だが、これは実際に存在する。医者は認めないかも知れないが、私は『小言を言われそうになるとそれを感知してくしゃみが出る』という立派な小言アレルギーなのだ。

　私のために心を砕いてくれている人々には都合のいい症状だと言われるが、花粉症の人は花粉のせいでくしゃみが出るのだ。私の場合はやはり、小言のせいでくしゃみが出てしまう。そのせいで上記の人々が口を閉じなければいけなくなったとしても、それは私のせいではない。不可抗力だ。だが、どうして小言という目に見えないものでくしゃみが出るのか。それは　①　小言を言おうとしている人の発する微妙な心境の変化などに私の鋭敏な神経及び鼻孔の粘膜が反応するからだろう。私の鋭敏さも時には便利な…いや、困ったことを引き寄せるらしい。

　ところで、花粉症というのはある日突然なるものらしい。今まで蓄積された花粉が、その人の中である点に達すると花粉症になる。とすると、小言アレルギーは　②　とも考えられる。私が小言アレルギーを発症したのは高校1年の時だった。それまで、そんなに蓄積した覚えはないのだが、まあ私の許容量が少なかったのだろう。現在、この疾病に関する薬はないようである。できれば、これからも大いに医師や研究者は無視していってほしい問題である。私の生活に密接に関わることだからだ。

47. 　①　に入るもっとも適当な副詞はどれですか。

(A) ぜひ　　　(B) きっと　　　(C) まさか　　　(D) およそ

48. 　②　に入るもっとも適当な文章はどれですか。

(A) 小言を言う人の責任である　　(B) 小言の蓄積量に関わっている
(C) 小言を言う状況に関わっている　(D) 自分の神経が鋭敏である

49. 本文の内容と合っているものはどれですか。

(A) 筆者は小言を言うと、くしゃみが出る。
(B) 筆者は小言アレルギーは努力すれば治ると思っている。
(C) 本文の内容からみて、筆者は鋭敏な人であると思われる。
(D) 花粉症はアレルギーを持っている人だけがかかる病気である。

50~52

　何時だったかは失念したのだが…。狭い路地を歩いていた時、私の後ろからじりじりと、車が近づく　①　があった。私は一応歩道として確保されている所を歩いていたので、その　①　を敢えて無視したのである。歩道を歩いている以上、避ける義務はない。ぶつけたら、『イチャモンつけて金とってやる』、そうも思った。ひどい考えだとは思うが、すぐに車に酔う私にとって自動車というのは何かぐるぐるした存在であり、あまり好きなものではないのだ。それで、そのまま無視して歩いていたのだった。数分たった。どういうつもりだ。後ろの車からは何の反応もない。どうやら私の歩幅に合わせて徐行しているようであった。私にぶつけねば通り抜けられないスペースしかないのだから、それは確かに交通法規に照らせば間違ってはいないのだろう。

　だが、気持ち悪い。私の真後ろから聞こえる、同じペースでタイヤが砂利を噛む音が次第に②無気味に思えてきた。何やらこのままではまずいことになりそうな気がする。

　私はそろりと後ろを見てみた。白い乗用車が視界の隅に入る。いや、白ではないな…。もう一度ちらりと見てみた。黒のラインが入っている。振り向いた私はこちらをじっと見据えながら運転するパトカー内の警官と見事に目線を合わせていたのだ。

　③いや～もちろん避けましたでした。はい。

50. 　①　に入るもっとも適当な言葉はどれですか。

(A) 気配　　　(B) 模様　　　(C) 格好　　　(D) 様子

51. ②無気味ともっとも近い意味を持つものはどれですか。

(A) とんでもない　　　(B) 何気ない
(C) 気味の悪い　　　(D) 味気ない

52. ③いや～もちろん避けましたでした。はい。に表われている筆者の感情をもっとも適切に描写しているものはどれですか。

(A) かなり面白がっている。　　　(B) とても喜んでいる。
(C) 大変悔しがっている。　　　(D) すごく慌てている。

53~55

　2年前に起きた「池田小学校事件」その裁判が行われた。常識では考えられない被告の態度…この態度を思うことすら被害者の家族は嫌だと思う。自分の子供の命を奪われなければならなかった理由…その理由を探しても見つからない＿＿①＿＿、被害者の家族の気持ちは私が想像できないくらいの心の痛みだと思う。
　一人の人間が心無き悪魔に変わったため、天使のように＿＿②＿＿な子供達の命がなくなることはどんな弁解の言葉を聞いても許されるものではない。
　憎んでも憎みきれないかもしれない。心の傷がいえる日が来ることを願うしかない。
　「人間のくず」と罵倒しようが、響かない心。亡くなった子供達が幸せを感じられるよう供養をすることも必要なことだけど、残された家族が生きていく道のりの方がはるかに長いし、心の供養は残されているものが必要なのかもしれない。

53. ＿＿①＿＿に入るもっとも適当な表現はどれですか。
　　(A) 歯がゆさ　　　　　　　(B) 歯止め
　　(C) 歯車　　　　　　　　　(D) 歯応え

54. ＿＿②＿＿に入るもっとも適当な表現はどれですか。
　　(A) 内気　　　　　　　　　(B) 生意気
　　(C) 無邪気　　　　　　　　(D) 意気地無し

55. 筆者は池田小学校事件についてどう思っていますか。
　　(A) 結構時間が経ったので、もう忘れるべきだ。
　　(B) 犯人にも犯人なりの事情があったので、非難するのはよくない。
　　(C) 事件の犯行動機がわからないのも無理ではないと思っている。
　　(D) 残された家族にも心の供養が必要なのではないかと思っている。

정답

1. 점수를 거저 주는 기본 조사 1

1. A	2. A	3. B	4. C	5. B	6. A	7. B	8. D	9. C	10. C
11. C	12. A	13. A	14. D	15. A	16. C	17. C	18. A	19. B	20. D

2. 점수를 거저 주는 기본 조사 2

1. B	2. B	3. C	4. B	5. A	6. D	7. B	8. B	9. D	10. B
11. C	12. A	13. D	14. A	15. A	16. A	17. B	18. B	19. A	20. A

3. 이보다 쉬울 수는 없다! 조수사

1. C	2. A	3. A	4. D	5. C	6. C	7. C	8. C	9. C	10. A
11. D	12. A	13. A	14. B	15. D	16. A	17. B	18. D	19. C	20. C

4. 시소게임에는 경어가 숨어 있다.

1. C	2. D	3. C	4. A	5. D	6. D	7. B	8. D	9. A	10. D
11. C	12. D	13. C	14. D	15. B	16. A	17. A	18. C	19. B	20. B

5. 접속 형태를 알면 답이 보여요.

1. A	2. C	3. A	4. D	5. D	6. B	7. C	8. B	9. B	10. C
11. C	12. C	13. B	14. A	15. A	16. B	17. C	18. A	19. C	20. B

6. 오는 게 이으면 가는 게 있어야지

1. C	2. C	3. D	4. A	5. C	6. A	7. C	8. D	9. D	10. D
11. C	12. D	13. B	14. C	15. C	16. A	17. A	18. A	19. C	20. C

7. 미워도 다시 한번! 조사 に

1. B	2. A	3. B	4. B	5. D	6. B	7. C	8. B	9. A	10. A
11. A	12. C	13. C	14. C	15. C	16. D	17. C	18. A	19. C	20. B

8. 누가 い형용사를 어렵다고 말했는가?

1. D	2. B	3. D	4. D	5. C	6. A	7. A	8. B	9. D	10. D
11. D	12. B	13. D	14. A	15. A	16. B	17. A	18. A	19. A	20. B

9. 너 누구니? 나(な)? 형용동사야!

1. A	2. C	3. B	4. A	5. C	6. D	7. D	8. B	9. A	10. D
11. B	12. C	13. A	14. A	15. A	16. B	17. B	18. D	19. A	20. A

10. 현대 일본어에도 고어(古語)는 살아 있다.

1. B	2. B	3. B	4. D	5. B	6. C	7. C	8. B	9. D	10. A
11. B	12. D	13. A	14. B	15. B	16. A	17. B	18. A	19. A	20. D

11. 꼬리치는 て

1. D	2. A	3. D	4. D	5. A	6. A	7. D	8. D	9. D	10. B
11. B	12. C	13. D	14. A	15. D	16. B	17. B	18. A	19. B	20. C

12. 발음과 의미가 다른 쌍둥이 동사

1. A	2. B	3. A	4. D	5. D	6. A	7. A	8. C	9. A	10. A
11. B	12. C	13. B	14. A	15. C	16. A	17. B	18. A	19. D	20. B

13. 의미 파악이 힘든 복합동사

1. A	2. B	3. C	4. D	5. D	6. A	7. B	8. A	9. D	10. A
11. B	12. B	13. A	14. C	15. D	16. C	17. A	18. B	19. D	20. B

14. 바늘과 실 관계에 있는 표현

1. B	2. A	3. B	4. D	5. D	6. C	7. B	8. C	9. B	10. B
11. C	12. C	13. A	14. C	15. A	16. B	17. B	18. B	19. B	20. B

15. 조동사는 용법만 익히자.

1. A	2. D	3. D	4. A	5. A	6. A	7. D	8. D	9. A	10. C
11. D	12. A	13. D	14. B	15. C	16. A	17. C	18. A	19. A	20. D

16. 만약 일본어에 가정법이 없었더라면…

1. C	2. A	3. A	4. A	5. B	6. A	7. C	8. B	9. C	10. A
11. D	12. C	13. D	14. C	15. B	16. B	17. A	18. C	19. A	20. A

17. 나는 문장에서 한 ばかり 일을 알고 있다.

| 1. D | 2. A | 3. D | 4. A | 5. B | 6. A | 7. C | 8. C | 9. B | 10. B |
| 11. B | 12. B | 13. A | 14. C | 15. A | 16. C | 17. D | 18. A | 19. B | 20. D |

18. 나는 문장에서 わけ와 はず한 일을 알고 있다.

| 1. C | 2. C | 3. D | 4. A | 5. B | 6. B | 7. D | 8. D | 9. C | 10. D |
| 11. C | 12. C | 13. B | 14. B | 15. B | 16. D | 17. A | 18. C | 19. A | 20. C |

19. 나는 문장에서 こと가 한 일을 알고 있다.

| 1. C | 2. D | 3. A | 4. A | 5. B | 6. D | 7. D | 8. D | 9. B | 10. D |
| 11. D | 12. A | 13. D | 14. B | 15. C | 16. C | 17. B | 18. A | 19. D | 20. B |

20. 나는 문장에서 もの가 한 일을 알고 있다.

| 1. A | 2. A | 3. D | 4. D | 5. C | 6. B | 7. B | 8. D | 9. B | 10. D |
| 11. C | 12. A | 13. C | 14. D | 15. A | 16. B | 17. A | 18. B | 19. C | 20. A |

21. 관용구는 이유가 있어 출제된다.

| 1. C | 2. D | 3. A | 4. D | 5. A | 6. C | 7. D | 8. D | 9. D | 10. C |
| 11. B | 12. D | 13. B | 14. A | 15. A | 16. C | 17. A | 18. A | 19. B | 20. B |

22. 속담은 이유가 있어 출제된다.

| 1. A | 2. D | 3. C | 4. D | 5. C | 6. B | 7. A | 8. D | 9. C | 10. A |
| 11. A | 12. A | 13. D | 14. A | 15. A | 16. C | 17. C | 18. A | 19. C | 20. B |

23. 시험에 자주 출제되는 표현들

| 1. B | 2. B | 3. B | 4. B | 5. C | 6. A | 7. A | 8. A | 9. B | 10. B |
| 11. D | 12. C | 13. D | 14. C | 15. A | 16. A | 17. C | 18. B | 19. D | 20. A |

24. 시험에 자주 출제되는 문법 표현

| 1. B | 2. A | 3. B | 4. C | 5. C | 6. B | 7. B | 8. B | 9. A | 10. A |
| 11. D | 12. B | 13. C | 14. B | 15. D | 16. A | 17. A | 18. D | 19. A | 20. C |

25. 시험에 자주 출제되는 カタカナ

1. C	2. A	3. B	4. A	5. B	6. B	7. A	8. A	9. A	10. D
11. B	12. A	13. D	14. D	15. A	16. B	17. B	18. A	19. B	20. C

26. 부사는 의미와 한자를 동시에

1. A	2. C	3. A	4. A	5. C	6. C	7. B	8. D	9. A	10. A
11. A	12. D	13. A	14. A	15. A	16. A	17. B	18. B	19. A	20. C

27. 한방으로 간단히 끝내는 접속사

1. A	2. A	3. C	4. D	5. C	6. B	7. B	8. B	9. A	10. C
11. B	12. C	13. D	14. D	15. D	16. A	17. B	18. B	19. A	20. D

28. 의미가 많아본 들 답이 뻔한 다의어

1. C	2. D	3. B	4. C	5. A	6. A	7. A	8. B	9. B	10. A
11. C	12. D	13. B	14. B	15. C	16. A	17. A	18. D	19. D	20. B

29. 명사는 이것만 알아 두자.

1. B	2. B	3. C	4. B	5. B	6. A	7. C	8. A	9. D	10. C
11. B	12. C	13. D	14. B	15. A	16. B	17. C	18. B	19. B	20. D

30. 결코 어렵지 않은 의성어·의태어

1. A	2. D	3. C	4. D	5. D	6. C	7. A	8. B	9. D	10. A
11. B	12. C	13. D	14. C	15. D	16. C	17. B	18. A	19. B	20. A

31. 독해의 완성 독해문!!

1. B	2. A	3. C	4. C	5. C	6. D	7. A	8. C	9. C	10. A
11. A	12. C	13. C	14. C	15. C	16. D	17. B	18. B	19. D	20. A
21. B	22. C	23. D	24. C	25. B	26. A	27. D	28. B	29. A	30. C
31. B	32. A	33. A	34. B	35. C	36. B	37. C	38. A	39. D	40. B
41. B	42. B	43. A	44. D	45. D	46. C	47. B	48. B	49. C	50. A
51. C	52. D	53. A	54. C	55. D					

저자소개

서 경 원

주요경력

現 시사일본어학원 TESTMATE(종로 별관) JPT 강사로 강의 중
現 EBS Radio '서경원의 JPT' 진행 중
現 EBS lang JPT 후기 특강 진행 중
現 YBM Sisa "4주 완성 서경원의 JPT 뿌리 뽑기" 인터넷 강의 중
現 YBM Sisa "서경원의 5초 JPT 청해" 인터넷 강의 중
現 시사일본어사 "JPT점수를 확 올려주는 5가지 시험요령 & 30가지 급소포인트"
　　인터넷 강의 중

1996. 3	영남대학교 일어교육과 입학
00. 7. 25~00. 8. 13	TBC 대구 · 경북방송 8.15 특별 다큐 "재일 사학자 신기수" 번역
00. 8. 9~00. 8. 13	"전국 농업경영인 대회" 통역
00. 10. 1~00. 11. 15	"애니어그램(성격유형 분석 프로그램)" 번역
00. 11. 4	부산 영사관 주최 "제 17회 일본어 변론대회" 입상
00. 11. 15~01. 1. 6	"미국의 산업 카운슬링" 번역
00. 12. 15~00. 12. 20	일본 미야자키 대학 영남대학교 방문단 "한국 문화 강의" 통역
00. 12. 17~01. 1. 6	TBC 대구 · 경북방송 "장례문화가 바뀐다" 번역
01. 5. 24	JC ASPAC 대구 대회 통역
01. 10. 21	제1회 전국 관광통역경진대회 일본어 부문 장려상 수상
01. 11. 11	제21회 전국 대학생 외국어경시대회 일본어 부문 장려상 수상
02. 2. 19	제1회 전국 대학생 일본어경시대회 금상 수상
03. 2. 28	"JPT 점수를 확 올려주는 5가지 시험요령&30가지 급소포인트" 출판
02. 10. 2~03. 9. 15	일본 나라(奈良)교육대학 문부성 국비 유학
04. 4. 25	"JPT 점수를 확 올려주는 1800실전문제&콕콕급소풀이" 출판
05. 6. 15	"서경원의 5초 JPT 독해" 출판
05. 12. 23	"서경원의 5초 JPT 청해" 출판
07. 2. 5	"서경원쌤의 JPT PART 5 정답찾기" 출판

스포츠칸에서 "서경원의 5초 JPT" 연재

E-maill　agaru1004@hanmail.net
Homepage　http://cafe.daum.net/aisiau(한글로 '아이시아우')

JPT 점수를 확 올려주는
31가지 급소포인트 & 독해적중 종합문제집

초판발행	2003년 6월 25일
1판 6쇄	2019년 3월 28일
저자	서경원
책임 편집	서대종, 조은형, 신명숙, 무라야마 토시오
펴낸이	엄태상
마케팅	이승욱, 오원택, 전한나, 왕성석
온라인 마케팅	김마선, 김제이, 유근혜
경영기획	마정인, 조성근, 박현숙, 김예원, 전태준, 오희연
물류	유종선, 정종진, 고영두, 최진희, 윤덕현
펴낸곳	시사일본어사(시사북스)
주소	서울시 종로구 자하문로 300 시사빌딩
주문 및 교재 문의	1588-1582
팩스	(02)3671-0500
홈페이지	www.sisabooks.com
이메일	book_japanese@sisadream.com
등록일자	1977년 12월 24일
등록번호	제300 - 1977 - 31호

ISBN 978-89-402-0780-2 13703

* 이 교재의 내용을 사전 허가 없이 전재하거나 복제할 경우 법적인 제재를 받게 됨을 알려드립니다.
* 잘못된 책은 구입하신 서점에서 교환해드립니다.
* 정가는 표지에 표시되어 있습니다.

JPT 점수를 확 올려주는
1800실전문제 & 콕콕급소풀이
독해편

인터넷으로 시작된 JPT혁명,
드디어, 무료동영상으로 완성했습니다!

문제집 + 해설집 25,000원

'JPT 성공전략', 여기 모두 담았습니다!

인터넷 무료 동영상 해설강의
저자가 직접 자세하게 설명해 드립니다.

국내최초 국내최다의 문제량
국내최대 1,800문제를 담았습니다.

응시자의 입장에서 만든 책
JPT고수가 직접 JPT를 분석했습니다.

초급자, 중·상급자 모두 만족
실제 시험 난이도와 같은 문제입니다.

기출문제 분석/출제유형 파악
어떤 응용문제도 대처할 수 있습니다.

취약점을 파악하는 최초의 책
취약점을 진단해 확실히 해결합니다.

시험과 문법을 동시에 정리
문법사항을 반복해 자동 이해됩니다.

JPT 점수를 확 올려주는
5가지 시험요령 & 30가지 급소포인트

**네티즌들을 열광케 했던 바로 그 노하우!
드디어 여러분들 앞에 내놓습니다!**

값 13,000원

'JPT 비장의 무기'인 이 책을 펼쳐보는
일 없이 시험장으로 향하진 마십시오!

수험생 사이에 화제가 되었던 노하우!
인터넷에 JPT 시험공략법을 올려 네티즌 사이에
화제가 되었던 저자가 자주 출제되는 문법과
문제유형을 자신만의 노하우로 깔끔하게 정리하였습니다.

최근 2000년부터 2004년 시험까지 모두!
수차례의 시험을 통해 문제유형을 낱낱이 정리하였으며,
최근 2004년까지 출제된 문제들의 유제를 포함하여,
기타 문제들과 용법들을 추가시켰습니다.

이것만 나온다! 30가지 급소포인트
'시험 전날 준비요령' 등 5가지 시험요령 및
어떤 문제도 피해갈 수 없는 30가지 급소포인트를
가르쳐 드립니다.